国家社科基金后期资助项目

纳西东巴文形声字研究

A Study of Naxi Dongba Pictophonetic Characters

胡文华 著

图书在版编目(CIP)数据

纳西东巴文形声字研究 / 胡文华著. —北京：商务印书馆，2021
ISBN 978-7-100-19983-4

Ⅰ.①纳… Ⅱ.①胡… Ⅲ.①东巴文—形声字—研究 Ⅳ.① H257

中国版本图书馆 CIP 数据核字（2021）第 104033 号

权利保留，侵权必究。

纳西东巴文形声字研究
胡文华 著

商 务 印 书 馆 出 版
（北京王府井大街36号 邮政编码100710）
商 务 印 书 馆 发 行
北京顶佳世纪印刷有限公司印刷
ISBN 978-7-100-19983-4

| 2021年8月第1版 | 开本 710×1000 1/16 |
| 2021年8月北京第1次印刷 | 印张 18¾ |

定价：88.00 元

国家社科基金后期资助项目
出版说明

　　后期资助项目是国家社科基金设立的一类重要项目，旨在鼓励广大社科研究者潜心治学，支持基础研究多出优秀成果。它是经过严格评审，从接近完成的科研成果中遴选立项的。为扩大后期资助项目的影响，更好地推动学术发展，促进成果转化，全国哲学社会科学工作办公室按照"统一设计、统一标识、统一版式、形成系列"的总体要求，组织出版国家社科基金后期资助项目成果。

全国哲学社会科学工作办公室

目 录

绪论···1
 第一节 纳西东巴文概述···1
 第二节 纳西东巴文形声字研究概述···5
 第三节 研究的意义与目标···8

第一章 纳西东巴文形声字研究涉及的概念和材料范围···20
 第一节 普通文字学角度下的几个概念···20
 第二节 纳西东巴文形声字研究中一些概念的定义···23
 第三节 本研究使用的文字材料···25

第二章 纳西东巴文形声字的穷尽性统计与分析···28
 第一节 纳西东巴文文字材料的使用方法···28
 第二节 纳西东巴文形声字的分类···31
 第三节 纳西东巴文形声字的分析结果···57
 第四节 纳西东巴文形声字的性质···65

第三章 纳西东巴文形声字在纳西东巴文经书中的使用状况调查·······················69
 第一节 纳西东巴经书概况···69

1

第二节 现存纳西东巴经特点分析……………………………74
第三节 《古事记》以及《崇般崇笮》介绍………………………76
第四节 《古事记》和《崇般崇笮》中的形声字调查……………78

第四章 从实际调查看纳西东巴文形声字………………………142
第一节 《古事记》和《崇般崇笮》中形声字的种类和特点……142
第二节 从实际调查中看纳西东巴文形声字的产生途径…………162

第五章 纳西东巴文形声字的形符声符分析……………………167
第一节 纳西东巴文形声字的形符分析……………………………167
第二节 纳西东巴文形声字的声符分析……………………………179
第三节 纳西东巴文形声字的形符声符的关系分析………………194

第六章 纳西东巴文形声字与古汉字形声字比较………………205
第一节 古汉字形声字研究概览……………………………………205
第二节 古汉字形声字与纳西东巴文形声字的异同………………217

第七章 纳西东巴文形声字发展轨迹分析………………………231
第一节 从历时的角度看纳西东巴文形声字的发展………………231
第二节 从现状分析纳西东巴文形声字的发展轨迹………………244
第三节 从纳西东巴文形声字的发展轨迹看纳西东巴文的发展…254

附录一：纳西东巴文形声字形符统计表……………………………258
附录二：纳西东巴文形声字声符统计表……………………………267
附录三：纳西东巴文形声字统计表（部分）………………………278
参考文献………………………………………………………………288

绪论

第一节　纳西东巴文概述

一、纳西东巴文名称由来

中国云南纳西族有四种独特的文字：东巴文、哥巴文、达巴文以及玛丽玛莎文。其中的纳西东巴文是纳西族先民创制的，主要用于记录纳西族宗教经典——东巴经。东巴文在纳西语中称为 sər33tɕɚ55lv33tɕɚ55，汉语音译为"森究鲁究"，意思是木石痕迹，指见木画木，见石画石。由于这种文字主要是由东巴经师记录和书写的，纳西语又称之为 to33mbɑ31the33ɣɯ33，"to33mbɑ31"意为"东巴"，"the33ɣɯ33"指"文字"，故称为东巴文。除用于记录东巴经以外，这种文字还为纳西人用来记事、记账、写信等。从纳西东巴文字字形的视觉效果来看，跟汉字相比，显得更为形象，因此许多学者都称纳西东巴文为象形文字。

关于东巴文的创制时间，元代以前的传世文献中没有清晰而有说服力的记载，目前学界也是说法不一。有人认为："纳西族早在春秋战国之际就有了象形文字和东巴经书，有了东巴教的各种仪式，东巴教已经成为与纳西族民俗紧密结合在一起的民族宗教。"[1]这是最具推测性的说法。

明代的丽江《木氏宦谱》中有一段记载有关牟保阿琮（即麦宗）的传说："生七岁，不学而识文字；及长旁通百蛮各家诸书。"阿琮生于13世纪初年（宋理宗时），这里所说的"不学而识文字"，当指纳西象形文字，然而"且制本方文字"，则可能是指音节文字（即哥巴文）。[2]这是相对保守的说法。

李霖灿先生认为："我们暂时只敢说纳西形字之年代，最早当不能过唐，

---

[1] 杨启昌：《东巴教及象形文字产生的年代问题》，《云南社会科学》1994年第1期，第70～73页。

[2] 和即仁、姜竹仪编著：《纳西语简志》，民族出版社，1985年，第117页。

最晚亦在明成化之前。"①

无论纳西东巴文产生的年代是早还是相对较晚，都无法磨灭其透视出的原始气质。董作宾先生曾说："如果用年龄来比，麽些文只算是一个婴孩，甲骨文已经是一个少年了。从婴孩回溯他的初生，比较容易些；从少年推考他的婴孩时代以及他的诞生，免不了要遗忘了许多。何以说麽些文是婴孩？因为他还有稚气，没有离开初生时的图画太远。"②

二、纳西东巴文性质概述

目前，关于纳西东巴文的性质，存在如下说法：

1. 原始文字说

美国人洛克认为纳西东巴文算不得严格意义上的书写文字，"纳西人的文字体系是帮助记忆式的，不是严格意义上的书写文字，东巴经不是可以依靠字典就可以识读的文献，因为经书中的一段话只写着几个字符，在吟诵时，其他未写出的部分必须由把内容语句熟记在心的东巴来补充"。③洛克的这段话反映了东巴们记录经文的方式，东巴的权威以及东巴教的神秘。

方国瑜先生认为是象形文字和标音文字，"这两种文字，在长时期为东巴教徒用以书写经书。由于宗教徒墨守成规，保持着近于原始的方法来应用……，也由于在较长时期，纳西族已接受汉文字为日常应用的工具，所以为社会生活服务的主要是汉字，而纳西文则为宗教徒所专用，停滞在近于原始的阶段，可能有许多字后来也用图像的方法新增的"。④

裘锡圭先生认为："纳西文是已经使用假借字、形声字，但还经常夹用非文字的图画式表意手法的一种原始文字。"⑤

民国时期的主要观点是，"摩些文，亦称东跋文，即东巴萨拉所造，凡摩些民族多用此种文字，唯东巴经则较艰深，非东巴教徒，弗能解也。其实此种文字，但能称为摩些文，或东跋字，绝不能称之为文，因此种文字仅有单字之连续，而并无八品名词，或任何文法也。摩些文多象形指事，亦有借物名之音，而造成字，颇似形声或假借者，然绝无一定规律，故写法每有不同，必视其上下之字，始能认别，实原始民族之文字，不过较结绳木刻稍进

---

① 李霖灿编著：《纳西族象形文字字典·引言》，云南民族出版社，2001年，第40页。
② 刘梦溪主编：《中国现代学术经典·董作宾卷》，河北教育出版社，1996年，第584页。
③ J.F. 洛克：《论纳西人的"那伽"崇拜仪式——兼谈纳西宗教的历史背景和文字》，载于白庚胜、杨福泉编译：《国际东巴文化研究集粹》，云南人民出版社，1998年，第73页。
④ 方国瑜：《纳西象形文字谱·绪论》，云南人民出版社，2005年，第50页。
⑤ 裘锡圭：《汉字形成问题的初步探索》，《中国语文》1978年第3期，第5页。

一步耳。"①

持原始文字说的学者们认为，纳西东巴文还算不得真正成熟的文字。

2. 过渡阶段文字说

董作宾先生认为："麽些象形文字本是一种较为原始的文字，严格的说起来，与其说它是文字，不如说它是图画，它实在只是介于文字与图画之间的绘画文字。"②

傅懋勣先生认为："麽些文字正在从帮助记忆的一种图画文字，向一个字表示一个概念的真正文字发展的过程中。"③

王伯熙先生视纳西东巴文为"语段文字向表词文字发展的过渡阶段文字"④。

过渡阶段文字说，较原始文字说进了一步，从非文字向正式文字过渡。不过，纳西东巴文真的只是过渡阶段的文字吗？

3. 象形文字说

章太炎首先承认纳西东巴文是文字，"以象形为宗，不足即以形声、会意济之"。⑤

李霖灿指出："纳西人现有之文字，分作形字及音字两种。形字即象形文字或称为象形字"，"形字是有意于表现摩画某一种事物；音字则全是一种符号，只以之表示某一个固定的音读，与事物之形状没有关涉"。⑥

方国瑜认为："纳西文字有两种字体，一种是象形文字……，是以图像的方法写成文字。……又一种是标音文字，本语称为 gə31ba31，所谓 gə31 即呼唤，ba31 即发作，意即看字发音；以简单的笔画写成文字，有固定音读。"⑦

和志武认为："纳西象形文字作为一种古老的民族文字，不是仍属于原始图画记事发展阶段的图画字，而是以象形符号为基础，发展了标音符号，并用附加符号来代表语言的一种独立的文字符号体系；在书写语言时，主要用省略词语的表意法，并非逐词标音，所以同表意文字相比，仍具有其原始

---

① 民国时期《中甸县志稿》，转引自李国文：《人神之媒——东巴祭司面面观》，云南人民出版社，1993年，第72页。
② 董作宾：《从麽些文看甲骨文》，载于《中国现代学术经典·董作宾卷》，河北教育出版社，1996年，第582～583页。
③ 傅懋勣：《丽江麽些象形文〈古事记〉研究》，武昌华中大学，1948年，第7页。
④ 王伯熙：《文字的分类和汉字的性质》，《中国语文》1984年第2期，第20页。
⑤ 王元鹿等：《中国文字家族》，大象出版社，2007年，第32页。
⑥ 李霖灿编著：《纳西族象形标音文字字典》，云南民族出版社，2001年，第36～37页。
⑦ 方国瑜编撰，和志武参订：《纳西象形文字谱》，云南人民出版社，2005年，第37～38页。

性。换言之，纳西象形文字的构造，是由象形符号、标音符号和附加符号所组成，而以象形符号为主；其表意（书写）方法为：图画式表意法，省略词语表意法，逐词逐句表意法，而以省略词语表意法为主。根据以上特点，我们认为纳西象形文字是处于原始图画字和表意文字之间的一种象形文字。"①

4. 形意文字说

周有光认为："形意文字出于原始宗教。巫师掌握文字，文字书写教义，识字就是读经，行事先问神明"，将纳西族的东巴文归入形意文字的范畴，认为东巴文是"代表超越文字画水平的形意文字"，"能叙述长篇故事，但是不能按照语词次序完备地书写语言"。②

5. 意音文字说

王元鹿认为："纳西东巴文字作为一种意音文字，既说不上成熟，又说不得理想，纳西东巴文字并不是单纯的表词文字。……纳西东巴文字记录语言时常常'省略'大量的字……，在这种'省略'后面起决定作用的是这种文字的原始性特征。"③

王凤阳认为："纳西族东巴文为适应记录需要发展了假借字，这种假借形成了以表音为主的哥巴文。……，在假借基础上发展了形声字的东巴文在表达和区别上竟优于哥巴文，所以东巴经也就多于哥巴经。"④"这是一个很好的实例，它能说明为什么在同音词众多的语言里在假借盛行之后没有走上表音文字的道路，而走上发展形声字的道路。"⑤

6. 纳西东巴文的性质

分析纳西东巴文与语音、语义的关系，不难发现，纳西东巴文是一种复杂的、呈现其发展阶段特性的文字。纳西东巴文字中既有原始的象形符号，也有抽象化的字符，更有假借来充当音符的标音符号，还有形声结构的字。由于产生的年代不如汉字那么久远，纳西东巴文的使用环境又一直受到藏文、汉文的影响，在书写系统中，存在着借用纳西哥巴文充当音符的情形，更有借用藏文字符和汉字字符的情形。因此，纳西东巴文是一种较为原始的，由象形文字向早期意音文字过渡的文字书写系统。在字的结构特点、记

---

① 和志武：《试论纳西象形文字的特点——兼论原始图画字、象形文字和表意文字的区别》，载于郭大烈、杨世光主编：《东巴文化论集》，云南人民出版社，1999年，第153页。
② 周有光：《比较文字学初探》，语文出版社，1998年，第41页。
③ 王元鹿：《汉古文字与纳西东巴文字比较研究》，华东师范大学出版社，1988年，第117～118页。
④ 王凤阳：《汉字学》，吉林文史出版社，1989年，第432～433页。
⑤ 同上注，第433页。

录纳西语的音义方式、与纳西语的语言单位对应关系方面都体现出字符体态的原始与造字观念发达相交错的痕迹。

从视觉效果上看，这种文字系统的象形性特征，甚至可以说图画性一目了然。实际上这种文字系统中存在着类似汉字表词结构的象形、指事、会意、形声、假借等方式，只不过在合体字中，其形符和声符的职能跟古汉字中的形符和声符功能相比较，存在着不小的差异。

第二节　纳西东巴文形声字研究概述

从结构分析的角度看，纳西东巴文和古汉字一样，存在象形字、指事字、会意字、形声字、假借字。不同的是，纳西东巴文中还有"义借"[①]字。对于纳西东巴文形声字的研究，具体体现在如下几个方面：

一、系统性研究

喻遂生在《纳西东巴文研究丛稿》一书中，有八篇文章分别论及纳西东巴文字中的形声字：《甲骨文、纳西东巴文的合文和形声字的起源》《纳西东巴形声字研究纲要》《东巴形声字的类别和性质》《纳西东巴文单音节形声字研究》《纳西东巴形声字假借字音近度研究》《纳西东巴文多音节形声字研究》《纳西东巴文多音节形声字音近度研究》《汉古文字、纳西东巴字注音式形声字比较研究》。其他学者对纳西东巴文形声字也有论及，但没有喻遂生先生那样集中。

二、纳西东巴文形声字与汉字形声字比较研究

在研究纳西东巴文字时，不少学者不约而同地选择将其与汉古文字进行对比研究。由于这两种文字在文字类型学方面的共同点，使得这种对比研究在两方面都具有极其重要的意义：一是有利于对纳西东巴文字的深入研究，二是能促进对汉古文字的进一步研究。王元鹿《汉古文字与纳西东巴文字比较研究》、董作宾《从麽些文看甲骨文》、李静生《纳西东巴文与甲骨文的比较研究》、刘又辛《纳西文字、汉字的形声字比较》等，其中都提及形声字。

---

① 王元鹿：《汉古文字与纳西东巴文字比较研究》，华东师范大学出版社，1988年，第44页。义借"是借用一个现成的字的形体来记录另一个意义与它有关的词"，义借的字字形不变，但读音与借之前的读音不同。

周有光《比较文字学初探》中也以汉字的"六书"去统计纳西东巴文字中的形声字数量。

王元鹿认为：纳西东巴文形声字的造字方法"还不发达"，"纳西东巴文字中使用形声字的数目和频率，都比甲金时代的汉古文字为低"。"至迟到后汉的汉古文字中，已经开始以形声字为声符进一步孳乳以造成新的形声字，而纳西东巴文字则少有这一类现象。"①

李静生认为："东巴文中的这些形声字可谓'注音形声字'，它的声符只是起一个注音的作用，在合成的新概念里，它没有什么意义，只是起一个使新获得概念的形符不至于同字形的本义相混的作用。在形式上，注音时用一个（或几个）同音字做注。注音符号或标在形符的里面，或其他部位，无一定规律可寻。这类注音形声字在汉字中人们是不承认它为形声字的。"②这一研究结论显示出纳西东巴文形声字的独特之处。

三、纳西东巴文形声字种类和产生途径研究

喻遂生不但分析纳西东巴文中的单音节形声字和多音节形声字，还总结和归纳纳西东巴文形声字产生的途径和种类。他从四个角度对纳西东巴形声字进行分类："根据音节数可以分为单音节和多音节两类"；"根据标音是否完全，可分为完全标音和不完全标音两类"；"根据形符、声符是否完整，可分出省形、省声的形声字"；"根据其构成和来源，可分为亦声式、注音式、加形式、拼合式四类"。③

王元鹿认为："汉古文字与纳西东巴文形声字的造成途径是十分相似的。"④唐兰观点一致，认为纳西东巴文形声字与汉古文字形声字一样，起源有三个，那就是"合文""标声"和"标类"。"'合文'和'标声'都不可能大量造成形声字，只有'标类'（往往称为'孳乳'）的途径通畅之后，形声字才得以大量造成。其间原因在于：两个合成一字和两字同形的情况毕竟不多，而引申和假借却是十分常见的现象。"⑤

---

① 王元鹿：《汉古文字与纳西东巴文字比较研究》，华东师范大学出版社，1988年，第112~114页。
② 郭大烈：《李霖灿与纳西族东巴文化》，载于郭大烈、杨世光主编：《东巴文化论集》，云南人民出版社，1999年，第124页。
③ 喻遂生：《纳西东巴文研究丛稿》（第二辑），巴蜀书社，2008年，第24页。
④ 王元鹿：《汉古文字与纳西东巴文字比较研究》，华东师范大学出版社，1988年，第105页。
⑤ 同上注，第106页。

四、纳西东巴文形声字形符和声符分析

对于纳西东巴文形声字形符和声符的分析，喻遂生的《纳西东巴文单音节形声字研究》一文做得较为周到。文中有形符分析、声符分析、形符和声符拼合时的位置关系分析，在文章的后面还附有"形符及所造字一览表""声符及所造字一览表""形声拼合位置分析表"。① 这些分析为我们进一步分析纳西东巴文形声字形符和声符提供了方法的指导。

五、散见于其他著作中的纳西东巴文形声字研究

傅懋勣《丽江么些象形文"古事记"研究》《纳西族图画文字〈白蝙蝠取经记〉研究》，周有光《比较文字学初探》《世界文字发展史》，方国瑜《纳西象形文字谱》，李霖灿《麽些象形标音文字字典》等著作中，都用"形声"去规范一些纳西东巴文的结构类型。这些形声字的字形，跟古汉字有着极大的不同。

尽管纳西东巴文的文字结构类型可以以"六书"去分析，但其原始的特性，又决定了以"六书"分析出来的结构必然还带有其自身的明显特征。对于纳西东巴文形声字，不少学者在专著或者相关文章中都进行了深入的分析。

和志武认为："纳西象形文字的形声字约有一百个左右，是由义符和音符两部分组成的，'形声相益，即谓之字'。义符的意与组成的新字有直接和间接的联系；音符的音与组成的新字有的不仅同音，还有意义联系，有的只有纯粹同音关系。……有的形声字，所用声旁，字未固定，特别是人名、地名及鬼神名号，尤为如此。且用字复杂而写的松散；有的声旁字代表几个音节，故只看其形旁的声字，未必能读出经书中的词语，这是比表意文字原始的地方。"②

喻遂生认为："东巴文形声字的数量，据我们以《纳西象形文字谱》为对象进行统计，计有单音节形声字122个，多音节形声字120个，合计242个，占《纳西象形文字谱》1359个单字的17.8%。"③

木琛在《纳西象形文字》一书中明确标注"形声"的有103个字。

---

① 参见喻遂生：《纳西东巴文单音节形声字研究》，载于《纳西东巴文研究丛稿》，巴蜀书社，2003年，第129～162页。
② 和志武：《试论纳西象形文字的特点——兼论原始图画字、象形文字和表意文字的区别》，载于郭大烈、杨世光主编：《东巴文化论集》，云南人民出版社，1999年，第146～147页。
③ 喻遂生：《纳西东巴文研究丛稿》（第二辑），巴蜀书社，2008年，第24页。

周有光用"六书"理论分析纳西东巴文的结构特点,除转注以外,能在纳西东巴文中见到象形、指事、会意、形声、假借字。方国瑜的"十书说"中有一类专指形声。

另外,裘锡圭在《文字学概要》一书中论及汉字形成的过程时,选取纳西东巴文字例,说明形声字产生的原因和方式:"为了克服假借所引起的字义混淆现象,人们把有些表意字或表意符号(以下简称意符)用作指示字义的符号,加注在假借字上。……在纳西文里,{蕨菜}的象形字 ,在假借来表示同音词{小官}的时候,有时加注端坐人形而写作 。"①

王凤阳认为:"我们从东巴经中可以相当完整地看到由图画文字到象形文字的过渡过程。这个过程补足了比较文字学上的缺环,意义是十分重大的。"②

黄德宽认为:"从纳西象形文字看,它虽然还没有摆脱原始状态,成为成熟的文字体系,但已经出现了形声字结构,如《纳西象形文字谱》所收第96字,《麽些象形文字字典》第162、204、215字可以表明纳西象形字中,不仅出现了形声字,而且具有丰富的构形方式,第96字是一个表示类属意义的形符加声符组成;第162字是在象形字上加声符而形成的形声字;第204字则是会意字加声符而形成的形声字;第215字则是由假借字加一标示性的区别符号(形符)。这可以反映出纳西象形文字中形声结构的丰富性。"③黄德宽先生对纳西东巴文形声字类型的分析,反映出他对纳西东巴文形声字了解的深入。

第三节　研究的意义与目标

一、纳西东巴文形声字研究的意义

1. 纳西东巴文形声字研究在普通文字学上的意义

纳西东巴文形声字研究,从普通文字学的角度来看,能起到丰富普通文字学研究内容的作用,为普通文字学进一步完善人类文字学发展规律,提供实证材料。

王元鹿在《普通文字学概论》中认为,表词-意音文字"是指如甲金文

---

① 裘锡圭:《文字学概要》,商务印书馆,1988年,第6页。
② 王凤阳:《汉字学》,吉林文史出版社,1989年,第327～328页。
③ 黄德宽:《形声起源之探索》,《安徽教育学院学报(社会科学版)》1986年第3期,第79～84页。

以来的汉古文字、埃及圣书字、苏美尔文字和玛雅文字之类的文字系统,这类文字主要的共同特点是:在文字记录语言的方式方面,既记意又记音;在文字符号与语言单位的对应关系方面,一个字形记一个词或一个词素,而且语言中的每个词均在文字中得到记录。这类文字在文字发展史上,处于语段文字与音节-字母文字之间"。① 王元鹿推论,"独立创制的表词-意音文字,都经历过它们各自的早期文字阶段"。②

纳西东巴文字是经历了图画文字,到象形文字,再到早期意音文字发展过程的自源文字,其形声字的发展轨迹,必然反映这种文字走向以字形表意音的趋势和途径,将为我们了解早期意音文字的起源、发展动因、发展轨迹提供真实的案例。人类历史上出现的古埃及圣书字、苏美尔楔形文字以及美洲的玛雅文字,都随着时间的流逝而消亡,而纳西东巴文字是唯一活着的人类早期象形文字,我们通过剖析其形声字的发展轨迹,能看到这种文字中形声结构表现出的种种特征,这是对普通文字学研究的丰富,也能为普通文字学研究人类意音文字提供理论的土壤。

世界文字,从文字类型学的角度,不少国内外专家都作过精彩的分类,纳西东巴文字作为与汉字不同源但同理的自源文字,在文字类型学上应该属于和汉字同一类型的文字。周有光根据文字的"三相"分类,将文字分为"形意文字、意音文字、音节文字、辅音文字、音素文字"五大类,将纳西东巴文归入形意文字的范畴。③

对纳西东巴文形声字进行详细研究,能让我们求证纳西东巴文字是否属于早期意音文字,其发展轨迹是否经历图画文字、象形文字的阶段,从象形文字向早期意音文字发展的阶段。对纳西东巴文形声字的系统分析,将使我们以纳西东巴文字为例,进一步丰富和充实文字类型学的内容。

2. 纳西东巴文形声字研究在文字史研究上的意义

纳西东巴文形声字的研究可以丰富文字史中关于早期意音文字的产生动因及其产生途径的研究。对纳西东巴文字的发展历史来说,形声字的产生及发展,影响到对这种文字性质的把握。根据对纳西东巴文形声字的系统分析,可以断定纳西东巴文字实为早期的意音文字。

(1) 对纳西东巴文字史研究的意义

纳西东巴文形声字研究,一方面有助于我们进一步把握这种文字的性

---

① 王元鹿:《普通文字学概论》,贵州人民出版社,1996 年,第 139 页。
② 同上。
③ 参见周有光:《比较文字学初探》,语文出版社,1998 年,第 28~31 页。

质，另一方面也有助于我们探讨纳西东巴文字的发展现状。通过对纳西东巴文形声字的发展脉络进行充分的研究，可以把握纳西东巴文字动态的发展过程。

随着纳西文化的发展和宗教经文书写的需求，纳西语从纯粹的单音节语词为主的语言，发展到需要借助注音来记录东巴经，于是出现大量的假借字，而假借字的使用，前提在于存在众多的同音或音近词，于是出现从象形文字甚至指事字发展而成的原始形声字，就是这种文字由纯粹象形表意走向试图注音的尝试。将一些表意字的部分字符改换成兼标示读音的形声结构的字，也是纳西东巴文字从字形表意走向试图以字形表义，同时兼顾标音职能的自然表示。在假借字上加注一个表意的形符，这是纳西东巴文字充分利用语言中同音现象，进一步以字形别义的表现，其结果是文字的分化，带来形声字。在象形字或者会意字上加注一个甚至几个标音符号，使整个字成为有形符，有声符的形声字，这更是趋向成熟的文字观的流露。这些纳西东巴文形声字产生的途径分析，有利于更系统全面地了解纳西东巴文字声化的过程。

纳西东巴文形声字的研究，可以使纳西东巴文文字史的研究更充实、具体。

（2）对民族文字史研究的意义

中国民族文字中，如壮文、彝文等，其中也都存在着形声字，纳西东巴文形声字的研究，将为我们进一步与这些民族文字进行比较分析提供了可能性。不同民族文字中的形声字发展状况的分析，有利于我们把握这些文字在整个文字史发展链条中所处的位置，使我们透过不同民族的文字发展，细窥人类思维体现在文字创造中的共性和差异，也能更好地把握造成这些差异的文化原因以及当时当地的历史、人文、经济发展因素。

我们在中国其他少数民族文字中，也能找到一定数量的形声字，这些不同民族的文字，何以采纳形声这种既以字形表义，又以声符标音的模式呢？纳西东巴文形声字的研究结果将显示，纳西东巴文形声字的发展是否稳定？是否达到像古汉字形声字那样成熟的水平？纳西东巴文字受到藏文化和汉文化的影响有多深远？纳西东巴文形声字的发展，既有外来文字的影响，又受到东巴教本身的局限，这种文字的使用层面不够广泛，只有东巴们识得，而且仅仅用于宗教教义的书写，这是否会限制其文字面貌的发展？其古老的象形意味始终存在，其走向符号化、声化的进程是否会大大减缓？

现在我们看到的越来越多的东巴文应用性文献，其中形声字的数量没有激增，倒是假借现象更为频繁，这是否与纳西东巴文字发展的现状相匹配？

在纳西东巴文使用的语境中，是否没有一种迫切需要为新词造字的需求？如果要记录纳西语中的每一个词，在纳西东巴文文字不足时，借用标音字（哥巴文）或者假借字来完成是否成为常态？可见，随着对纳西东巴文形声字的系统研究，以上问题都会有清晰的答案。

对于纳西东巴文形声字的分析，可以推而广之，进一步去分析其他民族文字中形声字的发展轨迹，从而能更全面地了解我们的民族文字在发展过程中经历的变迁。

（3）对意音文字史研究的意义

对纳西东巴文形声字的研究，有益于我们进一步把握意音文字史的研究。周有光认为："人类文字史的研究重视找寻从'形意文字'到'意音文字'的发展过程。东巴文正好就是这一发展过程的稀有例证。"①

周有光在《世界文字发展史》中将纳西东巴文字归为文字的幼儿，算作"形意文字"②。通过对纳西东巴文形声字的全面分析，我们可以判断纳西东巴文是否已经超越了形意文字的阶段，属于早期的意音文字？因为有相当数量的文字已经兼用表意和表音符号。

纳西东巴文形声字研究，能为我们进一步去探索成熟的意音文字的发展轨迹提供线索，为我们找寻意音文字发展的共性提供实证材料。纳西东巴文字具备早期意音文字的特征，但纳西东巴文形声字依然符合成熟意音文字记录语词的规则。其形符类化的痕迹，声符假借的方式，这些可以用来跟成熟的形声字进行对比，从而使整个意音文字发展的线索从源头开始，变成历时的、可描述的。

3. 纳西东巴文形声字研究在汉字学研究上的意义

纳西东巴文形声字研究，能让我们看到早期意音文字发展的线索，这为我们进一步分析汉字形声字打开了一扇可以回望的窗口。二者尽管不同源，但是都属于意音文字，王元鹿先生称为"表词－意音文字"，马叙伦曾经描述，"我国云南麽些族的文字，几乎可以说是汉文的前身"。③ 纳西东巴文形声字研究对汉字学研究的意义体现在以下几个方面：

（1）促进汉字学中的形声字起源以及发展轨迹的研究

纳西东巴文形声字研究有助于我们研究古汉字形声字的产生途径，了解

---

① 周有光：《世界文字发展史》，上海教育出版社，1997年，第57页。
② 同上注，第46～60页。在绪论中，对形意文字的定义："有的文字兼用表形和表意，称为形意文字（原始文字大都如此）。"
③ 马叙伦：《中国文字之源流与研究方法之新倾向》，载于《马叙伦学术论文集》，科学出版社，1958年，第30页。

较古汉字形声字更早的形声字的发展规律。纳西东巴文形声字中的形符一般以形象性表意为主,在古汉字形声字发展的早期,是否也存在着形符类化程度不高的痕迹呢?纳西东巴文形声字的声符一般处于较形符次要的地位,对于没有类化的形符而言,声符总是居于小小的一隅,古汉字形声字是否也曾经历过一样的阶段呢?

纳西东巴文形声字发展过程中,出现异体现象,经历由象形字发展到形声,由会意字发展到会意兼声,由准会意兼声发展到会意兼声,由准形声发展到形声等现象。纳西东巴文形声字中有一部分不能完全标音的会意兼声字和形声字,存在的一形多声、多形多声现象,古汉字形声字中有这些情况吗?是否因为古汉字形声字已经发展到一定的阶段,由于形符的类化,文字的声化,而销声匿迹了呢?

对于汉字形声字的研究,先贤们已经倾注了相当深的功力,已经取得了巨大的成就,但对汉字形声字的早期发展轨迹,还无从描摹。目前只是根据甲金文形声字以及小篆形声字中体现的特征来分析古汉字形声字的产生途径。纳西东巴文形声字的研究,至少能反映出早期意音文字中呈现出来的不同于古汉字形声字的发展特征,这对于进一步深化汉字形声字的研究是具有启发意义的。裘锡圭从纳西东巴文字的特征中受到启发,反过来在汉字研究中找到了他人没有注意的规律。论述文字形成的过程时,认为:"在已发现的时代较早的古汉字——商代后期的甲骨文里,可以看到接近图画的表意手法的一些残余痕迹。其中,比较突出的一点,就是某些表意字往往随语言环境而改变字形。"①

随后举甲骨卜辞中的"烝"祭,认为典籍中一般写"登",但在卜辞中可以写作烝,既有烝豆,又有烝豆。在分析此现象时,裘锡圭先生在纳西东巴文中获得启示:"纳西文在这方面可以给我们一些启发。在纳西文里,字形随语言环境而变化的现象很常见。例如'吼'字通常写作 ,象牛嘴出声气,如果说到'马吼',通常就把这个字里的牛头换作马头,并不需要另加一个'马'字。在汉字发展的较早阶段,'烝'也应该是用来表示烝豆的。到商代后期,这种比较原始的用字习惯基本上已经被抛弃,烝字则作为烝的特殊异体而保存了下来。"②

由此看来,纳西东巴文形声字研究,的确能为我们了解古汉字形声字较早阶段的特征提供某方面的启发。何丹认为:"既然东巴文系统所记录的语

---

① 裘锡圭:《文字学概要》,商务印书馆,2004年,第7页。
② 同上注,第8页。

言类型与汉语相同，且自身又属于自源文字系统，其发生发展的轨迹，可作为研究汉字起源的重要参考资料。因而，以东巴文为中心的西南少数民族的语言文字的研究，具有语言文字类型学上的重要意义。……关于东巴文的研究成果，很可能是研究汉字起源的关键。"①

李圃在《甲骨文文字学》中，全方位地分析了甲骨文文字的造字方法、表词方式以及甲骨文文字的性质，认为："作为立方体的甲骨文字，具有明显的图画性，尤其是象形表词的那些单素字，可以让人们望'形'知'义'。"②纳西东巴文字的字符体态是图画性比甲骨文更明显的，纳西东巴文形声字的特点，在甲骨文字中是否存在着类似的特征呢？

（2）纳西东巴文形声字的研究方法可以为今后进一步研究古汉字形声字的种类以及发展轨迹提供方法论

刘志基《甲骨文结构的特殊现象》已经关注到甲骨文中，离开"六书"范畴，存在一些特殊结构，"抽象性标示成分相对发达、非通用结构成分的高度发达、泛象形字现象"③。"甲骨文中的这种抽象标示符，不同程度地源自作为甲骨文渊源形态的图画元素，因此，它们的大量存在，恰恰是甲骨文构形系统原始性的一种证据。""甲骨文的构形系统则显然具有与之相悖的特征——诸多字形的结构成分都不具有起码的通用性，有的甚至仅仅在目前我们见到的构形系统中现身一次。仅就这种一见性结构成分而言，大致可以分为两种情况，一种以合体字的构件的身份出现，通常与它们相组合的却是相当通用的构件。……另一种非通用结构成分则是以独体字的身份出现的。作为一个独体字，它们没有机会在合体字中作为构字成分而显身。"④这说明对甲骨文字结构的研究，还有"六书"之外的特殊结构，也显示了甲骨文字中显现的相对原始的文字面貌特征。

纳西东巴文字的字符体态比甲骨文更具图画性，其文字字符的发展进程跟甲骨文字相比还有很大的差距，在纳西东巴文字中，必然也会留下更多的图画性色彩。对纳西东巴文形声字的系统分析，有利于我们真正把握纳西东巴文字的性质，也有利于我们进一步以传统和开阔的视野和思维去研究古汉字形声字发展的轨迹和线索。

---

① 何丹：《图画文字说与人类文字的起源：关于人类文字起源模式重构的研究》，中国社会科学出版社，2003年，第286～287页。
② 李圃：《甲骨文文字学》，学林出版社，1995年，第192页。
③ 刘志基：《甲骨文结构的特殊现象》，韩国《汉字研究》2009年第12期。
④ 同上。

二、纳西东巴文形声字研究的基础

本研究的立论基础是厚实的,具体体现在方法论基础和材料基础两个方面。

1. 方法论基础

(1) 传统"六书"对古汉字研究的适用性表明,用来研究纳西东巴文是可行的

传统"六书"理论,在中国文字学理论发展过程中占据极其重要的地位。经过证明,用"六书"研究甲骨文字、金文、小篆,都是适用的。纳西东巴文作为一种早期的意音文字,自然也能用"六书"理论来条分缕析其结构特点。

周有光、喻遂生、李静生、王元鹿等都用"六书"进行过汉字和纳西东巴文字的对比研究,都取得了可信的研究成果。

(2) 比较文字学的原理为研究纳西东巴文形声字提供了方法论

周有光《比较文字学初探》、王元鹿《比较文字学》《纳西东巴文与汉古文字比较研究》等成果,在比较文字学的理论建树方面有开创之功。比较文字学主张的方法论是运用综合、分析和比较的方法来研究两种文字系统。纳西东巴文形声字研究,可借鉴汉字形声字研究的成果,进行对比分析,从而使纳西东巴文形声字的特点更突出地展示出来。对两种文字中形声字的比较研究,李静生、喻遂生、刘又辛等先生都发表了不少论述,这些都为纳西东巴文形声字的深入研究提供了方法论。

(3) 古汉字形声字研究的理论成果,为纳西东巴文形声字研究提供了理论滋养

唐兰在《中国文字学》中论述形声文字的发生有三条途径:"合文就是形声字的前驱"、"计数"的语言里会产生形声字、"象意字的声化,在图画文字的晚期,几乎已普遍地存在,它们很像形声字"。[①] 唐兰认为:"由旧的图画文字转变到新的形声文字,经过的途径有三种:一是孳乳;……二是转注;……三是緟益。"[②]

裘锡圭在《文字学概要》中专门论述了形声字产生的途径。李国英《小篆形声字研究》一书系统地研究小篆形声字的特点。曾昭聪《形声字声符示源功能述论》,一方面总结了前人关于形声字声符表示语源义的研究,另

[①] 唐兰:《中国文字学》,上海古籍出版社,2005年,第77页。
[②] 同上注,第79~81页。

一方面，以扎实的基本功阐述形声字声符示源功能。黄德宽归纳形声起源的四种观点：形声源于假借说；声化象意字说；加旁二部发展说；部分表音的独体象形字分化说。这些根据实际调查分析归纳出来的理论成果，为本研究探寻纳西东巴文形声字的产生途径提供了丰富的理论滋养。

（4）纳西语以及纳西东巴文研究的理论成果，为纳西东巴文形声字研究提供了进一步深入研究的平台

和即仁、姜竹仪编著《纳西语简志》一书对纳西语的语音、词汇、语法系统以及方言、文字等作了全面的分析，是全面了解纳西语的一本便捷而有效的著作。

傅懋勣1982年在《纳西族图画文字与象形文字的区别》一文中，阐述纳西族文字的不同类型；方国瑜《纳西象形文字的构造》一文中提出的"十书说"；周有光和王元鹿利用"六书"研究纳西东巴文字；喻遂生的纳西东巴文形声字研究等，都为纳西东巴文形声字的研究提供了进一步深入研究的平台。

（5）多角度的纳西东巴文研究为纳西东巴文形声字研究提供了开阔的理论视野

纳西东巴文字素研究、纳西东巴文异体字研究、纳西东巴文假借字研究、纳西东巴文文献比较研究等，为纳西东巴文形声字研究提供了开阔的理论视野。

郑飞洲博士《纳西东巴文字字素研究》引用李圃的"字素"理论，对方国瑜、和志武《纳西象形文字谱》进行穷尽性统计分析，首次详尽分析了纳西东巴文字的最小构字单位。

周斌博士《东巴文异体字研究》得出异体字505组，共计1208个字。再对纳西东巴文异体字的结构类型进行归纳和分析，探讨了东巴文异体字形成的原因和纳西东巴文异体字的特点。

甘露博士《纳西东巴文假借字研究》，从静态和动态两方面的材料入手，考察了两部东巴文字典、两部重要经典和一批应用性文献中的假借字，对东巴文假借字进行了全面系统的研究。

黄思贤博士《纳西东巴文献用字研究——以〈崇搬图〉和〈古事记〉为例》，从文献入手，考察纳西东巴文记录语言的单位、记录语言的方式，研究东巴文符号体态和字序特点，并将《崇搬图》和《古事记》进行比较研究，为我们进一步了解纳西东巴文的性质和发展阶段提供了很好的途径。

以上不同角度的研究，使得纳西东巴文的研究进一步深入，研究视野趋向全面，也为纳西东巴文形声字研究提供了开阔的思路和视野。

2.纳西东巴文形声字研究的材料基础

（1）纳西东巴文字字典收罗广博

方国瑜、和志武《纳西象形文字谱》，李霖灿《纳西族象形标音文字字典》是研究纳西东巴文字的入门工具书。这两本纳西东巴文字典不仅仅收纳西东巴文的常用字词，在每本书前的绪论中还有理论建设。方国瑜的"十书说"，第一次系统地分析纳西东巴文字的结构类型，李霖灿关于纳西东巴文形字早于音字的论述等，至今还是研究纳西东巴文字的重要理论。

此外，美国人洛克编著，和匠宇译，郭大烈、和力民校的《纳西语英语汉语词汇》，和宝林《纳西象形文字实用注解》，木琛编写的丽江东巴文化学校教材第一册《纳西象形文字》，赵净修《东巴象形文常用字词译注》《纳西象形文实用字词注释》等，体现了编著者们对纳西东巴文字的认识和研究的功力，每本工具书都有独特之处，收录的字词条目稍有不同。这些字典与方国瑜、和志武先生和李霖灿先生的字典一起，相互补充，为研究纳西东巴文字提供了宝贵的文字材料。

（2）纳西东巴文化研究的成果丰硕

1）国外学者对纳西东巴文化以及语言文字的研究

早在1913年，法国人巴克（J.Bacot）就著有《么些研究》一书，书中介绍纳西族、东巴经书以及东巴象形文字。"书中介绍了他于1907年、1909年两次考察纳西族地区时所见到的370多个象形文字。并对纳西族的口语、词汇和语法作了初步研究。"①

之后有美籍奥地利学者洛克博士的《纳西语-英语百科辞典》（上下卷），这本书已经由和匠宇译出第一卷《纳西语英语汉语词汇》，收词3414条，是洛克对纳西东巴经以及文字研究的成果。除词典之外，洛克博士还著有《中国西南古纳西王国》一书。

日本学者西田龙雄著有《活着的象形文字·纳西文化》一书，其中《汉字的六书与纳西文》《纳西族表音文字的诞生》等文章都是研究纳西东巴文字性质和结构的佳作。日本学者山田胜美《纳西文与甲骨文比较研究》一文，通过具体的字例比较纳西族与甲骨文造字思维方面存在的异同。

哈佛燕京学社所藏的598部东巴经，已经为学者以"四对照"（即经书原文扫描、国际音标注纳西语读音、汉文直译对注、汉语意译）方式整理出版，从研究材料上提供了更广阔的视野。

---

① 参见杨福泉、白庚胜：《国际纳西东巴文化研究述评》，载于白庚胜、杨福泉编译：《国际东巴文化研究集粹》，云南人民出版社，1998年，第2页。

2）国内学者对纳西东巴文化的研究

傅懋勣从20世纪40年代开始研究纳西东巴文，其《丽江麽些象形文字〈古事记〉研究》以及《纳西族图画文字〈白蝙蝠取经记〉研究》，为我们识读和研究东巴经以及东巴文字提供了研究的优秀范例。

另有李霖灿、张琨、和才译注的《么些经典译注九种》，和志武翻译整理的《人类迁徙记》以及《纳西东巴经选》《纳西东巴古籍译注全集》100卷的出版，为进一步了解和研究纳西东巴文化提供了更为翔实的文献资料。

郭大烈、和志武《纳西族史》一书，从纳西族东巴经中有关人类的起源，分析纳西族古老的社会形态和民族渊源，再详细阐述从秦汉到近现代纳西族的历史、经济、文化的发展变迁，为我们了解纳西族提供了丰富的史料。

其他关于纳西文化研究的著述如，《方国瑜纳西学论集》《和志武纳西学论集》《李国文纳西学论集》，李国文《东巴文化与纳西哲学》和《人神之媒——东巴祭司面面观》，陈烈《东巴祭天文化》，杨福泉《纳西族文化史论》《纳西族与藏族历史关系研究》《多元文化与纳西社会》《杨福泉纳西学论集》等，都从各方面对纳西东巴文化有深入的分析和研究。

对纳西东巴文化以及语言文字的研究，郭大烈、杨世光主编的《东巴文化论集》和《东巴文化论》中，收集了国内研究纳西东巴文化以及语言文字专家学者的众多高质量的论文。郭大烈主编的《纳西族研究论文集》附有至1991年研究纳西东巴文化的论文目录180条。白庚胜、杨福泉编译的《国际东巴文化研究集粹》收录了国内外学者的纳西东巴文化研究的论文。

宋光淑主编的《纳西东巴文化研究总览》一书，收集了截至2003年底公开出版发表和内部发表的"有关纳西族的研究、东巴文化的研究及云南丽江地区历史、民族、经济、文化等研究论文2191条、著作481条，外文资料116条"[①]。这本资料汇编方便研究者查找各方面的论著。

以上各类研究成果，都为全面研究纳西东巴文形声字准备了充足的资料库。

三、纳西东巴文形声字研究的目标

本书选取方国瑜、和志武《纳西象形文字谱》（文中简称"字谱"）、李霖灿《纳西族象形标音文字字典》（文中简称"字典"）作为主要工具书，以

[①] 宋光淑主编：《纳西东巴文化研究总览》，云南大学出版社，2006年，代前言部分，第1页。

纳西东巴文古籍《古事记》和另一版本《崇般崇笮》，云南少数民族古籍译丛第7辑《纳西东巴古籍译注》（一）作为文献材料，对其中的形声字进行穷尽性统计分析，参考赵净修《东巴象形文常用字词译注》（简称"译注"）《纳西象形文实用字词注释》（简称"注释"）中的形声字作为分析对象，东巴经则参考傅懋勣《纳西族图画文字〈白蝙蝠取经记〉研究》和《纳西东巴古籍译注全集》100卷的部分文字材料，旨在分析出纳西东巴文形声字的数量、种类，尤其是纳西东巴文形声字的结构类型，进一步描绘纳西东巴文形声字的发展轨迹。拟解决的问题如下：

1. 描述纳西东巴文形声字的种类

本书将采取广义的形声概念，即只要字形中出现表意字符，同时也能找到标示字的读音的字符的表词结构，我们都将其纳入形声字研究的范围。广义的形声字概念能让我们更清晰地感受到纳西东巴文形声字逐步发展的轨迹。通过对不同形式的形声字进行分类，总结出纳西东巴文形声字的种类，有利于我们看清纳西东巴文发展所处的阶段。

2. 分析纳西东巴文形声字形符的特点

通过对两本主要的纳西东巴文工具书中的形声字进行穷尽性统计分析，辅以其他纳西东巴文工具书中的文字材料，并以两本纳西东巴经中的文字作为印证，归纳出纳西东巴文形声字中的形符特点。

3. 分析纳西东巴文形声字声符的特点

纳西东巴文形声字声符的特点分析，能让我们把握纳西东巴文形声字的整体特征。对其来源、标音方式以及与形符的关系的梳理，对纳西东巴文形声字的整体定位至关重要。对纳西东巴文形声字声符的分析，有利于我们了解早期意音文字中字符以形声结构方式声化的轨迹。

4. 归纳纳西东巴文形声字产生的途径

纳西东巴文形声字产生的途径分析，能直接让我们看到纳西东巴文形声字的来源和产生动机。通过与古汉字形声字产生途径的比较，我们能一窥早期形声字和成熟形声字在产生途径上存在的差异。不同源、不同发展阶段的意音文字，形声字产生的途径究竟会呈现出怎样的面貌呢？对这个问题的解释显得十分有意义。

5. 描绘纳西东巴文形声字发展的轨迹

通过对纳西东巴文形声字进行静态和动态的分析，基于对其形声字种类和产生途径的描述，基于对纳西东巴文字性质的把握，最后描述纳西东巴文形声字发展的轨迹。描绘这个轨迹的意义在于可以进一步把握纳西东巴文字发展史，把握这种文字在人类文字发展史中所处的地位。

推动人类意音文字发展的决定性因素有哪些？形声结构的出现，无疑已经被广泛地认同为意音文字走向成熟的标志。

6. 比较古汉字形声字的产生途径，找出早期形声字发展过程中的某些规律

通过与古汉字形声字的比较，探寻早期形声字发展过程中的某些规律。纳西东巴文形声字与古汉字形声字的比较，可以为古汉字形声字发展轨迹研究提供一定的方法论参考。

第一章 纳西东巴文形声字研究涉及的概念和材料范围

第一节 普通文字学角度下的几个概念

从普通文字学的角度来看,纳西东巴文是一种早期的意音文字,其形声字还处于萌芽阶段,为了更清晰地分析纳西东巴文形声字,需要界定一些概念。

一、意音文字

最早提出意音文字的是周有光,他在《比较文字学初探》中,将文字分为"形意文字、意音文字、音节文字、辅音文字、音素文字"五种。① 认为:"从刻符、岩画、文字画和图画字,到能够完备地按照语词次序书写语言的'意音文字',经过了漫长的1万年。发展成熟而又代表高度文化的意音文字只有:西亚的'丁头字'、北非的'圣书字'和东亚的'汉字'。此外还有中美洲的'玛雅字',达到初步成熟水平,代表较低的文化。"②

王元鹿接受意音文字的提法,进一步补充为"表词-意音文字"。③

邢福义、吴振国也认同意音文字的说法,认为:"根据文字的来源,文字可以分为自源文字和借源文字。自源文字是独自创造的文字,借源文字是借用或借鉴其他语言形成的文字。从文字和语言的关系来看,文字可以分为意音文字和表音文字。意音文字又可分为表词文字和语素文字。""意音文字的字符既有表意符号,又有表音符号。"④

纳西东巴文字的性质,经过细致的分析,我们视之为早期意音文字的一种。

---

① 周有光:《比较文字学初探》,语文出版社,1998年,第35页。
② 同上注,第12～13页。
③ 王元鹿:《普通文字学概论》,贵州人民出版社,1996年,第139页。
④ 邢福义、吴振国:《语言学概论》,华中师范大学出版社,2002年,第196页。

二、形声字

对"形声"的说明和解释，许慎是第一人。"形声者，以事为名，取譬相成，江、河是也。"① 小篆中形声字已经是主要的汉字结构。对于形声字的具体解释，梁东汉认为："形声字是由义符和音符两部分组成的。所谓'形声'就是半形半声或一形一声的意思。"② 一般来说，大家都认同这种看法，《现代汉语词典》中的定义为："六书之一。形声是说字由'形'和'声'两部分合成，形旁和全字的意义有关，声旁和全字的读音有关。……形声字占汉字总数的百分之八十以上。也叫谐声。"③

裘锡圭认为："汉字是单音节的。按理说，一个形声字只要一个声旁就足够了。形旁一般是用来指示形声字字义的类别的，也没有超过一个的必要。但是按照《说文》的分析，有些形声字却具有两个声旁或两个以上的形旁。"④ 可见，裘锡圭先生并不认为汉字形声字一直就是一形一声的。

纳西东巴文形声字存在着丰富的种类，既有一形一声的结构，也有一形多声、多形多声、多形一声等结构，只不过一形一声的结构是发展最为成熟的形声字。纳西东巴文形声字处在萌芽阶段，其呈现的面貌跟古汉字形声字相比，有着鲜明的特色。本书所言的形声字概念是广义的，只要字的结构中有表意的字符，也有标音的字符，这些字符组合在一起记录纳西语中的一个词、词组，就将其视为形声字研究的范畴。在纳西东巴文形声字研究的范畴中，还包括标音字符仅仅表示整个字的部分读音的形声字。

纳西东巴文字的字符符号体态跟古汉字相比，体现出更为明显的形象性，或者说图画性，其形声字结构中形符与声符所显现出来的特点，跟古汉字形声字中的形符、声符有着不同的面貌。纳西东巴文形声字是早期的形声字，其种类十分丰富和复杂，而形声字形符和声符的职能跟古汉字形声字相比，又单纯得多。

对纳西东巴文形声字，本书采取较宽泛的定义：纳西东巴文字中，无论是在独体字上加注抽象的符号（李圃《甲骨文文字学》中称为"字缀"⑤），

---

① 许慎：《说文解字·卷十五》，中华书局，1996年，第314页。
② 梁东汉：《汉字的结构及其流变》，上海教育出版社，1959年，第125页。
③ 《现代汉语词典》，商务印书馆，1983年，第1289页。
④ 裘锡圭：《文字学概要》，商务印书馆，2004年，第156～157页。
⑤ 李圃：《甲骨文文字学》，学林出版社，1995年，第24页。"字缀指造字过程中用以别音义的缀加成分。""字缀不具备形与音、义相统一的特性，更不能单独构成新字，而只是缀加在字素之上，改变原字素的音义创造新字。"而纳西东巴文字中，这类加注的抽象符号，使得整个字成为新字但原表意字依然兼顾标音职能。

还是在合体结构中，只要这个结构中存在形符，也有充当声符的字符，用于记录纳西语中的一个词或者词组，就视其为广义的形声字。

纳西东巴文形声字用"六书"中的形声概念来看，存在着不与古汉字形声字一致的结构，可以分出原始形声字、准会意兼声字、准形声字，以及声符不能完全标音的形声字等。在纳西东巴文形声字中，主要是一形一声模式，但不乏一形多声、多形多声、多形一声等模式。对于纳西东巴文形声字的具体分类提到的名称，在下一节逐条阐述其定义。

三、会意兼声

会意兼声，顾名思义就是两个或两个以上的字符组合会意，其中部分字符兼表示字的读音。历来的学者们都注意到汉字中存在着会意兼声字，但会意兼声字究竟归入会意字还是归入形声字，一直有不同说法。归入形声的居多，清代桂馥《说文解字义证》中说，"谐声（形声）有亦声者，其例有二"。① 朱骏声《说文六书爻列》、孔广居《论六书次第》中都将会意兼声归入形声。王凤阳不同意将会意兼声字划入会意，"会意兼声字就是我们说的同源形声字"②，他在《汉字学》中举了"珥""珞""牺""祐"四个例子加以论证。经本植《古汉语文字学知识》中也把会意兼声字纳入形声字范畴展开论述，"有人认为，形声字的声符代表的是词的语音，它和词义并没有必然的联系，因此《说文》中的义兼声字是站不住脚的，根本否认有这种特殊的形声字"。③ 梁东汉《汉字的结构及其流变》中也视"亦声字"为形声字。裘锡圭认为"亦声"为"形声兼会意字"，是属于形声字的，他在《文字学概要》中讲道："我们在讲形声字产生途径时已经说过，如果在某个字上加注意符分化出一个字来表示这个字的引申义，分化出来的字一般都是形声兼会意字。"④

也有人视其为会意字，清段玉裁《说文解字注》释"吏"下注："凡言亦声者，会意兼形声也。"张度《六书易解》："亦声者，有所主又有所兼之谓也，既曰亦声则所主者必为意矣……是亦意为主矣，两者皆以意为主即是意兼声，何以能有声兼意之一说也。"⑤ 黄以周《六书通故》认为"亦声"属于会意："形声会意皆合两体一成文，会意字有兼形声者，《说文》已明著之

---

① 胡朴安：《中国文字学史》，上海书店，1983 年，第 330 页。
② 王凤阳：《汉字学》，吉林文史出版社，1989 年，第 516 页。
③ 经本植：《古汉语文字学知识》，四川教育出版社，1984 年，第 95 页。
④ 裘锡圭：《文字学概要》，商务印书馆，1988 年，第 175 页。
⑤ 胡朴安：《中国文字学史》，上海书店，1983 年，第 280 页。

曰从某某,某亦声。"①

另外有一种观点,认为这类字中有的属于会意,有的属于形声,詹鄞鑫《汉字说略》就把"亦声字"分为两类:一类是会意兼声,如"佑""佐""供""字"等这类字归入会意;另一类是形声字声旁表意,如"娶""暮"等字归入形声。

本书视会意兼声字为特殊的形声字,因为尽管字符组合以表意为主,但是字符中出现了以字形标示字的读音的情况,这是比会意结构更兼顾记录词的音义的表词法。方国瑜、和志武《纳西象形文字谱》中会意兼声字有50个,其中49个为单音节,李霖灿《纳西族象形标音文字字典》中有会意兼声字56个,其中50个为单音节。这些数据不包括部分字符标音,但标音不完全的会意兼声字。具体分析详见第二章。

第二节 纳西东巴文形声字研究中一些概念的定义

鉴于纳西东巴文形声字的特点,本书采用宽泛的形声字概念,一个独体字加注抽象符号,或者合体结构中,只要这个结构中存在形符,也有充当声符的字符,用于记录纳西语中的一个词或者词组,就视其为广义的形声字。一个字中既能找到表意的字符,也能找到标音的字符,就视之为形声字。具体分析,主要包含以下一些概念:

一、原始形声字

原始形声字是指纳西东巴文中一种不成熟的形声字,在原象形字或者其他表意字上加注抽象的指事符号,原象形字或者表意字标示整个字的部分或全部读音。这样的形声字从视觉效果上更似一个不可分割的整体。古汉字中也有这样的字例,于省吾、黄天树都曾撰文论述过这类形声字。黄天树在《殷墟甲骨文"有声字"的构造》一文中视这类字为"独体形声字"和"附化因声指事字"。②

纳西东巴文字中有少量的原始形声字,方国瑜、和志武《纳西象形文字谱》共有原始形声字21个,李霖灿《纳西族象形标音文字字典》中有原始

---

① 丁福保编著:《说文解字诂林》(第一册),中华书局,1988年,第466页。
② 黄天树:《殷墟甲骨文"有声字"的构造》,载于《黄天树古文字论集》,学苑出版社,2006年,第269~298页。

形声字 20 个。如：▩，字典 1311，mɑ31ndʐur31，酥油融化也。此指其自行融化而言。从 ◉（mɑ31，酥油），从曲线示融化。字符"酥油"标示一个音节。这个字在象形上加注曲线示意，原来的象形字标示一个音节，我们视这样的字为原始形声字。原始形声字产生的途径在纳西东巴文形声字中不是主要的来源。具体举例分析详见第二章。

二、准会意兼声字

在纳西东巴文字中，有一类特殊的组合，从字符组合在一起的职能来看，几个字符都承担表意职能，共同记录语言中的一个词或者词组，但每个字符又各自标示部分音节。如 ▩，字典第 660 字，ʂɯ33tur31，肉板也，俎板也。从肉（ʂɯ33）在俎 ▩（tər31）上。两字符各标示一个音节。其结构如同会意兼声，不同的是，每个字符都标示部分读音，而不是仅仅由部分字符来标音。这一类特殊的组合，许多专家学者都已经关注到了，喻遂生称之为"字组"①，王元鹿先生视之为形声字的一类，李静博士视之为"合文"，"指两个或两个以上的单字组合在一起像是一个字，记录一个词、词组，每个单字都被读出，且没有其他读音，我们将这样的组合命名为合文"。②

本书称之为"准会意兼声字"，因为这一类组合中有一部分存在着转化为会意兼声字的异体，如上面所举字例"肉板也，俎板"字谱第 898 字写作 ▩，tər31，俎，切菜堆也。会意兼声，从肉在俎 ▩（tər31）上。字符"俎"标音。这个字例说明，在纳西东巴文字中，有些以字符组合会意，且各个字符都标示部分音节的组合，可能演变为部分字符标音的会意兼声字。也就是说，这一类特殊组合，有可能进一步演变为会意兼声字。这类"准会意兼声字"在纳西东巴文中不是孤例，是文字声化轨迹中的产物。准会意兼声结构不符合汉字形声字定义，但这是纳西东巴文字结构中的一种特殊现象，是纳西东巴文字从表意文字走向字符兼顾标音义的过程的意识流露。

三、准形声字

准形声字还不是形声字，但有可能演变为形声字。如果一个组合中，有字符表意，也有字符仅仅是假借来标示部分读音的，而表意的字符也标示部分音节。这个组合很像合体的形声字，记录的是语言中的一个词或者词

---

① "'字组'指几个独立的字在记录语言（词、词组、语句）时构成的组合，这种组合在汉古文字研究中称作合文。"参见喻遂生：《纳西东巴文研究丛稿》，巴蜀书社，2003 年，第 25 页。

② 李静：《纳西东巴文非单字结构研究》，华东师范大学博士学位论文，2009 年，第 37 页。

组，只是每个字符都标示一定的音节。这类组合同样被许多专家视为"字组"或者"合文"。但是，在纳西东巴文字中，有一批这样的组合，其中也有一部分演变为形声字，即其中表意的字符读音存在脱落的痕迹。如："瘦肉"一词，在纳西东巴文字中可以写作～，字典第1328字，ʂɯ33nɑ55，从～（nɑ55或ʂɿ33，肉），嗐（nɑ31，黑），两字符各标示一个音节，字典第1329字写作～，很明显，应该是后起字，是在原象形字基础上加注了一个假借来标示音节nɑ55的字符嘿，字谱第748字写作～，可以读nɑ55。读一个音节时，意味着这个组合已经是一个形声字了。其他字例详见第二章。

由于纳西东巴文字中存在这样一批类似形声字的组合，其中有一部分表意的字符读音存在脱落，演变为形声字的情况，故将这类组合称之为准形声字。准形声字体现的是纳西东巴文字走向声化的痕迹。

四、不成熟的形声字

不成熟的形声字是指纳西东巴文字中，从不同角度来看，一个记录纳西语中的词的字有形声字的某些特征，但还不够成熟的形声字类型。上面所提到的几类，立足于其结构分析，其实都属于不成熟的形声字。我们可以从不同角度对纳西东巴文不成熟形声字进行分类：从形符与声符的数量看，纳西东巴文形声字有一形多声、多形一声以及多形多声的情况；从音节数和声符标音情况来看，有多音节形声字和声符标音不完全的形声字；从结构来看，存在准形声、准会意兼声结构以及原始形声字。这些跟古汉字形声字相比，似乎都存在着先天的不足，因此归为不成熟的形声字。详细论述见第二章。

五、成熟的形声字

成熟的形声字是指狭义的形声字，即一形一声，形符不标音，或者为会意兼声字。在纳西东巴文形声字中，有一定数量的单音节形声字，或者为会意兼声，或者为一形一声，还有部分形声字，尽管读多音节，但是形符不标音，这一类字已经符合形声字的结构和声符标音的条件，也能算成熟的形声字。详细字例见第二章论述。

第三节　本研究使用的文字材料

纳西东巴文形声字研究所采用的材料主要包括纳西东巴文字工具书类以

及一部纳西东巴经的两个不同年代的版本。纳西东巴文字工具书主要以方国瑜、和志武《纳西象形文字谱》和李霖灿《纳西族象形标音文字字典》为主，以赵净修的《东巴象形文常用字词译注》《纳西象形文实用字词注释》为补充。

对纳西东巴文字形声字的分析主要运用如下方法：

1. 对方国瑜、和志武《纳西象形文字谱》和李霖灿《纳西族象形标音文字字典》中非标音文字的每一条目进行穷尽性分析和归纳，排除象形字、指事字、会意字、义借字以及其他假借字，只要字形中既有字符标音情形，也有字符表意，共同记录纳西语中的一个词、词组，我们都视为形声字研究的范畴，然后再具体分出不同种类，进行分析。如：

☲，字谱第 561 字，dzŋ31，住也。会意兼声，从 ☱（dzŋ31，人坐），居室 ⌂（dzi31）。两字符标音相近。

☳，字典第 472 字，ɛ33sɯ31，父亲也，画一人头上生树之形。形声，从 ☱、☴（sər33，木）声。一形一声，音节 ə33 无字符表示。

☵，注释第 490 字，zŋ33dər31，短命，夭折。形声，从人，☶（zŋ33，草）、☷（dər31，纸，见字谱1046）声。一形二声。

☰，字典第 586 字，lY31，看也。画看☱物之形，恐与"见"字混，故以☴（矛）字注其音也。此鲁甸之写法。形声，从☱（lY31，看），☴（lY31，矛）声，一形一声，形符声符标音相同。

2. 逐条分析出方国瑜、和志武《纳西象形文字谱》和李霖灿《纳西族象形标音文字字典》中的形声字数量。从不同角度进行具体分类，在统计时，先按照两家字典的分类，如方国瑜、和志武《纳西象形文字谱》中列为十八类，则对其中的形声字也按十八类来统计，辅以赵净修的两本工具书中的文字材料，最后再汇总统计。具体的统计数据及分析详见第二章。本书最后的附录三将呈现部分统计的形声字信息。

3. 对纳西东巴经文献的形声字调查，主要利用同一东巴经的两个不同版本：一是《古事记》(tsho31mbʌr53thu53uɑ31mɛ53)，也有根据音译作《崇搬图》。全部东巴文皆选自傅懋勣的《丽江麽些象形文字〈古事记〉研究》一书。一是《崇般崇笮》，选自云南省少数民族古籍译丛第 7 辑《纳西东巴古籍译注》（一）中的一种，由杨树兴、和云彩诵经，和发源、王世英翻译，1986 年 6 月由云南民族出版社出版。这两个版本讲述的内容跟《古事记》是一致的。

在调查两个版本中的形声字时，以《古事记》的 184 节为准，详细分析出其中存在的形声字，摘出相应的东巴经语句，解释分析这一语句中存在的形声字，分析其形声字的形符和声符，并逐个阐释其形声字的类型以及产生途径，再举出对应于《崇般崇笮》中的所用字例，或者以方国瑜、和志武《纳西象形文字谱》、李霖灿《纳西族象形标音文字字典》为参照，分析形声字在具体的东巴经语境中的面貌。通过详尽的调查，了解纳西东巴文形声字在书写东巴经中的数量以及特征。详细调查和分析详见第三章和第四章。

4.通过对静态的纳西东巴文字字典的分析和对相对动态纳西东巴经文献中的形声字的调查分析，归纳纳西东巴文形声字形符、声符特点，形声字种类，形声字产生途径，从而为描绘纳西东巴文形声字的发展轨迹打下坚实的基础。

第二章 纳西东巴文形声字的穷尽性统计与分析

第一节 纳西东巴文文字材料的使用方法

本书所选用的纳西东巴文文字材料,主要选取两种文字材料,一是有代表性的纳西东巴文工具书:方国瑜、和志武《纳西象形文字谱》、李霖灿《纳西族象形标音文字字典》,参考木琛的《纳西象形文字》、赵净修的《东巴象形文常用字词译注》和《纳西象形文实用字词注释》等纳西东巴文工具书,部分参考洛克的《纳西语-英语百科辞典》。二是东巴经文献材料:傅懋勣《丽江麽些象形字〈古事记〉研究》和云南少数民族古籍译丛第7辑《纳西东巴古籍译注》(一)中由和云彩诵经、和发源翻译的《崇般崇笲》。另外,文字分析参考《纳西东巴古籍译注全集》和傅懋勣《纳西族图画文字〈白蝙蝠取经记〉研究》。第一种为静态的材料,第二种为有鲜活语境的动态材料,对每种材料中形声字的分析和考察,有利于我们全面把握纳西东巴文形声字的特质。为了更深入地分析纳西东巴文形声字,我们还会跟古汉字形声字进行对比分析。

本章主要从第一类材料出发,分析纳西东巴文形声字的种类和特点。第二类材料的详细分析,放在第三、四章进行阐述。

为表述的方便,下文在字例的说明中,将方国瑜、和志武《纳西象形文字谱》简称为"字谱",将李霖灿《纳西族象形标音文字字典》简称为"字典",将赵净修《东巴象形文常用字词译注》简称为"译注",将《纳西象形文实用字词注释》简称为"注释",将《纳西东巴古籍译注全集》简称"全集",将《纳西族图画文字〈白蝙蝠取经记〉研究》简称为"白"。

对于方国瑜、和志武《纳西象形文字谱》和李霖灿《纳西族象形标音文字字典》,采取穷尽性统计。理论上,先将工具书中的全部条目列为字,在具体分析中,只要字符有标示读音的痕迹都加以梳理。选字原则如下:

1. 合体字中的每一个字符都是假借标音的，则排除在形声字研究的范畴之外。

如：▨，字典第 1442 字，ʂɯ55，新也。用▨和▨二字之音，以作"新"解。此字见于鲁甸。▨可音 ʂɯ31，▨音 ʂɯ33，合切二音，遂成"新"字之音 ʂɯ55，此纳西音之切法，以二调切生另一调也，因纳西常用声调有三，此法可通用也。此字假借▨（ʂɯ31，金），▨（ʂɯ33，肉）两个字符组合，各标示一个音节。

这类字尽管从字符标音方面看，字符标示整个字的部分音节，但是找不到任何意义上的关联，因此这类字不收。

2. 合体字中的每一个字符都是假借标音，但是能找到其形声异体的还是收入其中，因为这类字能看出纳西东巴文形声字发展的痕迹。

如：▨，字典第 773 字，le55kv31，麝香也。假借两个字符，月（le55），从▨（phv33，雄），▨（kv33，蛋）组合，"月"和"蛋"各标示一个音节，其中的点为装饰符号。这个字字谱第 400 字写作▨，le55kɣ33，麝香也。会意兼声，从獐▨（le33），从麝香。字符"獐"标示一个音节。这个字既存在完全的假借标音的写法，也存在会意兼声写法，显示其向形声字发展的痕迹。

3. 符合形声字定义的，无论一形一声，还是一形多声、多形多声、会意兼声都收录。

如：▨，字谱第 572 字，gu31，病也，痛也。形声，从人卧，▨（gu31，仓）声。又写作▨，形声，从人，▨（gu31，仓）声、▨（tshe33，盐）省声。注释第 486 字写作▨，gu31，病。从人卧在▨（to31，板）上。字典第 404 字写作▨，ŋo31，病。象形字，从人病卧。又写作▨和▨，形声，从人卧在▨（to31，板）上，▨（gu31，仓）声。

▨，字谱第 485 字，kho31，母族也。形声，从▨，▨（kho31，栅）声。形符和声符共部分字形。注释第 93 字写作▨，kho31，宗族，父系之宗族。从▨，▨（kho31，栅）声。形符和声符共部分字形。字典第 476 字写作▨，ho31，又读 kho31，本族人也，亲戚也。

▨，字谱第 477 字，y31phe33，又读作 sər33ʂɿ31y31phe33，岳父也。形声，从▨省，▨（y31，猴）、▨（phe31，蔴布）声。一形二声。或音节 sər33ʂɿ31 无字符表示。字典第 518 字写作▨，io31pɛ33，岳父也。形声，从▨省，▨（y31，猴）、▨（phe31，蔴布）声。

▨，字谱第 534 字，ʂɿ33，又读作 ʂɿ33ʂɿ33ɕi33，相识也，熟人也。形声，从二人（ɕi33），▨（ʂɿ33，骰）声。二形一声，形符不标音，或皆标音，声符标音两次。注释第 372 字写作👤，ṣv33，引领，领路行进之意。从一男一女，▦（sɿ33，骰）声。二形一声。字典第 547 字写作👤，ṣv33，领也。画母领子之形，▦（ṣv33，骰）声。

4. 对标音不完全的形声字也一概收入。

如：𖼰，字谱第 19 字，gæ33miə31，又读 tshy55，电，像电光闪烁。从电，眼（miə31）声。形声，声符标一个音节，（一形一声）。又写作𖼰，𖼰，为象形字。注释第 1242 字写作𖼰，gæ33miə31tse55，闪电也，电也，象电闪光曲折之形。此字的不同表现形式说明，纳西东巴文字由象形字到加注声符，已经成为二者并用的时代了，或象形，或形声。这也反映纳西东巴文形声字存在的状态。

𖼰，字谱第 502 字，sy55mi33khɯ33tṣhu31，童奴也。形声，从𖼰奴，◯（sy55，锡）、𖼰（mi33，火）声。一形二声。音节 khɯ33tṣhu31 无字符表示。khɯ33 意为脚。

𖼰，字谱第 861 字，mɯ55ȵi33ər31，竹绳也。会意兼声，从竹𖼰（mɯ55），从绳～（bər31 或 ər31），两字符各标示一个音节。音节 ȵi33 意为"二"。

𖼰，字谱第 890 字，dʑi31gv33，水缸也。会意兼声，从缸有水～（dʑi31）。字符"水"标示一个音节。译注第 952 字写作𖼰，dʑi31gv33，水柜子，贮水石槽、木槽。字典第 203 字写作𖼰，dʑi31ŋgv33，水柜也。纳西人盛水之具，多以大木剜空做成，故画作水在槽中之形。

5. 对于一类特殊的组合，字符有标示读音痕迹的先收入列为一类。

将这一类组合收入是因为这些组合简单地视为字组不妥。这些组合，存在明显的形与声的职能分工，而且有的还存在形符读音的弱化现象，即有的字，形符原来标示的音节可读可不读。

如：𖼰，字谱第 452—2 字，sɿ33bv33ə31phv33，祖父也。从叟𖼰（ə31phv33），◯（sɿ33，羊毛）、𖼰（bv33，锅）声。字符𖼰表意，◯（sɿ33，羊毛）和𖼰（bv33，锅）为假借标音字符，三个字符各自标音。

此字为准形声字，注释第 52 字写作𖼰，e33phv33，男性老人，祖父。象形字。译注第 19 字写作𖼰，ə33phv33，男性老人，祖父。"祖父"这个词写作象形字，为独体字，而写作𖼰，则加注了两个标音符号。

𖼰，字谱第 366—1 字，khɯ33mu33，又读作 dy55khɯ33，猎犬也。从犬𖼰（khɯ33）吠，𖼰（mu33，簸）声。两字符各标示一个音节。从每个字符的职能来看，的确存在一形一声的痕迹，只不过形符也标示一个读音。

![字符], 字谱第 366—2 字, lɣ55khɯ33, 牧犬也。从犬 ![字符]（khɯ33）, 从牧人, 石 ![字符]（lɣ33）声。字符"牧人"不标音, 其他两字符各标示一个音节。这个字存在两个形符, 一个声符, 其中一个形符不标音。

![字符], 字谱第 675 字, bu31tʂhər33zo33, 遗腹子也。从儿子（zo33）, ![字符]（bu31, 猪）, ![字符]（tʂhər33, 代）声, 三个字符中, 存在一个形符, 两个声符, 各标示一个音节。

![字符], 字谱第 628 字, pɑ55dzɿ31, 狩猎了望也。从人坐于坡, ![字符]（dzɿ31, 坐）, ![字符]（pɑ55, 蛙）声。从职能分工来看, 存在二形一声, 其中一形符"坐"和声符各标一个音节。

第二节 纳西东巴文形声字的分类

我们从如下几个角度对纳西东巴文形声字进行分类：发展程度、字符结构、字与纳西语的对应关系和字符标音情况。这四个角度体现的是纳西东巴文形声字各个方面的特点：从发展程度能看出形声字总体发展的不均衡性；从字符结构特点能看出不同形声字的静态分析特征；从字与纳西语的对应关系可以看出形声字记录的语言单位；从字符标音情况能离析出纳西东巴文形声字形与声跟整个字读音的关系。

一、从发展程度看存在不成熟的形声字和成熟的形声字

纳西东巴文形声字的种类多样，展示出整体发展程度上的不成熟。不少形声字处在字与字的组合之间。用发展的眼光看，纳西东巴文形声字中有不成熟的形声字，也有成熟的形声字。具体分析如下：

1. 不成熟的形声字

（1）从形符与声符的数量看

纳西东巴文形声字存在一形多声、多形一声以及多形多声的情况。形符和声符数量相对不稳定，这是早期形声字的一个特征。在殷商甲骨文中，一形多声、多形一声以及多形多声的形声字字例也是能找到的，据李孝定统计,《甲骨文字集释》中，形声字共 334 个，占该书中甲骨文字总数的 27.27% 弱。[①]。说明形声字在甲骨文中还不是一种最主要的汉字结构。甲骨文中的形声字种类，透视出汉字形声字的一些原始特征。纳西东巴文形声字

---

① 李孝定:《汉字的起源与演变论丛》, 台北联经出版公司, 1986 年, 第 19 页。

也一样。

1）一形多声

纳西语的词汇不像古汉语那样以单音节为主，纳西语词汇有单音节的，也有多音节的。反映在纳西东巴文字中，一个纳西东巴文字的读音可能是单音节的，也可能是多音节的。纳西东巴文形声字的声符标音情况很复杂，有的字，一个声符就能完全标音。有的字，一个声符标注整个字读音的一个音节。如果这个字有三个音节，那么可能会有三个声符。

纳西东巴文形声字中存在不少一形多声字。所谓一形多声，是指一个形声字中有一个形符，两个或者两个以上的声符。纳西东巴文形声字中的一形多声字反映了这种字记录纳西语词汇的特点，也记录了纳西东巴文形声字声符标音的状态。大部分纳西东巴文形声字不像汉字形声字那样成熟，不是一形一声，汉字形声字的形符是不标音的，而纳西东巴文形声字的形符时常标音，这也体现了纳西东巴文这种文字字形表意的顽固性，在向意音文字发展的过程中，形声字形符的类化程度远远不如汉字形声字的形符。

纳西东巴文形声字的形符承载着浓厚的表意信息，而声符却可以因音同或者音近假借。汉字形声字的声符，除了标示字的读音之外，还承载着某种表义的职能，前人的右文说，以及清代学者因声求义的汉字研究成果都证明，汉字形声字的声符，不仅仅是标音，也会表达某一类义。归结为一点，汉字形声字的形符和声符都在类化，而纳西东巴文形声字的形符和声符，主要职能还是体现在表层的分工上，类化程度远远不如汉字形声字。

方国瑜、和志武《纳西象形文字谱》中一形多声的字一共有44个，其中声符标音，标音完全的有35个；声符标音，标音不完全的有9个。

李霖灿《纳西族象形标音文字字典》中一形多声的字共82个，其中声符标音，标音完全的有52个；声符标音，标音不完全的有30个。

两本工具书的收字差异在于，李霖灿先生记录的地名、人名比较多。

☒，字谱第90—7字，sʅ33lo31，在木里县无量河边村落，有纳西人居住。形声，从地，☒（sʅ33，羊毛）、☒（lo31，山谷）声，一形二声。声符标音完全。

☒，字谱第90—14字，lɑ33pə31lɑ55zʅ33，在丽江宝山果洛乡。形声，从地，☒（lɑ33，虎）、☒（zʅ33）声，一形二声。声符标音不完全。

☒，字谱第90—20字，gu31be33，又读作gu31be33i33gy21dʑʅ33，在丽江大研镇。形声，从地，☒（gu31，仓）、☒（be33，做）、☒（dʑʅ33，时）声。一形三声。

☒，字谱第1336字，tshʅ55tʂua33dʑi33mu33，善神之妻也。形声，从

女神，⿰（tʂʅ55，犁铧）、⿱（tʂua33，床）、⿲（dʑi33，水）、⿳（mu33，簸）声。一形四声。标音完全。

⿴，字谱第111—10字，la33ba31la33pa55ko31，石鼓老巴山也。形声，从⿵（ko33，高原）、⿶（la33）、⿷（ba31）、⿸（la33）、⿹（pa55）声，一形四声，皆标音，声符为假借哥巴字标音。此字的形符由一个形声字充当，而且，形符在整个形声字中也标示一个音节，这体现出纳西东巴文形声字发展的不均衡性。

⿺，字典第72字，tʂhv31kho33，纳西人二十八宿之一。相当于汉人之鬼宿，因此星不甚明白，似一团糍粑（炒面）撒向天空，故画若干碎点于星旁以示意，下二字注其二音。形声，从星，⿻（tʂhv31，）、⿼（kho33，门）声，一形二声，声符各标示一个音节。标音完全。

⿽，字谱第301字，tɕi55ʂə33，鹊也。形声，从鸟，⿾（tɕi55，剪）、⿿（ʂə33，哥巴字）声。一形二声。标音完全。

⺀，字典732，tɕi55ʂʌ33，喜鹊也。画鸟之形，以"羊毛剪"⺁注其首音。形声，从鸟，⺂（tɕi55，剪）、⺃（ʂə33，哥巴字）省声。

⺄，字谱第497字，iə33ko31，家庭也。形声，从屋，⺅（iə31，烟）、⺆（ko31，针）声。一形二声。又写作⺇，字典1520，iʌ33ko31，家也。形声，以房屋示意，⺈（iʌ33，烟）、⺉（ko31，针）声。一形二声。又写作⺊，省声。这个形声字的不同写法，表明纳西东巴文形声字的书写布局还不稳定，就像汉字的甲骨文和金文一样，字形不稳定，存在字的组合部分随意变换位置的情况。

一形多声的形声字中，以一形二声的居多，一形三声、一形四声的主要用于专名。

⺋，字典第2020字，hɑ33la33ŋgo31mbv33，神名。以旁四字注其名。形声，从⺌（神），⺍（hɑ33，饭）、⺎（la31，手）、⺏（ŋgo31，仓库）、⺐（mbv33，弯腰）声，一形四声，声符各标示一个音节。标音完全。

⺑，字典第2046字，wɛ33tʂʌ33ho31mo33，神女名。⺒大神之妻也，⺓、⺔、⺕、⺖四字注其音。形声，从⺗（神女），⺘（wɛ33，村子）、⺙（tʂʌ33，水鸟）、⺚（ho31，肋）声，⺛（mo33，簸箕）省声。一形四声。

⺜，字典第2076字，phv33dʐu33ndɑ33kʌ31，神名。⺝神之长子也。以⺞、⺟、⺠注其名。形声，从⺡（twɑ33kʌ31，神名），⺢（phv33，雄性）、⺣（dʐu33，木通科植物）、⺤（ndɑ33khʌ31，大皮

鼓)声，一形三声。

2)多形一声

纳西东巴文形声字中除了一形多声字，还有多形一声字。所谓多形一声字是指一个形声字由三个或三个以上字符组成，其中有一个字符是声符，其他字符都为形符，当然形符也可能同时标注字的读音中的一个或几个音节。纳西东巴文形声字的这种多形一声类型，反映了字形以表意为主的特质，字中的一个声符多为假借同音或音近字符。这是纳西东巴文形声字跟汉字不一样的类型。多形一声形声字有二形一声、三形一声，但大多是二形一声。如：

◌，字谱第1249字，dʑi33sa55，祭水也。形声，从碗，从水◌(dʑi33)，◌(sa55气)声。二形一声，形符"水"和声符各标示一个音节。

◌，字谱第558字，thɯ33，他也。形声，从人、手指，◌(thɯ33，喝)声。二形一声。

◌，字谱第90—1字，phər31na55dɯ33kæ33tʂu55，两地交界也。形声，从地，◌(phər31，白)、◌(na55，黑)分之，以示敌我，◌(tʂu55，锥)声。三形一声，各标示一个音节，音节kæ33无字符表示。

◌，字典第130字，mbo33，田埂也。以"地"◌及"石"◌示意，以◌注其意也，盖◌(坡)与田埂同音(不同调)，故以之使人易于联想也。此字见于鲁甸一带。形声，从田、石，◌(bu33，坡)声，二形一声。

◌，字典第1005字，hwa55hwa33，掺合也，配合也。画两朵药花合在一碗以见意，中有一◌字以注音。盖由于药多掺合配成之故。此字见于鲁甸。形声，从两朵药花在碗中，◌(hwa31，一股水之"股"，见字典213字)声，三形一声，声符标音。

◌，字典第456字，ʂɯ55，剥皮也。画人拿一皮子之形，皮子中有一◌字，原画肉块，在此以之标"剥"字之音。此字见于鲁甸。形声，从人执皮，◌(ʂɯ55，肉)声。二形一声。这个字特殊在于声符也有表意作用，有些类似汉字中的会意兼声，只不过意符较多。

◌，字谱第928字，tʂhuɑ33，米也。形声，从米在碗中，◌(tʂhuɑ55kho33，鹿角)声。一形一声。又写作◌或◌，为象形字或会意字。◌，字典第1287字，tʂwɑ33，米也。形声，从米在碗中，◌(tʂhuɑ55kho33，鹿角)声。一形一声。这个字让我们看到纳西东巴文字表意字与形声字并存的情况，是纳西东巴文在走向意音文字过程中的阶段反映。古汉字中也存在类似的情形，一个甲骨文字，存在表意字和形声字两种写法。如"灾"，可以写作◌，表示洪水。还有一种写法是形声结构◌，在原来表意的洪水之中加上声符"才"。

方国瑜、和志武《纳西象形文字谱》中收了 8 个多形一声的形声字，李霖灿《纳西族象形标音文字字典》中收了 13 个多形一声的形声字，其中，声符标音，标音完全的有 10 个，声符标音，标音不完全的有 3 个。

3）多形多声

多形多声也是纳西东巴文形声字的特点之一。所谓多形多声字，是指有两个或两个以上的形符和两个或两个以上的声符组成的形声字，这些充当形符的字符，有的标注字的部分音节，有的不标音。多形多声形声字中，有二形二声、二形三声、三形四声等，其中二形二声的比较多。方国瑜、和志武《纳西象形文字谱》中多形多声的形声字有 3 个，其中声符标音，标音完全的有 1 个，声符标音，标音不完全的有 2 个。李霖灿《纳西族象形标音文字字典》中多形多声的形声字有 6 个，都是声符标音，且标音完全的形声字。可见，多形多声字在纳西东巴文形声字中不占主流，一般也都是专名，如地名、神名。

ᚼ，字谱第 90—17 字，bə33ʂɿ31dæ31me33lo31，白沙木土司驻地，有"大定阁"等建筑。形声，从地，从庙，ᚼ（dæ31，旗手）、ᚼ（me33，雌性）声，二形二声，音节 bə33ʂɿ31 和 lo31 无字符表示。

ᚼ，字谱第 90—18 字，bə33ʂɿ31sæ33do33ko31，白沙北岳庙，在玉龙山下。形声，从地，从庙，ᚼ（sæ33）、ᚼ（to33）声，二形二声。

ᚼ，字谱第 90—36 字，tɕhər55i33tha55phər31khɯ33，大理三塔寺也。形声，从地从塔（tha55），ᚼ（tɕər55，胫）、ᚼ（phər31，解）、ᚼ（i33，哥巴字）声，二形三声，一形符也标音。

ᚼ，字典第 2035 字，nɑ31ɕi33o31he33dɯ31，bʌ33ʂɯ31sɛ31do33，纳西人之大神（白石三朵）也。形声，从纳西人、从饭、从神，后四个字符各标示一个音节，三形四声。

ᚼ，字典第 2045 字，mɯ33mi55nɑ55sɛ33pY33mo31，神女名。司药之神也，画其旁有一药碗，碗上开药花，碗底开毒花之形状。此神或写作 ᚼ，或以 ᚼ ᚼ ᚼ ᚼ 四字注其名之音。形声，从 ᚼ（sɛ33，神），从 ᚼ（献药水），从 ᚼ（毒）、ᚼ（mɯ33，天）、ᚼ（mi33，火）、ᚼ（nɑ55，藏文）省声、ᚼ（sɛ33，崖羊）省声、ᚼ（pY31，箭猪）省声、ᚼ（mo31，簸箕）省声，三形六声，两形符不标音。

ᚼ，字典第 2055 字，mʌ33pY31zɯ33zo31，神名（蒙布津如）。退口舌法仪中之主神也，骑龙，着龙袍，头戴铁冠，以 ᚼ ᚼ ᚼ ᚼ 四字注其名之音。形声，从 ᚼ（神），戴 ᚼ（铁冠），ᚼ（mʌ33，不）、ᚼ

（pɤ31，祭木）、🌿（zɯ33，草）、🍃（zv31，柳树）声，二形四声。

🪨，字典第 2057 字，rʌr31dzʌ33tɕi55dzʌ31，神名。压服🌲鬼之神也。以🐚（🔲）🌊（🔲）注其名之音。形声，从🧍（神），戴👑（铁冠），🐚（rʌr31，喊叫）省部分字形，🐍（dzʌ33，砝码）省声、🌊（tɕi55，云）声，二形三声。

🪨，字典第 2059 字，tha55iʌ33tɤ33/ti33mba33，神名。压服🌲鬼之神也。以⛰🦋👁🧍四字注其名之音。形声，从🧍（神），戴👑（铁冠），⛰（tha55，塔）、🦋（iʌ33，叶）、👁（tɤ33，打）、🧍（mba33，大脖子）声，二形四声。

　　古汉字形声字中的多形多声情形是极少的，这跟汉字记录汉语的性质有关，古汉语的词多单音节，因此一字一音。再者，古汉字较纳西东巴文字成熟。纳西东巴文形声字的声符多用于记录整个字的部分音节，如果字符表意，一般比汉字的字符表意更为形象和具体，于是存在一个声符承担标注一个音节的职能的情况，如：一个字三形二声的话，每个形符承担表意信息中的部分内容，每个声符也承担字的部分记音功能。

　　这种情形，在纳西东巴文的专名中尤为突出，纳西东巴文从产生至今，虽然出现了犹如汉字"六书"结构的文字类型，但始终没有发展为汉字那样成熟的文字体系，说明，形声结构的产生，并不必然催生这种象形文字向意音文字的发展趋势，要发展为成熟的意音文字，还需要一些条件，那就是：形声字的数量要增加到一定规模，形声字的形符必须从形象表意为主发展为抽象表意为主，即具备类似汉字形声字形符的功能，汉字形声字的形符，一般只是表示与整个字意义有联系的义类。形声字的声符除了标音职能外，也表达某一类抽象义。也就是说，形声字的形符和声符都需要经过类化，而纳西东巴文形声字的形符和声符的类化程度远远没有达到汉字形声字的水平。

　　纳西东巴文形声字的形符，大都表示形象的意义，即每个纳西东巴文的形声字的形符，都是直接记录所要表达的语词，即便存在一些抽象的形符，也用来表示该词中具体的意义。比如：

　　🧍，字典第 2101 字，tshɤ55，神名。女性，与🧍为夫妇，亦司人间子女之事。以✒字注其音，以有头饰示其为女性。形声，从🧍（女人），🌾（tshɤ55，黍）声，一形一声。在这个形声字中，形符所表示的意义很具体，代表女神，而声符仅仅是个标音的字符。

　　回顾古汉字阶段的形声字发展情况，晚商甲骨文时代，汉字形声字的数量还不到 20%（商代社会常用字数量在 4000—5000 字），而到春秋战国时代，汉字形声字的数量猛增，到许慎《说文解字》，形声字比例已经高达 72%

（清代朱骏声统计）。裘锡圭先生在《文字学概要》中说："形声字的应用大大提高了文字表达语言的明确性，是文字体系形成过程中的一个极为重要的步骤。但是形声字的应用似乎并没有很快导致文字体系的最后形成。已经使用形声字的纳西原始文字就是一个例证。"① 形声字要发展到何种程度，才算是成熟的呢？"在形声字出现之后，原始文字大概还需要经过多方面的改进，才能发展成为能够完整地记录语言的文字体系。估计在不断增加新字的同时，至少还需要进行这样一些改进：逐渐屏弃（此处应该为'摒弃'）文字画式表意手法，简化字形并使之趋于比较固定，使文字的排列逐渐变得与语序完全一致。"②

（2）声符标音不完全的多音节形声字

在纳西东巴文形声字中，有一部分形声字的标音是不完全的，喻遂生在其研究成果中根据声符标音的情况，将纳西东巴文形声字的种类分为标音完全和标音不完全两类。③ 实际上，声符标音不完全的一类体现了纳西东巴文形声字发展不成熟的一面，由于纳西东巴文主要用于记录东巴经，东巴们记录经书时，由于纳西东巴文文字符号数量的有限性，也由于要保持经书的神秘性，可能在记词时存在减省字符的情况，或者是用简单的字符，起到提示东巴读诵的作用。那么，东巴在读经时，看到符号后需要增补缺失或者是有意隐藏的意义，也就是说，字面上的符号要记录大于该词的意义，因此，读音就无法由可视的声符完全记录。从这一层面来说，文字记录的是大于语言中的词的单位。当然，我们也可以理解为省去部分标音的声符。方国瑜、和志武《纳西象形文字谱》中声符不能完全标音的形声字有 152 个。李霖灿《纳西族象形标音文字字典》中声符不能完全标音的形声字有 162 个。

，字典第 24 字，ndɑ31pho55，阴坡也。阳光不常照到之处。形声，从太阳， （ndɑ31，镰刀）声，一形一声，声符标示一个音节。pho55 意为"坡"。

，字典第 170 字，rv33hɯ31，此若咯字之一。云象石上生草之形。看病书中有之，云使之如石上生草一样使疮出脓而痊愈也。会意兼声，从 （rv33，石），从草，字符"石"标示一个音节。

，字典第 515 字，tsho31zɛ33phur31dɯ31，人名（即崇仁潘迪）。画一人头作象头，以注其名之第一音，旁有一下字，以注其名之第三

---

① 裘锡圭：《文字学概要》，商务印书馆，1988 年，第 7 页。
② 同上注，第 8 页。
③ 喻遂生：《纳西东巴文研究丛稿》（第一辑），巴蜀书社，2003 年，第 108 页。

音。此人有《求不死之药》之故事，在开丧经典中。形声，从人省形，🜚（tsho31，象）、平（phər33，解）声，一形二声。音节 ze33 和 dɯ31 无字符表示。

🜚，字谱第 71—13 字，da33ua33，腊月也。形声，从月，五（ua55）声，🜚（dɑ33，刀）声。一形二声。

🜚，字谱第 40 字，ba31dzər55，晒也。从人坐向日光。一字符日光 ba31 标示一个音节。

🜚，字谱第 111—8 字，ṇi33na31ə55sa31to55，维西犁地坪山也。形声，从山，🜚（ə33，呵）、🜚（to55，板）、🜚（sa55，气）声。一形三声，音节 ṇi33na31 无字符表示。

🜚，字谱第 214 字，kə33ni31，香椿树也。形声，从树，🜚（kə33，哥巴字）声，一形一声，音节 ni31 无字符表示。

🜚，字谱第 306 字，tɕi33pər13lər31，金八两，此鸟以声名。形声，从鸟，🜚（tɕi55，剪）、🜚（pər55，写）声。一形二声，音节 lər31 无字符表示。

🜚，字谱第 270 字，ɣɯ33，又读作 v55zi33，鸟总名也。形声，从鸟，🜚（zi33，美）声，一形一声。音节 v55 无字符表示。又写作 🜚 或 🜚，为象形字。🜚，字典第 686 字，v55zi33，鸟也。画鸟之形，于其头上加一字以 🜚 注末一音，🜚 原象花朵美丽之形，美丽与鸟末一音相同，故借用于此。此字见于鲁甸。

🜚，字典第 997 字，phɛ31sɯ31phɛ31zi33，织麻布，麻布好看也。画人织麻布之形，上有一花，示其美丽也。第一、三两音意为"麻布"，第二音为"摆置经线"，末一音为"美"。会意兼声，从女人，从麻布（phɛ31），从 🜚（zi33，美）。字符"女人"不标音。sɯ31 意为"摆置经线"。

纳西东巴文形声字标音不完全，一方面体现了纳西东巴文形声字发展处于萌芽阶段，声符存在着标示整个字读音中的部分音节的情况。另一方面，东巴们用纳西东巴文书写经书时，为保存这种经书的一种神秘感，在选取书写符号时，会考虑到整体的布局。有些符号，对东巴来说，能起到提示读音和意义的作用。当然，纳西东巴文字字符与纳西语语汇的数量相比，相对的不足是主要原因，由于不能逐词记录语言，只好采用假借或者省略记录部分音节的方式。

🜚，字谱第 255 字，ə55khɑ33，苦荞也。会意兼声，从荞树花满枝🜚（khɑ33，苦）声，声符省部分字形。形符不标音，音节 ə55 无字符表示。🜚，字典 1045，ɛ33khɑ33，苦荞也。画荞之形，以 🜚 字注其末一音。

这个字的写法，反映了纳西东巴文合体字的字符组合带有很大的随意性，字谱中两个字符合写成一个整体，而字典中则分开写。一个字符表示植物"荞"，另一字符表示"苦"，同时也标示一个音节。

（3）准形声字

在纳西东巴文中，还有一部分结构，跟形声字结构十分相近，只不过在参与组合表意的字符中，充当形符的字符也标示部分音节，这意味着，这些结构记录纳西语中的词或词组，但是每个字符都会标示部分音节。在喻遂生先生的《纳西东巴文研究丛稿》一书中，视之为"字组"或者"合文"。如果是字组或者合文，则应该排除出形声字研究的范围。实际上，这些组合有其特殊性，唐兰先生认为古汉字形声字起源之一为"合文"，尽管我们从汉字的实际来看，"合文"演变为形声的概率很小。但纳西东巴文字中的这些组合有一部分会以形声或者会意兼声的面貌出现，也就是说，有一批这样的组合可以发展为形声字。因此，我们称这样的一批组合为"准形声字"。

，字谱第 6 字，zy31miə31，星名。可以看出，从星 （zy31），（miə31，原指眼睛，在此仅仅标示组合的读音），此组合虽然两个字符都标示部分音节，但很显然，前一字符是以表义为主的，而后一字符只是提示此星与其他星名不同的读音。这样的星名字在字谱天象属一类中就有 8 个。分别是：

，字谱第 6 字，zy31miə31，星名。字典第 80 字，zY31miʌ31。

，字谱第 6 字，zy31khu33，星名。

，字谱第 6 字，zy31hu55，星名。字典第 83 字，zY31dv31，纳西人二十八宿之一。或云此星 zY31sʌ55。

，字谱第 6 字，zy31he33，星名。

，字典第 79 字，zY31hɛ33，意为 星之耳也。为纳西人二十八宿之一，不识其确定位置，此字或写作 ，又写作 ，音意皆同。

，字谱第 6 字，zy31ba31，星名。字典第 82 字，zY31bɑ31，纳西人二十八宿之一。

，字谱第 6 字，zy31tshi31，星名。字典第 81 字，zY31tshi31，意可释为 星之肩胛骨，为纳西人二十八宿之一。

，字谱第 6 字，zy31bə33，星名。

，字典第 86 字，zY31bʌ33，意为 星之脚板，为纳西人二十八宿之一。

类似这样的组合，如果严格遵照形声字的概念，是不能算形声字的，但是可以算准形声字。这样的组合在纳西东巴文形声字的发展轨迹中会是怎样的面貌呢？在纳西东巴文经书中，的确存在省去表义兼标音职能的符号，而仅仅以声符标示整个组合的意义及读音的情形。

🐴，字谱第368字，gu33tʂhu31，骏马也。其中，🐴（gu33，马），表意，🌾（tʂhu31，珠），标示一个音节。这个组合中，"马"作为意符是表意的，同时也标示一个音节gu33，而字符🌾，在此仅仅作为一个标音符号出现，标示一个音节tʂhu31。从构字模式来看，除去意符"马"标示的那个音节以外，此字是符合形声字的定义的。而因为这个意符也标示一个音节，我们可以将其视为一个有形声痕迹的字，在纳西东巴文形声字发展的过程中，"马"这个概念已经有一个象形字🐴来表示，但出于准确标音的需要，加上一个纯粹标示读音的音符🌾。此字可以说明，早期形声字中，由表意字向表意兼表音发展，是形声字发展过程中可能经历的一段。此字在纳西东巴文中，还可以将"珠"🌾写在"马"的右边，作🐴①。

🙌，字谱第416字，ŋə31gɯ31，我们。从我🙌（ŋə31），点示多数。又写作🙌，从我🙌（ŋə31），🗣（gɯ31，裂）。从第二种写法来看，这是两个字符皆标音的字，明显可以看出，字符🗣（gɯ31，裂）在此只是假借来标示其中的一个音节。赵净修的《纳西象形文实用字词注释》中第148字写作🙌，从我🙌（ŋə31），🏠（gɯ31dʑi31，板房）假借标音。可见，以怎样的字符作为声符，在纳西东巴文形声字中还不稳定，可以随意选取同音的字符充当标音的符号。此字应该视为准形声字。

有些字的读音既可以读两个音节，也可以读一个音节。读两个音节时，意味着两个字符各标示一个音节，而有时其中一个字符的音节又可省去不读。

🧍，字谱第601字，do31，又读作ɕi33do31，傻也，笨人也。从人（ɕi33），从⚡（do31，傻鬼）。两字符或者各自标音，或者一个标音。这个组合应该算字还是字的组合呢？如果两个字符都标音，我们可以视为从表意字的组合向形声字发展的过渡阶段的准形声字。如果有的字符不标示读音，只是提供表意信息，仅仅部分字符标音，那么，这个字已经符合形声字的定义了。这个例子反映了纳西东巴文形声字的确存在由字的组合演变而来的情形。类似这样的字例不是孤例。再如：

🧍，字谱第168字，khv̩31，又读khv̩31tɕy31，内也；里面也。从人，省部分形，⚒（khv̩31，口弦）声。一形一声。或写作🏠，形声，从房子，🌾（khv33割禾苗之"割"）声，一形一声。

---

① 赵净修：《纳西象形文实用字词注释》，云南民族出版社，2002年，第1160页。

🌱，字典第 463 字，khv31çi33，内人也，家中人也。或本族内之人也，画一人示意，以一 🗝 字注其音。原象"口琴"Jew's harp（即单簧口琴）之形，当地人称之为"口弦"。因其音与"内"同，故而假借也。在鲁甸一带此字或只读为 khv31，可作"三岁以下之男婴儿"解。形声，从人，形符不省形，🗝（khγ31，口弦）声。一形一声。

从这个字可以看出，字谱中 🏠 写法的确为一形声字，从房子，🌾（khv33 割禾苗之"割"）声。而成 🌱，又可意为"内人，家中之人"，从人，🗝（khγ31，口弦）声。读 khv31 时，形符是不标音的。而字典中的读音 khv31çi33 显示，两字符各标示一个音节。

在由表意字向形声字发展的过程中，不少纳西东巴文字要改变其原有的造字结构，将原来的表意字改变成具有标音字符的合体字，或者是会意兼声字，或者是形声字。如：

🧍，字谱第 603 字，lγ31，举也。象形字，从人举双手。又写作 🧍，从人双手举石，⬯（lγ33），字符"石"标示一个音节。第二种写法是将原来的表意字改变结构而成的，已经变为会意兼形声字了。

🧍，字谱第 663 字，tsha55，咬。会意，从人咬肉。又写作 🧍，从口咬盐 ⬯（tshe55）。字符"盐"标音，尽管只是读音接近。此字由 🧍 写成 🧍，很显然，后者具备走向形声的觉醒意识，虽然都是会意，但写成 🧍，其中的 ⬯（tshe55）已经是兼标音功能的符号了，两种不同的写法，意味着这个字由会意字发展为会意兼声字。

🌲，字谱第 193 字，tho33dzər31，松脂也。从松树 🌲（tho33），从乳汁。字符"松"标示一个音节。注释 1071 写作 🌲。这个字是会意兼声字。

有些组合，读音存在不同情形，原本形符和声符都标音，但我们能从纳西东巴文中找到其形符不标音的读音。

看来，由两个字符各自标音发展为只有一个字符标音，这是纳西东巴文形声字发展的一条线索。这种方法演变而来的形声字数量不算多，但还是占一定的数量。这跟甲骨文中由合文演变为形声字是一种模式，但是，古汉字中由合文变为形声并不是一条重要的途径，只有极少数的合文变成形声字，如"伍""仁"等。在纳西东巴文中，这样的例子还是能找到一批的。

〰️，字典第 196 字，tshY55，沟也。或读为 lo31tshY55，意亦同。画一沟渠之形，上加一 🌾 字，以注其音，使别于 〰️ 也。形声，从〰️（lo31，涧）省去部分字形，🌾（tshY55，黍）声，这个字或者两个字符都标音，或者一个字符标音，如果表意的字符 〰️ 不标音，则变成一形一声，形符不标音的形声字。

，字谱第 459 字，sɿ31，又读ə33sɿ31，或a31ba33，或ə55di33，父也。形声，从 ⿱（图），⿰（sər33，木）声。一形一声。这个字在李霖灿先生的《纳西族象形标音文字字典》中第 472 字写作 ⿰，ɛ33sɯ31，父亲也，画一人头上生树之形。而赵净修先生的《纳西象形文实用字词注释》第 50 字写作 ⿰，e33sɿ31，父亲。这个字如果读 sɿ31，则为形声字，从 ⿱（图），⿰（sɿ31，茅草）声。而读作ə33sɿ31，或者ɛ33sɯ31，则为标音不完全的形声字，音节 e33 或者 ɛ33 无字符表示。

（4）从结构看存在原始形声字

所谓原始形声字，跟上文所言不成熟的形声字还不一样，它跟不成熟的形声字之间还存在一定的差距。这里所言的原始形声字，是指在独体表意字上加注字缀，形成一个新的象形字或者指事字，只不过原来的象形字兼标示读音，这不太符合形声字的定义，整个字更像一个独体字。但是，其中的确存在字符标音的情况，因此我们称之为原始形声字。

关于这种文字现象，于省吾先生在研究古汉字时已经注意到，并且做出了阐释："形声字的如何起源，自来文字学家都没有作出适当的说明。我认为，形声字的起源，是从某些独体象形字已发展到具有部分表音的独体象形字，然后才逐渐分化为形符和声符相配合的形声字。……总之，具有部分表音的独体象形字，是界乎象形和形声两者之间，可称作'独体形声'，这类文字可能将来仍有发现。"[①] 应该说，这是对"六书"研究的突破。于省吾先生将这种特殊的、显示形声字起源的文字称为"附化因声指事字"。"这一类型的指事字，虽然也有音符，但和一般形声字都为一形一声两个正式偏旁所配合的迥然不同。……这一类型指事字的特征，是在某个独体字上附加一种极简单的点划作为标志，赋予它以新的含义，但仍因原来的独体字以为音符，而其读音又略有转变。……附化因声指事字，是由于文字孳乳愈多而采取了因利乘便的方法，在独体字上附加极为简单的点划，作为区别，既可以达到指其事的目的，而又因原字以为声符。"[②]

纳西东巴文中存在一部分原始形声字，既有在象形字上加注字缀，原象形字标音的情况，也有变原象形字为指事字，以原象形字标音的情形。如：

⿰，字谱第 723 字，la33dzɿ21kv55，手指甲也。从手（la33），上面的尖角示指甲。字符"手"标示一个音节。⿰，字典第 620 字，la33tʂɯ31，

[①] 于省吾:《甲骨文字释林·释具有部分表音功能的独体象形字》，中华书局，1979 年，第 435～443 页。

[②] 于省吾:《甲骨文字释林·释附化因声指事字的一例》，中华书局，1979 年，第 445～462 页。

指甲也。

🜚，字谱第 782—7 字，nɯ33dzər33，心烦也。从心，加注字缀为指示符号，示心意纷然四驰之形。字典第 633 字写作🜚，nɯ33ndʐur31，心乱也。但是，此字在注释中为形声字写法，第 502 字写作🜚，nɯ33zər33，恐惧、害怕。从心，⬅（zər33，刀），各标示一个音节，为准形声字。

🜚，字典第 656 字，ʂɯ33ndʐur33，新鲜肉也。意为有湿气之肉，供肉献神时如此称法，画肉有湿气之状。从⬵（ʂɯ33，肉），曲线示湿气。字符"肉"标示一个音节。

🜚，字谱第 38 字，n̩i33me33da31ua33tʂhər33，晚霞也。从日，四周的线条示霞光四射。日 ⊙ n̩i33me33 标示两个音节。

🜚，字谱第 51 字，n̩i33me33da31tshe31kho33，日晕也。气围绕日，周匝有光。字符"日"n̩i33me33 标示两个音节。字典第 32 字写作🜚，n̩i33mɛ33tɕi31nɯ33rv55，意为"云绕起太阳"。画太阳为云绕起之形。此字当参照"云"字，"云"原作〰️，在此因绕太阳遂成环形也。字符"日"n̩i33me33 标示两个音节。🜚，注释第 1264 字，n̩i33me33la33zo33kho31，太阳被彩云围绕，此景多出现于日在中天之时，有称此为日晕者。字符"日"n̩i33me33 标示两个音节。

🜚，字谱第 53 字，n̩i33me33khu55，日蚀也。从日有亏。字符"日"n̩i33me33 标示两个音节。

🜚，字谱第 54 字，he33me33khu55，月蚀也。从月有亏。字符"日"n̩i33me33 标示两个音节。

🜚，字谱第 1267 字，o31，又读作 o31he33，魂也，魂魄也。从🜚（o31，玉），附加线条示魂魄。字符"玉"兼标音。字典第 1798 字写作🜚，wɑ31，阴魂也。

2. 成熟的形声字

成熟的形声字是指符合形声字定义的那些形声字，即由形符和声符组成，形符不标音，声符标示整个字的读音。纳西东巴文形声字中，形符不标音的一共有 200 多个，根据字符的结构和功能可以分成如下几种：

（1）单音节形声字

这类形声字跟古汉字形声字的结构一致，都是一形一声，且形符不标音。方国瑜、和志武《纳西象形文字谱》中的单音节的形声字有 167 个，其中会意兼声字有 49 个。喻遂生在《纳西东巴文单音节形声字研究》一文中，统计字谱中一共有单音节形声字 122 个，其中包括会意兼声的单音节字。喻遂生先生所收的每一个字都是正确的，但是有些漏收，如字谱第 644 字、第

755字、第772字、第854字、第1019字、第1263字等没收。本书统计的原则中，将会意兼声的单音节另作统计，将其视为一类特殊的形声字。李霖灿先生《纳西族象形标音文字字典》中单音节形声字251个，其中会意兼声字有50个。

1）会意兼声字

方国瑜、和志武《纳西象形文字谱》中的会意兼声单音节字有49个，李霖灿《纳西族象形标音文字字典》中的会意兼声单音节字有50个。在单音节形声字总数中，方国瑜、和志武的字谱中会意兼声字的比例达到31.85%，李霖灿字典中会意兼声字的比例达到20.89%。这说明，会意兼声字在纳西东巴文形声字发展过程中是一种重要的结构方式。古汉字中也存在着相当数量的会意兼声字，在《说文解字》中，仅仅为许慎标明"亦声"的字就有223个，这个数字在高达82%的形声字总数中所占比例不会高。根据清代说文大家朱骏声的统计，《说文解字》中的形声字数量达到7706个，这样，会意兼声字的比例只有3%，当然，《说文解字》中还有相当一部分会意兼声字没有清晰标注出来。到小篆阶段，汉字中的会意兼声字还有一定的数量，说明这种结构在记录语言中的词方面具有一定的优越性。

方国瑜、和志武《纳西象形文字谱》中的会意兼声字举例如下：

，第953字，ʂu55，锻也，淬也。会意兼声，从火烧斧（ʂu33，铁）。字符"铁斧"标音。

，第1072字，gɤ31，戮也。会意兼声，从矛（lɤ33），从蛋（gɤ31）。字符"蛋"标音。

，字谱第561字，dzɿ31，住也。会意兼声，从（dzɿ21，人坐），居室（dzɿ31）。两字符标音相近。

，字谱第607字，zɿ33，执也。会意兼声，从人执青稞（zɿ33），字符"青稞"标音。

，字谱第854字，khɤ33，获也。会意兼声，从镰刀（ʂɿ55kɤ33）割麦。字符"镰刀"一音节读音接近。又写作。

，字谱第1263字，tɤ55，抵；抵灾，从木偶撑蛋。会意兼声，从戟，从（tɤ55，抵）。两字符共用部分字形，标音。

李霖灿《纳西族象形标音文字字典》中的会意兼声单音节字举例如下：

，字典第129字，khɯ31，火山地也。刀耕火种之地也，不施粪肥之地也，或曰生地也。此指山上生地以火焚其草木，以其灰为肥料，而燕麦。苦荞之地，画地上有翻出一土块，此种火山或挖火山之一程序也。会意兼声，从（rɯ33，地），从土块。字符"地"读音相近。

⚡︎，字典第 336 字，ŋgv31，刺也。会意兼声，从人执矛 ⚒ （ly33），从蛋 ◯（gv31）。字符"蛋"标音。

🍳，字典第 1298 字，hY33，炒也。画锅中炒物之形，锅下有火以示意，此指干焙之炒也。会意兼声，从锅中有物，下有 ⋀⋀⋀（hY31，本义是"火"，后义借指"红"），字符"火"标音。

2）形声字

纳西东巴文中单音节的形声字，大部分跟汉字一形一声的形声字在结构上是相同的，也有一部分单音节形声字为多形一声，声符标示读音的。比较之下，就能显示纳西东巴文形声字的特殊性，首先是字符的类化程度不同。汉字的字符，尤其是形符，基本都类化了，在形声字中，仅仅表示的是抽象的义类范畴。比如以"木"作为偏旁的形声字，其字义跟木有关，如此而已。我们不能从汉字的形旁去理解整个形声字的具体的意义。纳西东巴文的字符带有明显的象形表意痕迹，即便是假借的音符，其视觉效果也是形象性突出的。纳西东巴文形声字的形符远远没有类化，基本上都是表示形象、具体的意义。当然，也有一部分形声字的形符类化了，只不过纳西东巴文形声字形符类化的还很少。纳西东巴文形声字，跟汉字形声字相比，很多形符的未类化，这是非常明显的特征。

① 形符没有类化的形声字

▨，字谱第 1056 字，dzɯ33，帐也，帐目也。形声，从书，✒（dzɯ31，飞石）声，声符省部分字形。一形一声。

⌂，字谱第 987 字，pʏ55，又读作 dze33me33y31，邻居也。形声，从屋，𓃭（pʏ55，瓠）声。一形一声。

⌂，字谱第 988 字，be33，村落也。形声，从屋，⌒（be33，雪）声。一形一声。又写作 ⌂。不同的写法，显示形符和声符的位置关系不固定。

☩，字典第 388 字，khɑ31，王也。此各处皆见之帝王写法也，画人头上生角坐起之形，或云以角注其音。然今日"角""王"二字，音不完全相同，或古时音同借用，不然则另有其他关系在内也。或读为 khwɑ33ndzɯ31，用"有角坐起"之意，作"不干净之坐地"解。形声，从王坐，♆（kwɑ33，角）声。一形一声。形符声符共用部分字形。此字字谱第 511 字写作 ☩，kha31，王也，最大统治者。盛冠而坐，插雉尾为饰。为象形字。字谱与字典的写法，一为象形字，一为形声字，反映了同一个纳西东巴文字存在表意字和形声字并存的情形。

𓇠，字典第 204 字，ko33，水泡田也。象水泡稻谷之形，𓆉 为水，𑁍 为谷，根下有点点者，示水泡之意，旁画一"针"𓌙，乃注其音也，此字见于鲁甸。形声，从 ✦（谷），从"水"（dzi31），𝖯（ko33，针）声。二形一声。

⌂，字谱第95—1字，ko31，深山也，草原也。形声，从山有草，𝖯（ko33 针）声，二形一声。

以上所举字例的形符都没有达到类化的程度，形符直接参与表达整个字的意义，只是加注一个假借的音符来标音而已。

② 形符类化的形声字

这类形声字的形符非常抽象，而且很难说形符的类化完全是在形象表意的基础上再类化的。也就是说，形符类化不一定都是后起的，因为从人类早期文字的渊源物来看，已经存在许多抽象的符号。对此，郭沫若先生曾在《古代文字之辩证的发展》一文中做过精彩描述，认为："中国文字的起源应当归纳为指事与象形两个系统，指事系统应当发生于象形系统之前。"[①]纳西东巴文从性质上看，是比古汉字要原始得多的文字，其发展经历了很长的过程，其字符从纯粹的象形字，逐渐发展为表意字，再发展为早期的意音文字，如今我们看到的纳西东巴文，是不同时代、不同地域书写的东巴经总和，其文字显示出来的特点是原始与先进兼备，其记录纳西东巴经的精确度也存在着不一致的情况。这些实际情况，对于我们研究纳西东巴文形声字的起源来说，是不利的。但也正因为此，纳西东巴文形声字的发展轨迹研究，才会更彰显其意义。纳西东巴文形声字中那些有抽象形符的形声字，是怎样的状况呢？

)#(，字典第1100字，ŋgo33，分开也，离别也。以)(示意，以 # 注音。此字见于鲁甸。形声，从)(示意分开，#（ŋgo33，仓库）声，一形一声。此字形符为抽象符号。

⌒，字典第215字，ɦɯ55，去。形声，从路，⌒（ɦɯ33，湖）声。一形一声，形符以一抽象的线条示道路。

▱，字典第613字，ɦɯ33，去，去啦之"去"。形声，从路，▱（ɦɯ33，牙）声。一形一声，形符以一抽象的线条示道路。

〰，字典第1800字，ʂʌr55，招回之"招"，如招魂之类。形声，以〰示找回之意，||||（ʂər55，七）声。一形一声，形符为一抽象曲线。注释第1629字写作〰，ʂər55，赎魂之"赎"，赎回来之"赎"。译注第983字写作||||，ʂər55，招魂之"招"，赎回某物之"赎"。

⚡，字典第1319字，ndzʌr33，煎也，化也。形声，以曲折闪线示其溶化之意，⚡（ndzər31，威灵）声。一形一声。

[①] 郭沫若：《古代文字之辩证的发展》，载于《奴隶制时代》，人民出版社，1973年，第256页。

☘，字谱第1176字，dzər55，抽也。形声，从抽形，树✤（dzər55）声。一形一声，形符为一曲线示抽动之意。字典第943字写作✦，ndzʌ55，抽拉木料也。译注第318字写作✧，dzər55，急促紧拉绳索。假借指市场上某种商品紧缺。注释第418字写作✩，dzər55，急促猛挣绳索。

形符类化的一形一声的形声字在纳西东巴文中不太多，但也说明纳西东巴文形声字发展面貌中的不均衡性，这类比较成熟的形声字对于整个东巴文的现状来说，是属于发达的形声字。

（2）多音节形声字

纳西东巴文形声字跟古汉字形声字不同的是，汉字形声字一般为一字一音节，反映到形符和声符的数量上，也常常是一形一声，而纳西东巴文形声字中，除了上文所描述的单音节形声字以外，还有多音节形声字。多音节形声字存在不同的情形：一类是一形一声，另一类是多形一声。不过，这里的一形一声，声符标示的是两个或两个以上的音节。这样的形声字，从形符与声符的数量来看，跟汉字形声字是一致的，只是读音不止一个音节；另一类多形一声，顾名思义就是一个字不止一个形符，声符却只有一个。

1）多音节会意兼声字

𦰩，字典第495字，ha33pa31，汉人也。会意兼声，从汉族✿（ha33pa31），从木。字符"汉族"标音。

✾，字典第354字，ʂo31tY33，打铁也。会意兼声，从人打铁✽（ty33，击），✼（ʂu31，锻）省形。字符"人"不标音。

✻，字典第1398字，ho31za33，靴子也。当地藏靴之形，今日纳西东巴跳神时，犹多着藏靴也。会意兼声，从靴（ho31za33），黑●（na31）。字符"靴"标音。

✺，字谱第90—30字，tha55dzæ31，在丽江塔城，古为铁桥城，铁桥早废。会意兼声，从地，✹（tha55，塔）、✸（dzæ31，城），两字符标音。

多音节会意兼声字一般为两个或两个以上字符组合表意，其中部分字符标音。如果不看音节数，其结构与汉字中的会意兼声字无异。这类会意兼声字，有一部分来自准形声字，因为在准形声字中，每个字符都标示整个字的部分读音，只是也存在一种读音，省去部分字符的标音职能。这也表明纳西东巴文形声字中，的确有一部分来自准形声字，即不少学者所言的"合文"或"字组"。

2）一形一声，声符标示两个音节

这类形声字跟汉字形声字的结构无不同，大部分一形一声的形声字都是单音节的。只不过纳西东巴文一形一声的形声字中，有一部分声符为重复标音。

🧍, 字典第 505 字, rv55rv33, 部族名。指纳西与傈僳族融合后裔, 今日丽江鲁甸、梓里江桥一带犹有此部族, 曾搜集到此部族之经典二册, 以纳西文写成, 而读为傈僳语也。画一人头上有石块注其音也, 此字常用坐形, 因避免与 🧍（游玩, 流荡）相混也。形声, 从人坐, 石 ⬡ （rv33）声。一形一声, 声符重复标音。

🧍, 字谱第 550 字, lo33lo33, 彝族也。形声, 从人, ⚊（lo31, 轭）声。一形一声, 声符重复标音。注释第 42 字写作 🧍, ȵiə33ȵiə31, 彝族。为象形字。译注第 6 字写作 🧍, ȵiə33ȵiə31, 彝族。

🧍, 字谱第 667 字, khɑ33khɑ33, 骂也, 怒言也。形声, 从人, ⚊（khɑ33, 苦）声。一形一声, 形符、声符共用部分字形, 且声符重复标音。

3）多形一声

纳西东巴文形声字中存在多形一声类型的形声字, 形符不标音, 声符标示一个音节。

🫗, 字谱第 927 字, ho33, 汤也。形声, 从碗 ⚊（khuɑ55）, 有气, 刍（ho31, 肋）声。二形一声。又写作 🫗。字典第 1285 字写作 🫗, ho33, 汤也。形声, 从碗 ⚊（khuɑ55）, 点示汤, ⚊（ho31, 肋）声。注释第 936 字写作 🫗, ho33, 汤。译注第 804 字写作 🫗, ho33, 汤。

🏠, 字典第 1518 字, zæ31, 修房子也。画人修屋之形, 又于室中加 ⚊（笑）字以注音。此字见于鲁甸。二形一声。这个字有不同写法, 注释第 655 字写作 🏠, dʑi31zæ31, 修缮装饰房屋。译注第 463 字写作 🏠, dʑi31zæ31, 修建房屋。从 △（dʑi31, 房屋）, ⚊（zæ31, 笑）声。一形一声, 各标示一个音节。这个字在赵净修先生那里, 是准形声字。但在字典中为多形一声的单音节形声字, 这反映纳西东巴文形声字的形符与声符数量, 字的读音中的音节数都不是很稳定, 带有很大的波动性。

🧍, 字谱第 499 字, dʐy31, 女奴也。形声, 从 🧍, 从黑, ⚊（dʐy31, 镯）声。二形一声。此字存在不同写法, 字典第 545 字写作 🧍, dʐo31mi55, 女仆人也。从 🧍, ⚊（dʐy31, 镯）声。形符声符各自标音, 为准形声字。注释第 104 字写作 🧍, dʐy33, 女奴, 丫头。形声, 从 🧍, ⚊（dʐy31, 镯）声。一形一声。

🧍, 字谱第 503 字, lv33, 又读作 lv33zo33lv55me33, 牧奴也。形声, 从 🧍 奴牧羊, ⬡（lv33, 石）声。二形一声。或"奴"读作 zo33 和 me33, 意为男奴和女奴。此字也可视为合体字充当形符, 因为, 在纳西东巴文中, 表示"放牧"一词可以写作会意字或者形声字。字典第 302 字写

48

作 ▨，rv55，放牧也。会意，象人持杆牧羊之形。字典第 303 字写作 ▨，rv55，放牧也。形声，从奴放牧，▨（lv33，石）声。

多形一声的形声字在纳西东巴文中一般都存在不同写法和读音，更加显示纳西东巴文形声字处于从不成熟走向成熟的发展阶段。

二、从字符结构看存在原始形声字以及会意兼声字和形声字

1. 原始形声字

从字符结构来看，纳西东巴文存在原始形声字，这类形声字看起来像独体字，一般为象形字或者指事字，只不过在原独体表意字上加上字缀符号后，原来的表意字兼标示整个字的读音。这在前文中描述不成熟的形声字部分专门以"原始形声字"做过细述，在此不再举例。在纳西东巴文中，存在完全标音的原始形声字，还有不完全标音的原始形声字，即原独体表意字仅仅标示整个字读音中的部分音节。关于纳西东巴文原始形声字，方国瑜、和志武字谱中仅仅 4 个字标音完全，其余 17 个字都是标音不完全的。除了前文所举字例，看下面的字例：

▨，字谱第 924 字，hɑ55i33，足食也，祝愿之辞。从饭 ▨（hɑ33），竖曲线示长远也。字符"饭"标示一个音节。字典第 1271 字写作 ▨，hɑ33i33，有饭吃也。从饭 ▨（hɑ33），竖曲线示冒气。字符"饭"标示一个音节。

▨，字谱第 935 字，bu31tʂhər31，琵琶肉也。全猪，去五脏，剔骨，腌盐熏干制成。"猪"（bu31）标示一个音节。此字字典第 846 字写作 ▨，bo31tʂhʌr33，琵琶肉（即猪膘肉）也。画一全猪之形，不点其睛。"猪"（bu31）标示一个音节。注释第 975 字写作 ▨，bu31tʂhər31，琵琶腊猪，俗称猪膘，宰杀整头猪抠去五脏、剔骨、内涂盐、香料缝闭腌之而成。从猪（bu31），▨（tʂhər33，代）声。一形一声，各标示一个音节。这个字存在原始形声字写法和准形声字写法，说明原始形声字在纳西东巴文中处境的不稳固性，纳西东巴文字符从表意为主，发展到关注字符的标音职能，这是纳西东巴文形声字萌芽的产物。

方国瑜、和志武《纳西象形文字谱》共有原始形声字 21 个，李霖灿《纳西族象形标音文字字典》中有原始形声字 20 个。这些原始形声字中，有些如同上文的 ▨ 和 ▨ 一样，可以显现出纳西东巴文字符走向注音的痕迹。原始形声字不是一种能产的造字方式，在纳西东巴文形声字中所占的比例是极小的。

2. 会意兼声字

严格地说，会意兼声字就是特殊的形声字，因为纳西东巴文中会意兼声字所占的比重不小，加之标音的字符兼承担部分表示字义的职能，这与形声字中声符仅仅用于假借标音不同，故分列之为一类。

纳西东巴文会意兼声字中既有单音节的会意兼声字，又有多音节的会意兼声字。这是由纳西东巴文记录纳西语的特殊性所决定的。如果有两个或两个字符组合表意，其中每个字符都标示部分字义，同时也兼标示部分读音，这样的组合究竟算字组还是合文呢？鉴于一部分这样的组合存在走向会意兼声模式的趋势，我们称之为准会意兼声字，这些准会意兼声字本来是每个字符各自标示整个字读音的部分音节，但是也存在部分字符标音功能隐去，留下另外的部分字符在表意同时兼具标示读音的职能。从结构和字符标音角度来看，变成了真正意义上的会意兼声字。如：

󰄀，字谱第 460 字，me33，又读 ə31me33，或 ə31mo33，母也。从 󰄀，从 󰄁（me33）。字符 󰄁 标示一个音节。字典第 526 字写作 󰄂，me33，母亲也。会意兼声，从 󰄀，从 󰄁（me33）。字符 󰄁 标音。这个组合如果读作 ə31me33，则为标音不完全的会意兼声字，但是如果读作 me33，则为会意兼声字。这样的情况呈现于纳西东巴文形声字发展的过程中，值得我们注意。

󰄃，注释第 231 字，dʑi31dʐ̩31，居住。从 󰄄（dʐ̩31，人坐），居室 󰄅（dʑi31）。两字符各标示一个音节。字谱第 561 字写作 󰄆，dʐ̩31，住也。会意兼声，从 󰄄（dʐ̩31，人坐），居室 󰄅（dʑi31）。字符 󰄄（dʐ̩31，人坐）标音。这个字在注释中为准会意兼声字，两个字符各自标示一个音节，而字谱中，字符"房子"不标音，仅仅读作一个音节，变成一个会意兼声字。

（1）单音节会意兼声字

纳西东巴文会意兼声字中大部分都是单音节会意兼声字，这显示纳西东巴文形声字逐渐由字符表意发展到字符既表意又标音的阶段，而且存在由准会意兼声走向会意兼声甚至形声的现象。方国瑜、和志武《纳西象形文字谱》中单音节会意兼声字有 49 个。李霖灿《纳西族象形标音文字字典》中单音节会意兼声字有 50 个。

（2）多音节会意兼声字

多音节会意兼声字是指由两个或两个以上字符组合表意，其中部分字符标示整个字的读音，而这个字的读音为双音节或者多音节。其结构与古汉字的会意兼声一致，只是字的读音不是单音节而已。这样的会意兼声字在纳西东巴文中不太多，但是存在这样的字例，方国瑜、和志武《纳西象形文字谱》中多音节会意兼声字只有 1 个，李霖灿《纳西族象形标音文字字典》中这类会意兼声字有 6 个。这说明多音节会意兼声字不是纳西东巴文的主流，虽然纳西东巴文中存在多音节语素，但是单音节语素还是占主流，故单音节会意兼声字相对多。

　　🔣，字谱第 90—30 字，tha55dzæ31，在丽江塔城，古为铁桥城，铁桥早废。会意兼声，从地，🔣（tha55，塔）、🔣（dzæ31，城），两字符标音。这个字还可以省去字符"地"，注释第 1380 字写作🔣，tha55dzæ31，塔城，在丽江城西 150 公里，金沙江流入丽江县之始处。从省去一个表意字符的写法来看，就变成两字符各自标音的准会意兼声了。

　　🔣，字典第 1398 字，ho31za33，靴子也。当地藏靴之形，今日纳西东巴跳神时，犹多着藏靴也。会意兼声，从靴（ho31za33），黑 🔣（na31）。字符"靴"标音。这个字字谱第 828 字写作🔣，ho31za33na31，靴也。从靴（ho31za33），黑 🔣（na31）。各标示一个音节。又写作🔣。从字谱来看，也是一个准会意兼声字。

　　🔣，字典第 1183 字，ʂɯ33kɯ31，称肉也。会意兼声，从秤，从肉 🔣（ʂɯ31），字符"肉"标示一个音节。字谱第 1101 字则读 kɯ31，只有一个音节。

（3）标音不完全的会意兼声字

　　标音不完全的会意兼声字是指由两个或两个以上的字符组合会意，其中部分字符标示的只是整个字读音的部分音节。

　　🔣，字谱第 1108 字，da33khə31la55，击鼓也。从槌击鼓 🔣（da33khə31）。字符"鼓"标示两个音节。字典第 1763 字写作🔣，nda33khʌ31，东巴用之大皮鼓也。曲木为棒而击之。会意兼声，从槌击鼓 🔣（nda33khʌ31）。字符"鼓"标示两个音节。在字典中的读音显示这个字为标音完全的会意兼声字，这也说明，纳西东巴文会意兼声字的确有一条产生途径，就是由两个或两个以上字符组合会意的准会意兼声字发展而来的，这类特殊的形声字在古汉字中是不多的。

　　方国瑜、和志武《纳西象形文字谱》中标音不完全的会意兼声字有 96 个，李霖灿《纳西族象形标音文字字典》中标音不完全的会意兼声字有 77 个。

　　🔣，字典第 1273 字，ha33phi55，丧礼物品也。纳西人有丧事，其亲戚以酒、米、肉、香等为礼品，此礼品即🔣也。由🔣注其前一音，以一动线注其后一音。会意兼声，从🔣（ha33，饭），从一动线，字符"饭"标示一个音节。

⟨字形⟩，字典第 1487 字，wɛ33phur31，攻破村寨也。会意兼声，从斧砍寨⟨字形⟩（uə33），字符"寨"标示一个音节。

⟨字形⟩，字谱第 484 字，mi33lv31dʐŋ31，夫妻也。会意兼声，从男女二人同穿一件亡衣。字符⟨字形⟩（mi33，女）省形，标示一个音节。此字读音中 mi33lv31 在纳西语中就是指"夫妻"，dʐŋ31 意思为"衣服"，在此，仅一个字符"女"标示一个音节，成为标音不完全的会意兼声字。

⟨字形⟩，字谱第 496 字，i33dɑ31，又读作 i33dɑ31tʂŋ33dɯ33dʐi31，主人这一家也。会意，或会意兼声，从男女二人坐于室中，⟨字形⟩（dʐi31，屋）标示一个音节。此字字典第 753 字写作⟨字形⟩或者⟨字形⟩，i33ndɑ31，主人家也，主人这一家。后一写法变成形声字。写法的不同，显示纳西东巴文走向意音文字的痕迹。

标音不完全的会意兼声字在纳西东巴文中有一定的数量，有些字存在不同读音或者写法。在字符标音功能方面，体现出字符标音的不足，主要原因在于纳西东巴文书写经书时普遍存在以字记录大于一个词的语言单位的现象。这一类字反映了这种文字的原始性特征。

3. 形声字

纳西东巴文中的形声字尽管从字形上看，符号的形象性很明显，但仔细分析，发现其种类丰富。既有原始形声字，也有准形声字，形声字中还有不太成熟的形声字和成熟的形声字。即便是结构复杂的形声字，在纳西东巴文中也不乏其例。比如，形符为合体表意字或者形声字充当，声符由形声字充当等。我们现在看到的纳西东巴文，是自宋代以来发展到现在的文字，其东巴文经书中保留的字体风格，一方面能根据书中的一些跋文去熟悉，另一方面，最古老的东巴文是口诵为主的，东巴相传下来的经书在书写时，还受不少因素的影响。比如，该经书书写的地域，东巴所掌握的东巴文字数量，东巴文受到汉文、藏文的影响，哥巴文字符借用的频繁与否，以及东巴在写经书过程中假借同音字的习惯等，都会带来文字面貌的细微差异。但是，总体来说，其间假借的习惯是约定俗成的，比如假借"火"为"红"，读音、意义发生改变，字形保持不变，这在汉字中是不存在的一种假借方式，王元鹿称之为"义借"。再如⟨字形⟩，lɯ31，本义指"蕨菜"，在东巴经中常常借指"小官"。纳西东巴文形声字，犹如握在手中的一枚多面的玉石，这一面，能看到古朴；那一面，能看到发达；第三面，能看到不同地域、文化对它的影响。也因此，纳西东巴文形声字研究更显示出其难得的价值。

关于纳西东巴文形声字的种类在此不再赘述，仅说说复杂的形声字。纳西东巴文形声字中复杂的形声字体现在形符的复杂或者声符的复杂两个方面。

（1）形符复杂的形声字

大部分纳西东巴文形声字都是一形一声的，但也有多形一声、多形多声的形声字，这些字例前文已有细述。在此我们要看的是形符本身就是一个合体字充当的形声字。这种有复杂形符的形声字，是纳西东巴文形声字走向成熟的信号之一。

󰀀，字典第 1130 字，to55，陡也。以崖示意，以󰀁注音。æ31to55，或如此读，乃"陡崖"之意也。形声，从󰀀（æ31，崖），󰀁（to55，板）声，一形一声，形符或者标音，或者不标音。

（2）声符复杂的形声字

声符复杂的形声字往往是后起形声字，如在假借字上加注形符或者在表意字上加注声符。这种造字法跟汉字形声字的产生途径是一致的。根据统计，我们已经能看到纳西东巴文形声字中以形声字充当声符的字例，这类字例显示了纳西东巴文形声字发展的先进性。如：

󰀂，字典第 1012 字，ʂʌ55dɑ31，青刺名。画青刺之形，以󰀃字注其音。󰀃原由音字之"上"变来，此音常作"说"󰀃解，因附以"说"之形状，遂成为󰀃。此种写法唯见于鲁甸一带。形声，从青刺树󰀃声，声符为一形声字。

三、从字与纳西语的对应关系看存在三种情形

纳西东巴文是一种特殊的文字，其字符形态具有图画意味，因此有学者称之为图画文字。傅懋勣将纳西东巴文的以字形表意为主的文字分为两类：一是图画文字，一是象形表意文字。"连环画式的东巴教经书的文字，在相当大的程度上接近图画。它在文字发展史上，代表一个特殊的阶段，我认为应该称这种文字为'图画文字'。从图画文字再发展一步就可以到达一字一音的象形文字。"① 在《白蝙蝠取经记》序言中，傅懋勣先生认为纳西东巴文"常常根据上下文义，形成新的字形结构，有因文生形，字无定体的情况"，"许多复合字形，其中有些结构互相依赖，不可分离"。②

关于纳西东巴文字与纳西语的对应关系，《纳西象形文字谱》一书后面的《纳西文字应用举例》一文中，提到象形文书写经书，大致可分为三种不同的情况："以字记忆，启发音读""以字代句，帮助音读"和"以字代词，

---

① 傅懋勣：《纳西族图画文字〈白蝙蝠取经记〉研究》，东京外国语大学亚非语言文化研究所，1981 年，第 8 页。

② 同上注，第 4～5 页。

逐词标音"。① 纳西东巴文形声字与纳西语的对应关系，同样存在三种情况，即对应于纳西语中的词、对应于纳西语中的词组和对应于纳西语中的句子。

1."以字记忆，启发音读"

⌒，字谱第 54 字，he33me33khu55，月蚀也。从月有亏。字符"日"ɲi33me33 标示部分音节。这是一个原始形声字，独体结构，月亮有缺口表示月蚀。这个字实际上对应的是"月蚀"这个复合词，字符"月"标示部分音节。这个原始形声字符合"以字记忆，启发音读"的情况。

2. 以字代词，帮助音读

，字典第 171 字，rv33mbv33，意为"烧石"。纳西巫师东巴法仪之一种，以一石烧之使发红，置于底有柏叶之铜瓢内，再以杜鹃叶及艾蒿放于石上，然后将此各物置于神座脚下，或其他地方，以水浇之使起水汽而除秽，故画石上置艾，艾上有水滴之形。会意兼声，从 （rv33，石），从艾，字符"石"标示一个音节。mbv33，意为"烧"。这个会意兼声字的字符标音不完全，但记录的是纳西东巴教的一种烧石仪式，对应于纳西语中的一个词组。

3."以字代句，帮助音读"

，字典第 919 字，ɛ33io31rv33thɑ55ɯ31，猴子推石磨也。乃纳西人之石磨，手磨之一种也，纳西人以之磨"糌粑"（一种炒麦）等。会意兼声，从 （ɛ33io31，猴子）推石磨。字符"猴子"标示两个音节。这个会意兼声字中只有一个字符标示部分音节，整个字代表的是一个句子，可见，这样的字形处于"以字代句，帮助音读"的情况。

纳西东巴文形声字中，记录比词大的语言单位一般为不完全标音的形声字，这与这种文字体系还不够发达的现状是一致的。

四、从标音情况看存在标音完全和标音不完全的情形

喻遂生对纳西东巴文形声字进行了多角度的深入研究，在对纳西东巴文形声字的分类中，就从字符标音的角度分为标音完全和标音不完全的形声字。在《纳西东巴文形声字研究纲要》一文中，从音节数、标音是否完全、形符声符是否完整和构成与来源四个角度对纳西东巴文形声字进行不同的分类，"根据标音是否完整，可分为完全标音和不完全标音两类"。② 从字符标

---

① 方国瑜：《纳西象形文字谱·纳西文字应用举例》，云南人民出版社，2005 年，第 493 页。
② 喻遂生：《纳西东巴文研究丛稿·纳西东巴文形声字研究纲要》，巴蜀书社，2003 年，第 108～109 页。

音是否完全的角度对纳西东巴文形声字进行分类，是有必要的，因为纳西东巴文形声字的形符与声符职能跟古汉字形声字中的形符和声符的职能有一定的差异，在纳西东巴文形声字中的确存在一声、二声甚至多声情形，整个形声字的读音也存在读多音节的情况，有些纳西东巴文形声字的声符做不到标注整个字的读音，只是标示部分音节。

1. 标音完全的形声字

标音完全的形声字是指纳西东巴文形声字中，部分字符能够完全担负标示整个字读音的职能。具体分析，包括以下不同类型：

（1）单音节形声字

单音节形声字中也包括单音节会意兼声字。举例如下：

⟨图⟩，字典第 196 字，tshY55，沟也。或读为 lo31tshY55，意亦同。画一沟渠之形，上加一⟨图⟩字，以注其音，使别于⟨图⟩也。形声，从⟨图⟩（lo31，山谷），⟨图⟩（tshY55，黍）声，一形一声。

此字如果读两个音节，则意味着两个字符各标示一个音节，那么，这就是一个准形声字了。纳西东巴文中准形声字有一定的数量，其中有一部分字，如这个字一样，表意的字符读音逐渐丧失，变成真正的形声字。

（2）多音节形声字

标音完全的多音节形声字一般都用于记录专名。如：

⟨图⟩，字谱第 1336 字，tshŋ55tʂua33dʑi33mu33，善神之妻也。形声，从女神，⟨图⟩（tshŋ55，犁铧）、⟨图⟩（tʂua33，床）、⟨图⟩（dʑi33，水）、⟨图⟩（mu33，簸）声。一形四声。

⟨图⟩，字典第 1913 字，nɑ31bv33thɑ31，东巴教主之第二大弟子（纳布塔）。旁三字注其名之三音。形声，从⟨图⟩（to33mbɑ31，东巴），⟨图⟩（nɑ31，黑）、⟨图⟩（bv33，锅）、⟨图⟩（thɑ31，塔）声，一形三声。

（3）部分形符也标音

纳西东巴文形声字中，还有一部分字有两个或者两个以上的形符，其中声符和部分形符都标示整个字读音中的部分音节，但还有部分形符不标音。

⟨图⟩，字谱第 1013 字，mɯ33tv33，天柱也。形声，从天⟨图⟩（mɯ33），从柱⟨图⟩，⟨图⟩（tv33，千）声。二形一声，形符"天"和声符各标示一个音节。

⟨图⟩，字典第 1983 字，rv31ndʐwɑ33dʑʌ31bv33，龙王名。中央之龙王也，男性。以龙头注第一音，以⟨图⟩⟨图⟩⟨图⟩注其余三音。形声，从⟨图⟩（rv31，龙），从⟨图⟩（ʂv31，龙王），省部分字形，⟨图⟩（ndʐwɑ33，打木桩）、⟨图⟩（dʑʌ31，砝码）、⟨图⟩（bv33，锅）声，二形三声，一形符不标音。

⟨图⟩，字典第 1420 字，tɑ55ko33，答应也，回话也。画人答话之形，

以 ▣ 注前一音，以 ▐ 注后一音。形声，从人说话，▣（ta55，匣子）、▐（ko31，针）声。一形二声，形符不标音。

2. 标音不完全的形声字

标音不完全的形声字是纳西东巴文形声字发展不成熟的典型特征，从整个字来看，能找出形符和声符，但是声符只是标示整个字读音的部分音节，还有一些音节找不到字符表示。具体分析，有以下几类：

（1）原始形声字中的字符标示部分音节

原始形声字在纳西东巴文中不多，但是大部分都是标音不完全的，因为这种形声字主要是在象形字基础上加注字缀或者抽象的指事符号而成，原来的表意字标示整个字读音中的部分音节，起到提示读音的作用。除了前文所举字例，我们再看两例：

⛰，字典第 151 字，ndʐo31nɑ33ʐwɑ55rwɑ33thɯ55，此指神山之腰也。于山腰部分画两短线以示意。此字又一形状写作 ⛰，只画此神山之半腰，以此示山腰之意。从 ⛰（ndʐo31nɑ33ʐwɑ55rwɑ33，神山），两短线示山药处。字符"神山"标示四个音节。

♕，字谱第 924 字，hɑ55i33，足食也，祝愿之辞。从饭 ♕（hɑ33），竖曲线示长远也。字符"饭"标示一个音节。

（2）声符只是标注字的部分音节

纳西东巴文形声字中，有些字声符标音，但标示的只是整个字读音中的部分音节，还有一些音节找不到字符表示。会意兼声字也有这样的情形。

⛺，字谱第 994 字，uə33pɑ55，寨旗也，部落之标志。会意兼声，从寨 ⛺（uə33），从旗。字符"寨"标示一个音节。

🏠，字谱第 1000 字，huɑ55dy31，简易宿棚也。形声，从树枝，🏠（huɑ55，鹘）声。一形一声，声符标示一个音节。又写作 🏠。

（3）部分形符也标音

纳西东巴文形声字中，还有一部分字有两个或者两个以上的形符，其中声符和部分形符都标示整个字读音中的部分音节，但还有部分形符不标音。

👤，字典第 1873 字，kv33zɑ31nɑ31mo33，中央鬼王之妻也。以 ⬭ 注其名之第一音，以 ⬛ 注其名之第三音。形声，从女王，从"鬼"（mo33）省形，⬭（kv33，蛋）、⬛（nɑ31，黑）声，二形二声，一形符"女王"不标音。zɑ31 无字符表示。

🐦，字谱第 312 字，dzæ33me33lo33nɑ31，又读作 dzæ33zo33，雀也。形声，从鸟，从黑（nɑ31），斑点（dzæ33）声。二形一声，一形符和声符各标示一个音节，音节 me33lo33 无字符表示。

第三节　纳西东巴文形声字的分析结果

本书对方国瑜、和志武《纳西象形文字谱》和李霖灿《纳西族象形标音文字字典》中所列的非标音文字的每一个字进行分析统计，再参照赵净修《东巴象形文常用字词译注》和《纳西象形文实用字词注释》等纳西东巴文工具书，得出前面两本书中的形声字数量。

本节将分析统计方国瑜、和志武和李霖灿的纳西东巴文工具书中纳西东巴文形声字的具体情况。

一、《纳西象形文字谱》中的形声字统计情况

表 2-1　《纳西象形文字谱》中的形声字统计

形声字种类 《字谱》18类	原始形声字	会意兼声字		一形一声			一形多声		多形一声			多形多声		准形声字	
		标音完全	标音不完全	标音完全		标音不完全	标音完全	标音不完全	标音完全		标音不完全	标音完全	标音不完全	准会意兼声	准形声
				单音节	多音节				单音节	多音节					
天文之属	7			17	2		1	5						11	21
地理之属	3	3	1	8	10	1	20	1		1			2	39	52
植物之属				7	9		4							6	6
飞禽之属	4	1		4	3		2	3						10	3
走兽之属					3	1								10	12
虫鱼之属					1									3	1
人称之属		3		7	27	1	7	6	3	4		1		7	31
人事之属		18		15	13	1	3			2				5	7
形体之属	3	3			7	1								2	6
服饰之属					4		1							3	
饮食之属	2	7		3	11	2				1					
居住之属	1	7		8	4		1							8	9
器用之属				1	5	2		5						7	2
行止之属								1						3	9

（续表）

《字谱》18类 \ 形声字种类	原始形声字	会意兼声字			一形一声			一形多声		多形一声			多形多声		准形声字	
	标音完全	标音完全		标音不完全	标音完全		标音不完全	标音完全	标音不完全	标音完全		标音不完全	标音完全	标音不完全	准会意兼声	准形声
		单音节	多音节		单音节	多音节				单音节	多音节					
形状之属		4			9		1								7	
数名之属							1								1	
宗教之属	1	2		13	7		2	1	1						13	6
传说古人名号							4	1								4
总计 标音完全	4	49	1		107	5		36		7	1		1		90	122
总计 标音不完全	17			96			32		6					2	49	47

根据上面的表格，具体统计结果如下：

原始形声字：21个（其中4个为单音节完全标音）

会意兼声字：146个

1）部分字符标音，标音完全：50个（其中49个为单音节）

2）部分字符标音，标音不完全：96个

——以上两类合计146个

形声字（具体又可分为一形一声、一形多声、多形一声、多形多声等，共计369个字）：

A 一形一声：

1）声符标音，标音完全：112个（其中107个为单音节）

2）声符标音，标音不完全：32个

——以上两类合计144个

B 一形多声：

1）声符标音，标音完全：36个

2）声符标音，标音不完全：6个

——以上两类合计42个

C 多形一声：

1）声符标音，标音完全：8个（其中7个为单音节）

2）声符标音，标音不完全：0个

——以上两类合计8个

D 多形多声：

1）声符标音，标音完全：1个

2）声符标音，标音不完全：2个

——以上两类合计3个

准会意兼声字：

1）每个字符标音，标音完全：90个

2）每个字符标音，标音不完全：49个

——以上两类合计139个

准形声字：

A 一形一声：

1）形符声符皆标音，标音完全：88个

2）形符声符皆标音，标音不完全：18个

——以上两类合计106个

B 一形多声：

1）形符声符皆标音，标音完全：13个

2）形符声符皆标音，标音不完全：7个

——以上两类合计20个

C 多形一声

1）形符声符皆标音，标音完全：18个

2）形符声符皆标音，标音不完全：18个

——以上两类合计36个

D 多形多声：

1）形符声符皆标音，标音完全：3个

2）形符声符皆标音，标音不完全：4个

——以上两类合计7个

在标音完全的准形声字中，有15个形符声符标音相同，为单音节，故收入前面的单音节形声字中。根据统计，具体情况说明如下：包括原始形声字、会意兼声字和形声字，完全标音的一共有211个，不完全标音的有152个，二者累计363个字。准会意字和准形声字一共有308个。在211个完全标音的形声字中，单音节的形声字有167个，其中会意兼声字有49个，原始形声字4个，多形一声字有7个。

通过以上数据，我们能做出如下描述：

①纳西东巴文中准会意兼声字和准形声字的数量和形声字的数量差不多，这说明纳西东巴文的形声字处于发展不成熟的时期。

②21个原始形声字中仅4个为完全标音的单音节字，说明原始形声字这种记录纳西语的方式不太实用，用这种方式造出的形声字不会多。

③完全标音的形声字211个，单音节形声字167个，已经占了79.15%。这显示了纳西东巴文形声字记录纳西语基本词汇的力量，大部分单音节形声字都是纳西语中的基本词汇。

④在167个单音节形声字中，会意兼声字占29.34%。这说明，在纳西东巴文形声字中，会意兼声是产生形声字的一种途径。这些会意兼声的来源与古汉字会意兼声字的来源不完全相同，在第五章会详细描述。

⑤一形多声形声字有42个，其中36个为完全标音的，这体现纳西东巴文形声字发展不太成熟的一面，为了准确标音，纳西东巴文字假借字符标音，并且是一个字符标记整个字读音中的一个音节。这样，纳西东巴文形声字的结构就存在一个形符多个声符的形式。这在古汉字形声字中是少有的。

二、《纳西族象形标音文字字典》中的形声字统计情况

表 2-2 《纳西族象形标音文字字典》中的形声字统计

形声字种类 / 《字典》18类	原始形声字		会意兼声字			一形一声			一形多声		多形一声			多形多声		准形声字	
	标音完全	标音不完全	标音完全 单音节	标音完全 多音节	标音不完全	标音完全 单音节	标音完全 多音节	标音不完全	标音完全	标音不完全	标音完全 单音节	标音完全 多音节	标音不完全	标音完全	标音不完全	准会意兼声	准形声
天文类		4			10	1		1	8							16	29
地理类	1	1	2		11	9					3					12	19
人文类			19	1	15	46	1	12	3	3	2		1			18	26
人体类	1	4	3		1	19		1								12	3
鸟类			5		2	7		1	2							6	7
兽类昆虫附		3	2		5	9		4	1		1					15	19
植物类			2		6	15	1	3	6				1			12	15
用具类	1		4		2	16										1	12
饮食类			3	3	3	17					1					7	9
衣饰类					1	2		1	2							4	3
武器类			4		2	2					3						
建筑、数目、动作等类		1	2			13		2	2		1		1			3	4

60

（续表）

《字典》18类		原始形声字 标音完全	原始形声字 标音不完全	会意兼声字 标音完全 单音节	会意兼声字 标音完全 多音节	会意兼声字 标音不完全	一形一声 标音完全 单音节	一形一声 标音完全 多音节	一形一声 标音不完全	一形多声 标音完全	一形多声 标音不完全	多形一声 标音完全 单音节	多形一声 标音完全 多音节	多形一声 标音不完全	多形多声 标音完全	多形多声 标音不完全	准形声字 准会意兼声	准形声字 准形声
若喀字类																	2	
藏音字类																		
宗教类		1		1		2	8		6	3							6	6
鬼怪类				2		7	16		2			1	2				14	21
东巴、龙王类						1	6		5	13	13						1	48
神类				1		2	4		3	11	10				6		9	44
总计	标音完全	5		50	6		188	2		52		8	3		6		67	132
	标音不完全		15			77			37		30			3			78	136

根据上面的表格，具体统计结果如下：

原始形声字：20个（其中5个为单音节完全标音）

会意兼声字：

1）部分字符标音，标音完全：56个（其中50个为单音节）

2）部分字符标音，标音不完全：77个

——以上两类合计 133个

形声字（具体又可分为一形一声、一形多声、多形一声、多形多声等）：

A 一形一声：

1）声符标音，标音完全：190个（其中188个为单音节）

2）声符标音，标音不完全：37个

——以上两类合计 227个

B 一形多声：

1）声符标音，标音完全：52个

2）声符标音，标音不完全：30个

——以上两类合计 82个

C 多形一声：

1）声符标音，标音完全：11个（其中8个为单音节）

2）声符标音，标音不完全：3个

——以上两类合计 14 个

D 多形多声：

1）声符标音，标音完全：6 个

2）声符标音，标音不完全：0 个

——以上两类合计 6 个

准会意兼声字：

3）每个字符标音，标音完全：67 个

4）每个字符标音，标音不完全：78 个

——以上两类合计 145 个

准形声字：

A 一形一声：

1）形符声符皆标音，标音完全：78 个

2）形符声符皆标音，标音不完全：37 个

——以上两类合计 115 个

B 一形多声：

3）形符声符皆标音，标音完全：30 个

4）形符声符皆标音，标音不完全：17 个

——以上两类合计 47 个

C 多形一声：

3）形符声符皆标音，标音完全：17 个

4）形符声符皆标音，标音不完全：51 个

——以上两类合计 68 个

D 多形多声：

3）形符声符皆标音，标音完全：7 个

4）形符声符皆标音，标音不完全：31 个

——以上两类合计 38 个

李霖灿的《纳西族象形标音文字字典》中一共有 2120 个条目，根据统计，包括原始形声字、会意兼声字和形声字，完全标音的一共有 320 个字（其中单音节有 251 个），不完全标音的一共有 162 个，二者累计 482 个。准会意字和准形声字一共有 413 个。

通过以上统计数据，我们可以作如下描述：

①完全标音和不完全标音的形声字一共有 482 个，准会意字和准形声字有 413 个，同样反映纳西东巴文形声字处于发展不成熟的时期。

②20 个原始形声字中仅 5 个为完全标音的单音节字，跟方国瑜先生字

谱中统计得出的结论大致相同。说明纳西东巴文形声字中，原始形声字不是一种主要的形声字造字方式。

③完全标音的形声字 329 个，单音节形声字 251 个，占 76.29%。同样说明单音节形声字成为纳西东巴文形声字的主要方式。

④单音节形声字 251 个，会意兼声字有 50 个，占 19.92%。

⑤一形多声形声字中，完全标音的有 52 个，一般假借字符标音，一个音节一个字符，形成一形多声形式。这是纳西东巴文形声字的特色。

三、方国瑜与李霖灿字典中形声字数量的差异及其原因分析

方国瑜、和志武《纳西象形文字谱》分十八类：天文、地理、植物、飞禽、走兽、虫鱼、人称、人事、形体、服饰、饮食、居住、器用、行止、形状、数名、宗教、传说古人名号。李霖灿《纳西族象形标音文字字典》也分十八类：天文类、地理类、人文类、人体类、鸟类、兽类昆虫附、植物类、用具类、饮食类、衣饰类、武器类、建筑数目动作类、若喀字类、藏音字类、宗教类、鬼怪类、东巴龙王类和神类。

李霖灿在《纳西族象形标音文字字典·引言》中说："本字典中所汇集之各单字，系根据四五年来在纳西各地域之考察而得，非一地区所有，故遇某一地区特有之字，俱注明其出处，其不注明者，则为较普遍之文字，各地区俱见有此字也。"①

将两本工具书中相同类型的分类进行比较，可以从下面的统计数据看出两者收形声字的不同。下面的数字包括标音完全和标音不完全的两类形声字。

表 2-3 《字典》与《字谱》形声字分布统计表

种类	纳西象形文字谱	纳西族象形标音文字字典
天文类	32	24
地理类	50	27
植物类	20	34
飞禽、走兽、虫鱼 / 鸟类、兽类昆虫附	22	54
人称、人事、形体 / 人文、人体	125	132

---

① 李霖灿编著：《纳西族象形标音文字字典》，云南民族出版社，2001 年，第 55 页。

（续表）

种类	纳西象形文字谱	纳西族象形标音文字字典
饮食类	26	27
衣饰类	5	8
器用/用具	13	26
居住、行止、形状、数名/建筑、数目、动作类	39	22
宗教类	27	21
传说古人名号	5	0
鬼怪类	0	32
东巴、龙王类	0	38
神类	0	37
若喀字类	0	0

以上统计数据中，《纳西象形标音文字字典》中有"鬼怪类""东巴、龙王类""神类"，而《纳西象形文字谱》中没有，但是在"宗教类"也收了部分鬼怪类形声字。地理类所收形声字，方国瑜字谱有 50 个之多，而李霖灿的字典仅 27 个，原因在于，方国瑜收了更多地名。而在鸟类、兽类昆虫附，李霖灿收了更多的鸟名、昆虫名。最大差异在于李霖灿字典收了很多鬼怪名、东巴、龙王以及神的专名。而在一些基本词汇方面，两本工具书基本是一致的。

两本工具书所有形声字的差异，对于研究纳西东巴文形声字来说，正好形成互补。对于纳西东巴文形声字的形态与记录的词汇之间的关系，可以通过对字谱和字典的详尽统计，看出一些特点。如，在记录专名和地名时，形声结构比较常见。如 ：字谱第 9 字，khɯ55ɣɯ33 参星，形声，从星丫省形， （khv33）割禾苗之"割"， ɣɯ33 声。一形二声。形符不标音。 ：字典第 63 字，khv55kɯ31，长庚星也。金星之出现于西方者，此亦若喀地域内所见之字，意为"晚星"。以 字注其音也。形声，从日，从 （khv33）割禾苗之"割"，省部分字形。形符不标音。

第四节　纳西东巴文形声字的性质

纳西东巴文的成熟程度跟古汉字是不同的，因而，即便是用"六书"的概念来界定各类纳西东巴文字，也要根据其自身的特点。纳西东巴文的形声字，一般来说，是指由两个或两个以上字符组成，其中部分字符表意，部分字符标音。纳西东巴文形声字的意符表意是形象性的，不像汉字形声字的形符，基本上都类化了。纳西东巴文形声字还存在一些特殊的类型，如原始形声字、准会意兼声字、准形声字以及标音不完全的形声字。

裘锡圭在《文字学概要》中这样评判汉字的性质："汉字在象形程度较高的早期阶段（大体上可以说是西周以前），基本上是使用意符和音符（严格说应该成为借音符）的一种文字体系；后来随着字形和语音、字义等方面的变化，逐渐演变成为使用意符（主要是义符）、音符和记号的一种文字体系（隶书的形成可以看作这种演变完成的标志）。如果一定要为这两个阶段的汉字分别安上名称的话，前者似乎可以称为意符音符文字，或者像有些文字学者那样把它简称为意音文字；后者似乎可以称为意符音符记号文字。……也可以称这个阶段的汉字为后期意符音符文字或后期意音文字。"[①]

纳西东巴文形声字的特点，很好地佐证了裘锡圭先生对早期汉字性质的认定，严格意义上的纳西东巴文形声字的形符，一般表意是形象性的，而声符多为借音符。而准形声字则情况不同，形符表意，声符也可能表意，而且形符声符都可以标示部分音节。

一、纳西东巴文形声字是个复杂的系统

从前文对纳西东巴文形声字的分类归纳来看，纳西东巴文形声字是个复杂的系统。导引这个系统萌生的动机是文字记录语言中的音和义的需要，尤其是标音的需要。假借现象的频繁极可能带来新的文字的滋生，因为假借的基础是语言中存在大量的同音词。因为假借，导致一个字可能承担的表音义功能增加，久而久之，会带来文字运用的混乱，于是，为了求区别，就会在假借字上加注形符或者声符，形成新的形声字。在古汉字发展的历史上，因为假借而产生形声字，是一条很重要的途径。纳西东巴文形声字呈现出众多形态，有原始的形声字，也有相当数量的准会意兼声字和准形声字，形声字

[①] 裘锡圭：《文字学概要》，商务印书馆，1988年，第16页。

中又有不成熟的一形多声、多形一声和多形多声字。从形符和声符各自的特点来看，二者地位是有差异的。"纳西文字中也有形声字，但不像在汉字中那样处于绝对优势地位。研究表明，注音字只是纳西文造字的新原理。在单独使用字形只能知大体意思的情况下，为确定这些字到底意指什么，加上表示该词发音的字。但在纳西形声字中，意符为主，音符次之。意符具体，仅有它就能大体了解意义，音符并不重要。因此，在纳西文字造字原理中，象形是主要构字法。注音文字使纳西文字向表音文字迈进，但它终究没有变成表音文字。纳西注音文字有庞杂、无统一性的特点。它们以某种象形性字形为基础，或以此为参考创造而成。所以，即使纳西文字的造字原理中引入了表音文字，但字形还是纳西文字的核心，表音只是辅助手段。迄今为止，熟练掌握纳西象形文字的人，在发音上因来自不同区域而存在差异。由于纳西文字的这些特点，纳西象形文字识别中字形激活在先，字音作用不明显，就不足为奇了。"①

纳西东巴文形声字显示的种类不是处于同一个层面的，体现了纳西东巴文形声字发展的面貌。萌芽状态使用大量的假借字、准会意兼声字和准形声字。不成熟状态的形声字主要有三类：原始形声字、会意兼声字和形声字。原始形声字一般看起来像独体字，在象形字上加上"字缀"②或者在表意字上加指事符号，原表意字标示字的部分或整个读音；会意兼声字包括多音节、标音完全的会意兼声字以及标音不完全的会意兼声字；形声字包括一形一声、一形多声、多形一声和多形多声，其中又各自包括标音完全的形声字和标音不完全的形声字。成熟状态的形声字主要是符合汉字形声字定义的那些字，包括一个意符，标音完全的会意兼声字和一形一声的单音节形声字，或者一形一声，声符标音完全的多音节形声字。在形声字中，出现了假借汉字、藏文音字以及哥巴文标音文字作为声符的现象，还有些形声字的形符或者声符已经由合体字充当，成为结构复杂的形声字，这都是纳西东巴文形声字在发展中的体现。

纳西东巴文形声字系统如下：

---

① 张积家、和秀梅、陈曦：《纳西象形文字识别中的形、音、义激活》，《心理学报》2007年第5期，第807～818页。
② "字缀"出自李圃：《甲骨文文字学》，学林出版社，1995年，第24页。"字缀指造字过程中用以别音别义的缀加成分。""字缀不具备形与音、义相统一的特性，更不能单独构成新字，而只是缀加在字素之上，改变原字素的音义创造新字。"

声化现象：　　　　　　　　　　　　　　　　　　假借字

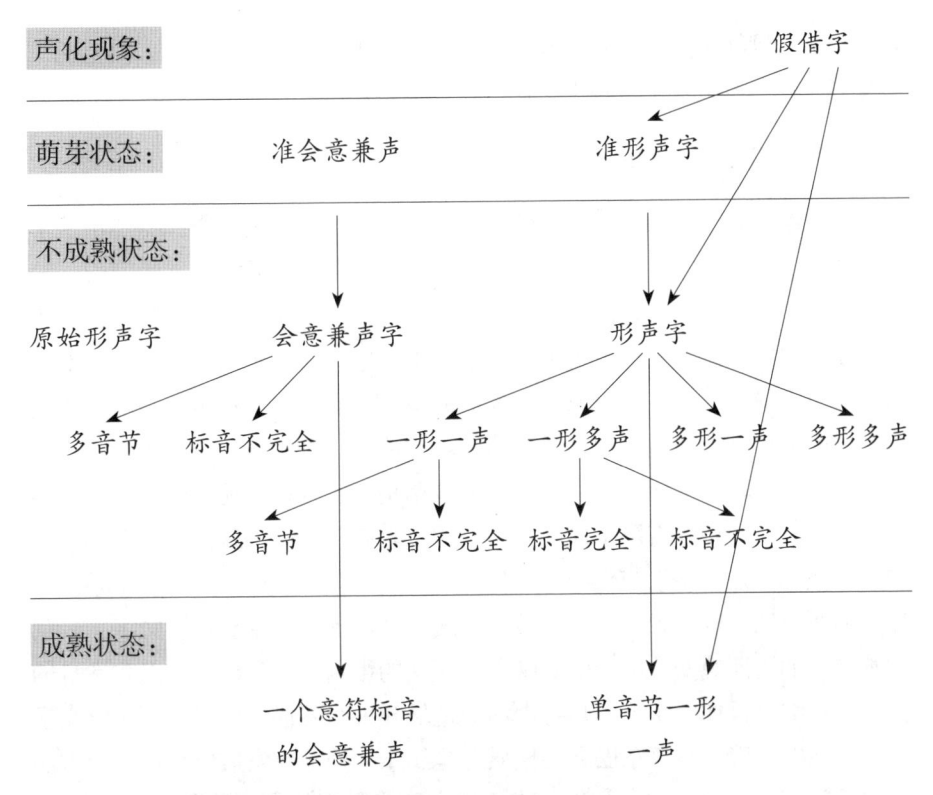

萌芽状态：　　　　准会意兼声　　　　　　准形声字

不成熟状态：

原始形声字　　会意兼声字　　　　　　　　形声字

多音节　标音不完全　一形一声　一形多声　多形一声　多形多声

　　　　　　多音节　标音不完全　标音完全　标音不完全

成熟状态：

　　　　　　一个意符标音　　　　　单音节一形
　　　　　　的会意兼声　　　　　　一声

以上这个系统可以看出，纳西东巴文形声字系统是有层次的，经过漫长的发展，我们从纳西东巴文形声字的不同种类中，可以分析出从萌芽状态到不成熟状态，再到成熟状态的各种形声字，这是历史积淀的结果。首先是语言中众多的同音词或者音近词，导致假借现象的频繁，在假借的同时，文字也在寻找继续发展，与语言相适应的途径。在纳西东巴文形声字系统中，出现准会意兼声、准形声结构，就是这种文字走向声化的意识流露，字符在字中主要以字形表意，发展到兼以字形标音，在表意和标音两种职能中，纳西东巴文字的进步在于：虽然字符表意还是主要的，但一个字中毕竟已经出现以字符标音的现象。准会意兼声、准形声结构就是纳西东巴文字声化途径的一种，有些后来演变为会意兼声字或者形声字，而还有一定数量的则依然保持不变的结构。即使是到成熟状态的形声字出现，也不意味着纳西东巴文形声字系统已经发展成熟，因为不同种类的形声字在纳西东巴文字中并存，而且形声字的形符和声符都不稳定，形符远远没有进一步抽象化，声符也往往会在一个形声字中有两个或者两个以上。但正是由于形声字种类的丰富，体现出纳西东巴文形声字作为早期形声字的特点，也符合这种文字系统整体还处于从字形表意为主向兼顾音义发展的过渡阶段，说明纳西东巴文字处在向意音文字过渡的阶段，也就是我们所认同的，纳西东巴文字属于人类早期意音文字，其形声字系统反映出早期形声字的特征。

二、纳西东巴文形声字的性质

形声字，在汉字中已经是占绝对地位的一种结构方式。李国英《小篆形声字研究》认为："就构形系统而言，汉字的发展经历了两个重要阶段：第一阶段是以象形字为主体的阶段；第二阶段是以形声字为主体的阶段。在第二阶段，汉字系统实质上就是形声系统。形声字是汉字中后起的一种字形结构，形声字的产生代表了表意汉字发展的最高阶段。"[①]"形声字是汉字构形体系中的最优结构。它采用义符和声符相互配合，分工合作，互为区别，互相限定，具有较强的区别性；它采用复合结构，组合构件还可以进一步归纳成少量形位，实现了有限手段的无限运用，具有很强的归纳性；义符和声符的不断类化，是汉字系统化的根本条件。"[②]

纳西东巴文以其独特的字形表意方式，经历图画文字到象形文字，再到意音文字的逐渐蜕变，由于受到汉文、藏文的影响，以及纳西东巴教本身的特点的影响，再加上东巴们自身生活的地域和书写习惯，使得纳西东巴文呈现出现在的面貌。纳西东巴文的性质还是属于一种没有发展成熟的，较古汉字原始得多的意音文字。从纳西东巴文形声字呈现的丰富种类和特点来看，这是一个还未完全成熟的形声字系统，属于早期形声字向成熟形声字发展的过渡时期的形声字系统。正是由于还没有完全成熟，在形声字中存在声符位置不稳定、存在随意假借声符的现象。形符一般处于主要的地位，在参与造字过程中，形符表意是具体的、形象的，而不是像汉字那样，形符一般抽象地表达义类。纳西东巴文声符一般一个字符标示一个音节，这样，就有部分形声字存在多个声符的现象。

根据统计，纳西东巴文形声字的数量和准会意兼声字、准形声字数量总和相差不大，这说明，准形声字在纳西东巴文字中是和形声表词方式并行的一种表词方式，而在后来的发展中，形声字没有如汉字那样突飞猛进地增长，而是走向了完全以字符记音为主或者以象形文字为主，以标音文字为辅的模式。查阅东巴文应用文献，可以发现假借字使用十分频繁，而这种现象没有导致形声的进一步发展，这是值得深思的。

---

① 李国英：《小篆形声字研究》，北京师范大学出版社，1996年，第1页。
② 同上注，第2页。

第三章 纳西东巴文形声字在纳西东巴文经书中的使用状况调查

第一节 纳西东巴经书概况

中国云南纳西族至今保留着大量的文献资料，用于记载东巴经的东巴文字是一种早期文字，也是一种在文字学研究上极具价值的少数民族古文字。东巴经书的价值在上世纪初，已经为不少中外学者所认识，并由此开始收集和整理。20世纪30年代，美国人洛克收购近万册；20世纪40年代，李霖灿、和才收购8000余册，后辗转运抵台湾地区；20世纪60年代，中央民族学院教师和志武收购2000余册，丽江县文化馆通过各种途径也收购了3000余册。[①] 可惜的是，不少东巴经书在"文革"期间被毁。白地村恩土湾的大东巴家"文革"前有藏书2000余册，"文革"后仅存84册，还有很多东巴家中的经书被全部烧毁。这提醒我们对传统文化保存的重要性。

根据各种资料信息，目前存世的约有三万册东巴经书。其中一万册左右收藏在美国、德国、英国、法国；有两万册收藏在台湾、南京、北京、昆明、丽江、中甸等地。海外收藏东巴经书最多的是美国。美国国会图书馆、哈佛大学图书馆、华盛顿大学图书馆等共存有7836册。当然，收藏东巴经的地方，都有学者在做各自收藏东巴古籍的一些编目工作，这也是保存世界传统文化的方式。

东巴经书是东巴文研究的宝藏，研究记录纳西东巴文化的文字——东巴文，与其他早期文字相比，一个很大的优势就是有大量的东巴典籍文献得以保存。透过一部部经书的认真解读和分析，一字字地揭示出东巴文字蕴含的文化，这是一件美妙而且有意义的事情。当然，这也会是一项极其艰巨的工作。当真正读懂经书，沉浸于其中的乐趣之时，我们自然能从中发现东巴文字的秘密，体会到纳西东巴文化的灿烂。从20世纪30年代开始，中国学

---

① 杨正文：《杨正文纳西学论集》，民族出版社，2008年，第62页。

者开始释读东巴经典，面对如此繁多的东巴经书，释读的进程相对缓慢。20世纪后期以来，随着国家对东巴文研究的重视和深入，随着国际东巴文化研究的广泛交流，相当数量经书的编目、解读、刊印工作已经完成，这为我们系统研究纳西东巴文提供了条件，尤其是《纳西东巴古籍译注全集》的问世更是功不可没。这套全集，是目前最为完整和权威的东巴文献全集，是研究纳西东巴文化以及文字的宝库。

一、《纳西东巴古籍译注全集》综述

《纳西东巴古籍译注全集》（以下简称《全集》）由云南省社会科学院丽江东巴文化研究院译注、编纂而成，历经近20年，是国家"九五"重点出版工程，于1999年由云南人民出版社正式出版，并荣获第五届国家图书奖。这套书共100卷，选取897部东巴经，采用直观的四对照译注体例，即古籍象形文原文、国际音标注纳西语音、汉文直译对注、汉语意译。《全集》的出版为以后国际东巴古籍的翻译、释读奠定了雄厚而坚实的基础，可以说是东巴文化研究的一座里程碑。

杨世光在《全集》的跋语中介绍了出版的基本原则和基本体例[①]，包括卷数、分类、版本、译注、名词规范、风格、校译、注释、开本、装盒等都做了清晰的介绍，方便使用者查阅。

这套书选取东巴经书中的经典，具有代表性。其古籍原文按古籍逐页扫描实录，保持了原貌。用"四对照"的译注体例，保证做到最全面、细致的东巴经书释译。

这套书在使用过程中，还是体现出一些不足之处，有些东巴文字通过"四对照"还是不能够很清晰地辨识出。由于东巴文字在记录东巴经时，文字与所记录的语言不总是严格的一一对应的关系，东巴文字可以记录词、短语、句子等不同的语言单位，也有东巴文字在经书出现但不记录任何语言的现象。这些问题单单依靠"四对照"难以解决，需要参照其他字书，这给识别东巴文字带来了一定的困难。此外，《全集》所选经书都是基于20世纪七八十年代调查的结果，未选用更早的文献资料以及国外收藏的经书资料。

丽江东巴文化研究院习煜华编纂了《〈纳西东巴古籍译注全集〉诠释》一书，该书于2010年在云南民族出版社出版。这是查阅《全集》的辅助性

---

① 东巴文化研究所编译：《纳西东巴古籍译注全集》（第100卷），云南人民出版社，1999年，第337页。

工具书，该书对100卷加以诠释，以段落为单位解析完整的故事；辅助性索引常用故事或章节，把流传较为广泛的故事抽取出来加上索引。分列了九个条目，即古籍名称、古籍封面、释读东巴、翻译人员、书写文字、古籍页数、古籍跋语、古籍题解、念诵背景。① 这对我们理解和查找《全集》中的经书很有帮助。

二、其他东巴经书收录、翻译情况

《纳西东巴古籍译注全集》主要收录的是国内早期收集的经书，较少涉及国外所藏的经书和近些年调查中所得的东巴经书。除《纳西东巴古籍译注全集》外的东巴经书收集情况如下：

1. 哈佛燕京学社收藏的纳西东巴经

到20世纪上半叶，大约有1.5万册东巴经书通过各种途径流落海外，现分别收藏于美、法、德、意等国图书馆和博物馆，还有一些是私人收藏。哈佛燕京学社图书馆是世界上著名的纳西东巴经书收藏单位之一。馆藏的598册经书大部分是美国学者洛克于20世纪20—40年代在云南纳西族居住时收集的。洛克收集的经书时间很早，其中写于"康熙七年（1668）"的经书是目前已知最早的东巴经书。这些经书未收录于《全集》。2011年1月，《哈佛燕京学社藏纳西东巴经书》正式出版，这部书由中国社会科学院民族学与人类学研究所、燕京学社和丽江东巴文化研究院联手翻译，书中有哈佛馆藏东巴经的全部扫描件。从这本书的编译说明中我们能了解到该丛书的体例及编写情况。②

1955到1956年，曾在云南省博物馆工作的朱宝田先生和纳西东巴文化研究专家李霖灿先生分别都受邀整理哈佛的这批东巴经书。朱宝田先生编纂了《哈佛大学哈佛燕京图书馆藏中国纳西族象形文经典分类目录》。这份目录将哈佛所藏的598部东巴经分为十三类：祭东巴什罗44册、祭龙王83册、祭风82册、求寿73册、祭贤11册、胜利神6册、祭家神21册、替生29册、除秽39册、关死门5册、祭死者78册、占卜93册、零杂经34册。还有东巴教卷轴画3卷。可以看出，经书中数量最多的是占卜类。

体例上，采用经书照片，每卷经书一页页发布，"标有哈佛燕京学社图书馆入藏号和序号，第一号为封面。第二号为扉页，扉页的空白处往往附有

---

① 习煜华编：《〈纳西东巴古籍译注全集〉诠释》，云南民族出版社，2010年，第1页。
② 中国社会科学院民族学与人类学研究所、丽江东巴文化研究院、哈佛燕京学社编：《哈佛燕京学社藏纳西东巴经书》（第一卷），编译说明，中国社会科学出版社，2011年。

约瑟夫·洛克题签，内容包括藏书号、经题及英文翻译等。第三号为首页。最后为封底，封底或为空白，为了显示装帧情况亦悉数刊布"。

《哈佛燕京学社藏纳西东巴经书》的编排体例跟《全集》一样，采用"四对照"方式，即经书原文扫描、国际音标注纳西语读音、汉文直译对注、汉语意译。经书正文前有中英文提要。与《全集》不同的是，每幅原文前标注了在哈佛燕京学社图书馆的入藏号及序号，每部经书的结尾注明释读者和翻译者。

《哈佛燕京学社藏纳西东巴经书》的出版，无疑标志着纳西东巴古籍的抢救保护工作开始向国外发展，为在全球范围内对纳西东巴古籍的保护利用打开了突破口，也拓展了东巴文字的研究资料，为东巴文字的深入研究创造了条件。但是其"四对照"的编排方式，对于使用者而言，用于研究纳西东巴文化、历史与宗教，也许不存在太大的问题，但用于纳西东巴文字研究，"四对照"还是不够的，尤其对于纳西东巴文的注释，书中非常简单，研究纳西东巴文字，完全依赖"四对照"的版本，不足够。

2. 北京地区所藏东巴经

说北京收藏了不少纳西东巴经，一般人会感觉意外，其实，北京收藏了大量的民族古籍。纳西东巴经书在北京的国家图书馆、中央民族大学图书馆、中央民族大学民族博物馆、民族文化宫图书馆、清华大学图书馆、中国社会科学院民族学与人类学研究所图书馆、中国历史博物馆等都有收藏。

北京能保存一定量的纳西东巴经，必须提及和志武先生和和发源先生。和发源先生回忆说："北京民族大学古籍研究所目前所收藏的1449册东巴经是1952年由和志武教授（中央民族学院纳西族教员）和我从云南中甸、维西二县，用茶叶、红糖、火柴、盐巴、水桶、脸盆等换回来的。当时有五箱，其中四箱书约2000多册，一箱是法器。"[①] 依据《北京地区东巴文古籍总目》所列东巴经书，统计共有5288部经书，其中数量最多的依次是祭亡经类914部、超荐仪式类824部、祭风经类787部，这三种经书占北京地区所藏经书的48%。所收经书的出处以丽江抄本为最多。这些馆藏的东巴经书目前还没有翻译、整理出版，期待着这些经书能够尽早翻译出版，更便于使用。另外这些收藏的法器也应当公开以便学者研究。法器上的符号通常更久远，与文字的关系也非常密切，应当重视。

1997年，国家民族事务委员会启动《中国少数民族古籍总目提要》编

---

① 北京市民族古籍整理出版规划小组办公室多语种编辑部编：《北京地区东巴文古籍总目》，民族出版社，2009年，第513页。

纂工作。2009年,民族出版社出版了《北京地区东巴文古籍总目》,该书的编纂就是为研究东巴文、纳西学的学者提供资料。这本书能够做到,凡是在北京地区所能搜集到的东巴文献,不管著录项目齐全与否,一律收入,旨在尽可能多地提供东巴经的资料和线索。

阅览《北京地区东巴文古籍总目》,发现这本书按照三坝东巴传统分类法,将东巴经书分为祭天仪式、超荐仪式、开丧经、祭亡、开冥经、延寿仪式、消灾经等共22类,另外还收录了纸牌画和法器。书中还收录同一经书的不同写本。收录内容包括:书名、卷、著者、刻写本、年代、册数、规格、纸、墨色、线眼、版框、行款(藏书单位)、内容梗概。可贵的是注明了东巴经书的来源地,这是按搜集文献时的记录著录的,例如注明"丽江旧抄本""维西旧抄本"。这对东巴文字进行地域性研究很有价值。

3. 学者们田野调查所得东巴经

纳西东巴文研究一方面立足于已有的文献和字书,另一方面也非常重视来自田野调查的材料整理和收集。一百多年来,巴克、杨仲鸿、洛克、傅懋勣、方国瑜、和志武、李霖灿等中外学者先后都到纳西族地区开展东巴经书调查和研究。这些学者的田野调查,对于纳西东巴文的研究起到了非常了不起的示范作用,得出的研究结果也成为后来人研究纳西东巴文的可借鉴材料。

近些年来,杨正文和喻遂生执着深入民间实际,对东巴文进行有效的田野调查和研究。

杨正文出生于东巴世家,是中甸县三坝乡白地人,一直从事东巴古籍的整理与保护工作。他主持收集整理了1000余卷东巴经书、5本东巴经目录,抄写经书300余册,创作和复制100余幅东巴画,录制声像资料200余首(段)。[①]他参与《中国少数民族古籍目录提要·纳西族卷》的编纂工作,提交三百部经书的目录提要。扎实的东巴经研究功底,使得杨正文先生得出一个结论,他认为白地是东巴教的发源地,因为白地的东巴经书门类齐全、结构完整、语言洗练,是东巴经书中的范本。杨正文先生整理的重要东巴经《开卷经》是目前白地最完整的抄本,全书共38页498节,完整保留了古代经典的特点。他整理的《土作》《白蝙蝠求经记》也都是经书中的经典。

西南大学喻遂生除了研究纳西东巴文字,更致力于东巴文应用性文献的收集、整理、译释和刊布。喻遂生教授认为,相较于人们对东巴经书的收集和研究的重视程度,对纳西东巴文应用性文献的独特价值还重视不够,纳西

---

① 杨正文:《杨正文纳西学论集》,民族出版社,2008年,第4页。

东巴文应用文献有其独特的价值，但零星分散，不易引起足够的重视。喻遂生先生深入田野，收集地契、医书、账本、书信、对联、墓铭等，从新的角度对东巴文字进行了整理和研究。他曾带着自己的博士生亲赴俄亚去实地调查。后来，钟耀萍的博士论文《纳西族汝卡东巴文化》就对汝卡地区的东巴经书进行了整理和编目，意义不小。

第二节 现存纳西东巴经特点分析

纳西东巴经主要是记载纳西族的宗教事务的，东巴教的东巴用纳西东巴文记载教义以及祭祀的内容。目前现存的东巴经，体现出地域的不同、书写风格的不同以及题材上的不同。东巴经一般由不同地域的东巴书写或传抄，在书写或传抄的过程中，可能出现不少独特性，如当地的习惯、东巴的学识和认知、保持东巴经神秘特征的需要等，都会带来书写出的字形的结构变化、字形简化或繁化，甚至字形讹变等。要全面了解纳西东巴文字的面貌，最好是结合已有的经典东巴文字书以及相对全面的东巴经的释读进行分析。现存的纳西东巴经已有几万册，我们首先应该了解其存在的差异。李霖灿先生的字典中对有的地域用字做了标注，洛克对一些字的用法做了解释，但整体来说，得到标注和解释的字量还是少的。

一、存在地域差异

根据纳西族的迁徙路线，李霖灿先生以若喀和北地为东巴文字的创始地区，随着纳西族向丽江和鲁甸的迁徙，丽江和鲁甸两个地方的东巴文字渐趋成熟。这些区域的东巴经书代表着纳西族在不同的发展阶段遗留下来的经书，因而经书中所使用的文字也代表着东巴文字不同的发展阶段。

李霖灿说："由于看到的麽些经典太多，所以只要打开一册经典用眼一看，就能知道是丽江的，或是南山区的，或是剌宝的，或是若喀江边的。"① 这种感觉源于他对东巴经深入研究的基础。

同样从地域的角度对东巴文和东巴经书进行考证，杨正文先生将白地经书和丽江经书进行比较，发现白地经书门类更齐全，每部约12—20页，封面装饰简洁，笔法简洁流畅，异体字少，所以杨正文先生认为白地经书是所

---

① 李霖灿：《麽些研究论文集·绪言》，台湾故宫博物院，1984年，第3页。

有后来东巴经书的源头、母本。①

邓章应也从地域角度对东巴经进行研究，他将能够考证出地域的、已经刊布的东巴经分类系联。最后分列出宝山乡的东巴经、鸣音乡的东巴经、大东乡的东巴经、大具乡的东巴经、丽江坝及周边地区的东巴经、鲁甸地区的东巴经、维西县的东巴经和宝山、鸣音大东一带不明地望的东巴经，共八个地域的经书。他的研究成果都在其专著《纳西东巴文分域与断代研究》②中。

以上学者的研究表明，东巴经的确存在不同地域特征，当我们选取东巴经研究其中的文字时，地域特征是不可忽略的因素。

二、体现书写风格差异

对于一种成熟的文字而言，书写风格不应该成为影响文字特点的重要因素，因为成熟文字的形音义特征是相对稳定的。翻阅东巴经，的确能感受到东巴的个人书写风格，其书写风格的确会带来东巴经在文字以及经文布局方面的差异。这也反映纳西东巴文的成熟度跟古汉字还有一定的距离。

我们常说"字如其人"，东巴们在书写东巴经时，也鲜明地体现这一点。每位东巴性格不同，所处地域不同，学识有异，加之东巴经保持一定神秘度的需求，在呈现的东巴经中，鲜明地展示出书写风格的特点。现代笔迹学研究表明，一个人的笔迹与性格之间的确有一定关联，字写得小的人，注意力比较集中，比较注意细节。一个人的字写得圆滑，则体现出相对强的顺从和适应力。一个人的字写得大，相对会自信和爽快。一个人喜欢写潦草的字或简易的字，则做事相对马虎。我们在一些东巴经中，能看到一些东巴个人的因素影响着东巴经的风格。有的东巴为了标新立异，故意改变传统的书写风格，这恐怕不利于东巴文字的研究。

但是了解一些东巴的书写风格，反过来可以从东巴经中感受到一些风格，比如有的东巴经在封面涂以颜色或加印章。有的东巴经有跋语，仔细介绍东巴自己或书写经书的一些细节，这些都是有助于研究的信息。有的东巴经经文中会穿插哥巴文或藏文，为的是辅助记音之用。有的东巴经书写字迹匀称，有的书写潦草。通过这些工整或潦草的字迹，再根据字迹的风格与行款风格，我们能找到一些经书之间的联系，比如，推断是哪位东巴所写，抑或找出不同东巴经书写者的地域特征和师承渊源。

对东巴经书写风格的判断，有利于判断一些东巴经书写的时间先后，理

---

① 杨正文:《最后的原始崇拜——白地东巴文化》，云南人民出版社，1999 年，第 104 页。
② 邓章应:《纳西东巴文分域与断代研究》，人民出版社，2013 年。

解纳西东巴文字先后的传承与变化，比如，有的字在这部东巴经中是会意字或象形字，在另一部经书中是假借字或形声字，这些都是散落于东巴经中的纳西东巴文字研究的粒粒珍珠。

三、展示书写题材差异

东巴经主要是记录东巴教教义的，内容当然与东巴教有关，因此，记载经文的文字呈现的特征也就不能广泛地推及纳西族人的所有生活。东巴经所用的文字表现出浓厚的宗教气息，如反映神、鬼以及教义的内容的字词居多。如纳西族自古视青蛙为智慧之神，能解人危难，所以青蛙的写法多样而且名目多样。

由于东巴教的很多经典传说会为东巴反复书写，一个故事也自然会出现在不同的经书中，不同经书书写的内容重点会各有侧重，导致同样的内容在不同经书中呈现出详略不一的情形。有的神、鬼名在不同经书中还有出入，一个经典故事的所有细节，可能一部分在这本经书中被重点书写，另一部分细节在另一部经书中被简略描述。

习煜华整理东巴经书时注意到这些特征，为方便读者透过冗长而繁杂的古籍找寻需要的原始资料，她在《〈纳西东巴古籍译注全集〉诠释》中增加常用故事或章节的目录索引，将古籍中比较完整的段落或故事以常用的名称排列，方便读者先从目录中寻找相关内容，然后对照索引直接查找100卷中的译本。如"猴子的来历，25-2，33-1，81-5"[①]。东巴经的题材差异不是指迥异的差异，而是体现在东巴书写经书时着重的故事段落和细节不同。

东巴经存在的差异性特征，导致我们为研究纳西东巴文字而选择东巴经时需要有计划和有目的地选择。

第三节 《古事记》以及《崇般崇笮》介绍

一、选择《古事记》以及《崇般崇笮》调查的原因

要全面了解纳西东巴文形声字的特点及使用情况，除了根据方国瑜、和志武《纳西象形文字谱》以及李霖灿《纳西族象形标音文字字典》中的统计

---

① 习煜华编:《〈纳西东巴古籍译注全集〉诠释》，云南民族出版社，2010年，第416页。

分析以外，还应该具体考察在纳西东巴文经书中，形声字存在和使用的情况，尤其是早期的版本中。目前，《纳西东巴文古籍译注全集》100卷已经陆续出版，而且还有光盘，这为全面系统研究纳西东巴文的语言、文字、文化都提供了丰富的材料库。本章在详尽考察纳西东巴文经典《古事记》和《崇般崇笮》中的形声字数量以及种类之后，再跟前文从字典中统计出来的形声字数量和种类进行比较，得出的结论应该是值得信服的。但为何只选取纳西东巴文经典《古事记》和《崇般崇笮》呢？原因是《纳西东巴文古籍译注全集》和哈佛燕京学社所藏的东巴经，都是以"四对照"形式出版的，不少经书内容的注释简单，而且照片形式未必清晰，要详尽地做纳西东巴文字的考察，不现实。前面两节内容对于东巴经的介绍，也让我们了解到，东巴经尽管有三万多册，但是得到详细注解的东巴经并不多。目前，由于所选取的这两个版本的东巴经，经书内容相同，只是书写的时间不同，而且经书内容基本能做到每节中的每个词都有解释，因此，我们可以详尽调查其中的形声字数量以及种类，做出相关分析，得到的形声字数量也会有所不同。从中我们可以看出纳西东巴文形声字发展的一些面貌和轨迹。

由于纳西东巴文是一种经过历时发展积淀而成的文字系统，今天我们看到的纳西东巴文字，还不能算十分稳定的记录纳西语的一种成熟文字。大量的纳西东巴文应用文献告诉我们，在具体表达语言中，纳西东巴文常常用假借的方式来记词，一篇应用性文献，文字假借现象之频繁是司空见惯的。即便不是应用性文献，文字的假借现象也是常见的，如东巴经《古事记》的封面只有6个字符，假借字就有4个。

在此，我们选取纳西东巴文古籍《古事记》（tsho31mbʌr53thu53uɑ31mɛ53），也有根据音译作《崇搬图》。全部东巴文皆选自傅懋勣的《丽江麽些象形文字〈古事记〉研究》一书，"这本经典长245公厘，宽98公厘，用竹笔蘸墨写在一种厚纸上。这种经书纸两面都写字，字画很清楚，连封面一共有十六张，同一种经典往往因师弟授受或用途不同而有差别。本书以拜吕古村写本为据，而参考了另外在除秽法事上用的两个本子，称乙本丙本"。可见，这部经典是比较可靠的，而且，从其文字面貌来看，可知"这种经典最初写定的时候，麽些文字正在从帮助记忆的一种图画文字，向一个表示概念的真正文字发展的过程中"。①

---

① 傅懋勣:《丽江麽些象形文字〈古事记〉研究》，武昌华中大学，1948年，第7页。

《崇般崇笮》是云南省少数民族古籍译丛第 7 辑《纳西东巴古籍译注》（一）中的一种，由杨树兴、和云彩诵经，和发源、王世英翻译，1986 年 6 月由云南民族出版社出版。这个版本跟 1948 年的相比，相对较晚，讲述的内容跟《古事记》是一致的，通过对这两个不同版本中的形声字进行调查对比，能展示纳西东巴文形声字的一些发展面貌和特点，也有利于描绘纳西东巴文形声字的发展规律。

二、《古事记》和《崇般崇笮》的特点

《古事记》的名称源于傅懋勣先生的研究，为武昌华中大学于 1948 年 7 月刊印。根据音译，原名为《崇搬图》，也有人定名为《人类迁徙记》《创世纪》。这是纳西族的民族史诗，主要以象形文字写成，讲述有关天地人类的起源。丽江县文化馆 1963 年 9 月 10 日刊印，由和芳讲述，周汝诚翻译为《崇搬图》。云南民族出版社 1986 年 6 月出版《纳西东巴古籍译注》（一）中收《崇般崇笮》，由杨树兴、和云彩诵经，和发源、王世英翻译。可见，纳西族关于创世纪的传说版本很多，《古事记》相对更早一些，全面调查其中的形声字情况，参照后来的版本中的形声字使用情况，能清晰地看到纳西东巴文形声字的发展面貌以及进程。在此，我们选取傅懋勣先生的《古事记》作为全面调查的对象，同时，以云南民族出版社《纳西东巴古籍译注》（一）中的《崇般崇笮》作为对比，揭示纳西东巴文形声字在相同的传说记录中所呈现的特色，从而分析纳西东巴文形声字发展的各方面的特征。同为关于人类起源的传说，在此，选取相对较早的《古事记》和相对较晚的《崇般崇笮》对比，其中各自保留的形声字特点，能反映出纳西东巴文字发展的一些特点。

第四节 《古事记》和《崇般崇笮》中的形声字调查

从这本经典的封面开始，我们将所有出现形声字的经文，都节录于下，并且一一说明。

《古事记》封面

音译：tsho31 mbʌɹ33 thu33 uɑ31 mɛ33
　　　人　　移　　出　　是　（助）

意译：人类的来历

1）🧍：tsho31，人。因词与"象"同音，故从人有角，突出象鼻以表读音，这是一个在假借字上加注意符的形声字。原字作为声符在此不独立书写，而是跟形符"人"结合在一起，除了标注读音以外，还起到整体的装饰作用。这个字在字典中的写法大同小异。

方国瑜《纳西象形文字谱》第448字写作🧍，tsho31，从🧍省部分字形，🐘（tsho31，象）声。

李霖灿《纳西族象形标音文字字典》第510字写作🧍，tsho31，人也。指一切人类，经典中如此称。

形声产生途径：

在纳西东巴经中，常借用🐘（tsho31，象）来代表"人"，这个字意味着纳西东巴文形声字的产生，可以通过在假借字上加注形符，做到既表意又标音。

《古事记》第2节：

音译：ndzʌ31 dzy31 ndʐi33 ku55 zɹ33，lu33 ŋɯ33 tɑ55 ku55 zɹ33，
　　　树　生长　走　能　（助）　石　裂　说话　能　（助）

tʂʅ33 lɯ55 n̩y55 ku55 zʅ33.

土（助）摇　能（助）

意译：树木生脚会走路，石头裂嘴会说话，土壤也在摇晃着。①

2）🝔：tʂʅ33，▥也作▥，读作 tʂʅ33，意为"土"，象形；🝔示"摇晃"，这里以抽象的线条示意，其中▥兼标音。

形声产生途径：

在原表意字上加注指示符号，原字兼标音。这样的形声字可以视为更原始的形声字，在此我们定义为原始形声字。

3）🝔：ndzʌ31dzy31n̩dʑi33，这个结构从音节以及记录的语义来看，很难界定为形声，因为这是由🝔，n̩dʑi33，"走路"一字改换而成的，而且字符🝔在此也标示一个音节 ndzʌ31，但是，这里的音节 n̩dʑi33 是没有得到记录的，其字形省去了，在《崇般崇笮》中，写法稍有不同，我们看下图：

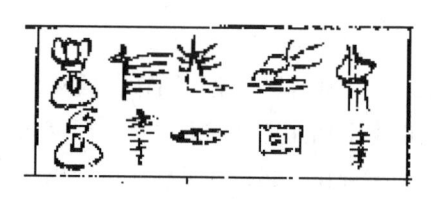

《崇般崇笮》图一

其中的🝔，上为树有脚。下面的🝔，ndʑi33 为"酒药"，在此假借标音，指代🝔，对于🝔来说，是一个不可切分的整体，如果说🝔是两个字的组合，那么，加注🝔作为音符以后，这就是一个有形声痕迹的组合，我们称之为准形声字。在其他场合，🝔不一定要表示"树木生脚会走路"的意义，因为方国瑜《纳西象形文字谱》第 176 字，🝔，dzər21khɯ33，释为"树根"，李霖灿《纳西族象形标音文字字典》第 957 字，🝔，ndzʌ31khɯ33，释为"树脚。指树根出土之一截"。这个组合有两个字符组成，以会意的结构出现，各标示一个音节，喻遂生先生视为"字组"。

形声产生途径：

在表意组合上加注声符，形成"准形声字"。

4）🝔：lu33ŋgɯ33tɑ55，石头裂嘴会说话，从"石"，读 lu33，🝔示"分裂"，读 ŋgɯ33，🝔意为"说"，tɑ55 无字符表示。这是由三个字符组成的一个整体。在《崇般崇笮》中，写作🝔，增加了音符🝔，tɑ55，本义为

---

① 本章引用的《古事记》经文以及注音、意译都选自傅懋勣：《丽江麽些象形文字〈古事记〉研究》，武昌华中大学，1948 年。

"匣子"，在此假借来指"说"。对于 ![字符], ![字符] 已经是有形声痕迹的准形声字了。

形声产生途径：

在表意组合上加注声符，形成"准形声字"。

《古事记》第 3 节：

音译：muɯ33 nɛ31 dy31 lɑ33 mʌ33 thu33 sʅ33 thŋ33 dzŋ31，muɯ33 ho31
　　　天　和　地　也　不　出　还　那　时　　天　影
　　　dy31 ho31 sʅ31 sy31 tʂho31 kɑ33 nɯ33 thu33．
　　　地　影　三　样　早　前 (助) 出

意译：天和地还没创造出来的时候，天的影，地的影，天地之影的影，这三样先行出现。

5) ![字符]：ho31，本义是指一种瓣形的碧玉，在纳西东巴文经书中常常义借为"绿色"，有时写作 ![字符]。在此用来标音，指"影子"，线条为指事符号。此字是指事兼声，标音符号为义借字。

方国瑜《纳西象形文字谱》第 782 字条中第 10 个写作 ![字符] 或者 ![字符]，o31he33，魂魄也。第二种写法为指事兼声，只不过标音符号为"月"。

李霖灿《纳西族象形标音文字字典》第 1798 字写作 ![字符]，wɑ31，阴魂也。

形声产生途径：

在表意字上加注指示符号，原字兼标音。为更原始的形声字，我们定义为原始形声字。

《古事记》第 8 节：

音译：sʅ31 dy31 tʂho31 ŋgu33 ku55 thu31，ŋgu33 ku55 ɛ31mɛ33 thu33．
　　　三　样　早　九　个　出　　九　个　太极　出

81

意译：三样生九个，九个生太极，太极生"真""作"。

6）❀：ɛ31mɛ33，本义为"母亲"，在此因生"真"和"作"，故尊为"太极"，根据读音，应该是省去了标示读音的符号，仅仅保留一个象形符号表示全部字义。在纳西东巴经中，有的写作❀，在《崇般崇笮》中，见下图二、三、四。

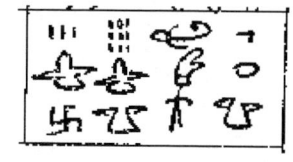

《崇般崇笮》图二　　　《崇般崇笮》图三　　　《崇般崇笮》图四

写作❀、或者❀，从不同的写法看，这个字从象形字逐渐发展为增加音符的形声字，方国瑜《纳西象形文字谱》第460字写作❀，me33，又读ə31me33，或ə31mo33，母也。李霖灿《纳西族象形标音文字字典》第526字写作❀，mɛ33，母亲也。这是增加意符的后起形声字。到1986年的版本，已经增加⌒这个音符，标示ɛ31这个音节。由此看来，纳西东巴文在逐渐摆脱完全象形的方式，逐渐增加音符记音的方式，而增加音符记音，往往采取假借音符，组成形声字或者准形声字的形式。

形声产生途径：

在表意字上加注意符，兼标音；或者加注声符，形成形声。

《古事记》第20节：

音译：ndzi31 ku55 ndzi31 mʌ33 ȵi31, tsho33 ku55 tsho33 mʌ33 ȵi31,
　　　　飞　能　飞　不　可　跳　能　跳　不　可
　　　ndzɿ33 luɯ31 tʂhu55 mʌ33 ȵi31.
　　　大官　小官　冲突　不　可

意译：能飞不可飞，能跳不可跳，大官不可和小官冲突。

7）❀：luɯ31，本义指"蕨菜"，在此借指"小官"，此字在东巴经中，有时还写作形声字，如《崇般崇笮》中，一处写法与《古事记》同也写作见下图五：

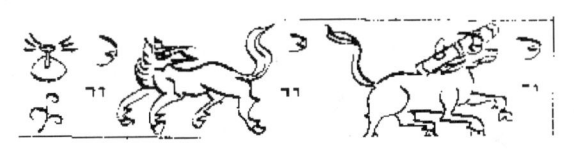

《崇般崇笴》图五

但另一处则写作 ，从"官"， 声，为加注意符的形声字。

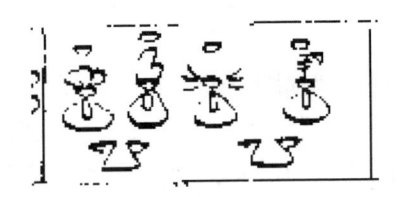

《崇般崇笴》图六

方国瑜《纳西象形文字谱》第 512 字， ，dɯ31，吏也。从"官"， 声。

李霖灿《纳西族象形标音文字字典》第 391 字写作 ，rɯ31，小官也，吏也。从"官"， 声。

形声产生途径：

在假借字上加注意符，使得字表意、标音更清晰。

《古事记》第 24 节：

音译：ʥ33 dzʮ31 pɯ33pɑ33 bɛ33，phʌȵ31 nɛ31 ʂɑ31 thu33 hʌ31，ʥ33
　　　一　对　化育　做　（神名）和（神名）出（助）一
　　　dzʮ31 pɯ33pɑ33 bɛ33，ŋɑ33 nɛ31 ho33 thu33 hʌ31，ʥ33 dzʮ31
　　　对　化育　做　（神名）和（神名）出（助）一　对
　　　pɯ33pɑ33 bɛ33，lo31 nɛ33 sɛ31 thu33 hʌ31，ʥ33 dzʮ31 pɯ33pɑ33
　　　化育　做　阳神　和　阴神　出（助）一　对　化育
　　　bɛ33，o31 nɛ31 hɛ31 thu33 hʌ31，ʥ33 dzʮ31 pɯ33pɑ33 bɛ33，ku55
　　　做　（神名）和（神名）出（助）一　对　化育　做　能者

nɛ31 sŋ33 thu33 hʌ31.
和　智者　出　（助）

意译：一对孵化为"派"神与"沙"神，一对孵化为"嘎"神与"欧"神，一对孵化为"奥"神与"亥"神，一对孵化为阳神和阴神，一对孵化为能者与智者。

8）̄ ：ŋɑ33，战神，胜利之神。以胜利之战旗为标志。此字为省形字。方国瑜《纳西象形文字谱》第 516 字写作 ̄ ，gɑ33，帅也，长胜也。会意兼声，从官插旗，̄ （gɑ33，胜）。

形声产生途径：

在假借字上加注意符，使得字表意、标音更清晰。

9）̄ ：ho33，神名。本义为"献饭"，此为假借。方国瑜《纳西象形文字谱》第 517 字写作 ̄ ，为形声字，此为加注意符的形声字。

形声产生途径：

在假借字上加注意符，使得字表意、标音更清晰。

10）̄ ：ku55，能者。本义指"蒜"，因为同音，借指"能者"。在《崇般崇笮》中，见下图七：

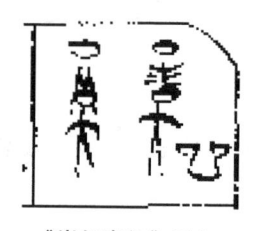

《崇般崇笮》图七

"能者"写作 ̄ ，从"人"，̄ 声，为形声字。

方国瑜《纳西象形文字谱》第 518 字写作 ̄ ，kv55，能者也。形声，从官，̄ （kv55，蒜）声。

李霖灿《纳西族象形标音文字字典》第 2009 字写作 ̄ ，kv55，神名。万能之神也，意谓此神无所不会，̄ 原可作"会"字解，在此以 ̄ 字为神头，专作神名用，通常或写作 ̄ ，或只写作 ̄ 。可见，有形声写法。

此字说明，纳西东巴文形声字的形与声的位置可以相对灵活地书写，声符写在右边，符合左形右声的形式，写在上方，更具有装饰性。

形声产生途径：

在假借字上加注意符，使得字表意、标音更清晰。

11）̄ ：sŋ33，智者。本义为"木"，读 sʌ33，因为读音相近，在此借指"智者"。此字还有加注意符的写法，在《崇般崇笮》中（见图七），写作 ![字] ，从"人"， ![字] 声。字符组合为上下结构。还有的地方写作 ![字] ，见图十五。

方国瑜《纳西象形文字谱》第 519 字写作 ![字] ，sŋ33，智者也。形声，从官， ![字] （sʌ33，柴；木）声。字符组合为上下结构。

李霖灿《纳西族象形标音文字字典》第 2010 字写作 ![字] ，suɯ33，神名。万智之神也，意谓此神无所不晓。形声，从人坐， ![字] （sʌ33，柴；木）声。字符组合为左右结构。

形声产生途径：
在假借字上加注意符，使得字表意、标音更清晰。

《古事记》第 25 节：

音译：dʑ̩33 dzɿ31 pɯ33pɑ33 bɛ33，lʌɿ55 nɛ33 tʂhʌ55 thu33 hʌ31，dʑ̩33
　　　一　对　化育　做　量木师　和　营造师　出　（助）　一
dzɿ31 pɯ33pɑ33 bɛ33，ndzɿ33 nɛ31 lɯ31 thu33 hʌ31.
对　化育　做　大官　和　小官　出　（助）
意译：一对孵化为量木师与营造师，一对孵化为大官与小官。

12）![字] ：lʌɿ55，量木师。从"人"拿 ![字] （lər55dy31，尺），其中，"尺"标音，这是一个会意兼声字。在《崇般崇笮》中写法一样。

方国瑜《纳西象形文字谱》第 520 字写作 ![字] ，lər55，丈量师也。从官握量具。会意兼声，字符"尺"一个音节标音。又写作 ![字] 。第 1096 字写作 ![字] ，lər55，量长度也。从人持尺。

李霖灿《纳西族象形标音文字字典》第 2011 字写作 ![字] ，rʌr55，神名。会比量之神也，画手执一五尺杆之形。

形声产生途径：
借助表意字中部分字符标音，这是一种经济而且实用的办法，古汉字中有会意兼声的字，这个字就是会意兼声字。

13）![字] ：tʂhʌ55，营造师。这是一个假借字，本义为"污秽"。此字还有一种写法为形声字，在《崇般崇笮》中，见下图八：

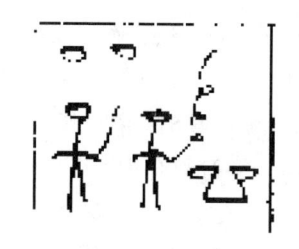

《崇般崇笡》图八

写法为从"人"执"秽",其中"秽"标音。傅懋勣先生释此字时认为,还有一种写法是 ,也为形声结构。

方国瑜《纳西象形文字谱》第 521 字写作 ,从官, 声,为形声结构。

李霖灿《纳西族象形标音文字字典》第 2012 字写作 ,tʂhʌ55,神名。会丈量之神也。形声,从人坐, (tʂhə55,秽)声。

形声产生途径:

在假借字上加注意符,使得字表意、标音更清晰。

《古事记》第 25 节:

音译:ɖʐ33 dzʮ31 pɯ33pɑ33 bɛ33, py31 nɛ31 phɑ31 thu33 hʌ31;ɖʐ33 dzʮ31
　　　一　对　化育　做　东巴　和　卦师　出　(助)　一　对
　　　pɯ33pɑ33 bɛ33, dzi33 nɛ31 tsho31 thu33 hʌ31;ɖʐ33 dzʮ31
　　　化育　做(部族名)和(部族名)出　(助)　一　对
　　　pɯ33pɑ33 bɛ33, phʌ31 nɛ31 nɑ31 thu33 hʌ31.
　　　化育　做　白　和　黑　出　(助)

意译:一对孵化为东巴与卦师,一对孵化为"则"与"措",一对孵化为白与黑。

14)  :phɑ31,卦师。形声,从女人坐 , (phur31,解开)声。在《崇般崇笡》中写法一样,可见,这个字的写法没有发生变化,见下图九:

《崇般崇笴》图九

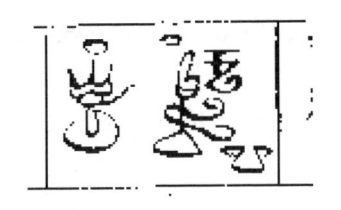

方国瑜《纳西象形文字谱》第526字写作♀，phɑ21，卜师也，女巫也。又读作sæ33ȵi21。形声，从女人坐，ᆍ（pər21，解）声。

李霖灿《纳西族象形标音文字字典》第1098字写作♀，phɑ31，女巫也。形声，从女人坐，ᆍ（phur31，解）声。

形声产生途径：
用表意字和声符直接组合成形声字。

15）ᆍ：phʌ31，白。本义为"解开"，此处同音假借指"白"。在《崇般崇笴》中，写作ᆍ，见下图十，为形声写法，从人，ᆍ声，字符组合为上下结构。

形声产生途径：
在假借字上加注意符，使得字表意、标音更清晰。

16）ヱ：nɑ31，黑。借藏文字母读音标示"黑"。在《崇般崇笴》中，写作ヱ，见下图十，为形声写法，从人，ヱ声，字符组合为上下结构。

《崇般崇笴》图十

形声产生途径：
在假借字上加注意符，使得字表意、标音更清晰。

《古事记》第30节：

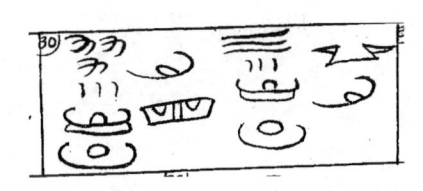

音译：tshɿ33 sɿ55 hɛ33 mbɛ33 nɯ33, so33 hɑ55 bu31, bu31 lɛ33 thu33
　　　冬三月　　雪（助）　三　夜　抱　抱（助）出

　　　mʌ33 lo31；ȵy31 sɿ55 hɛ33 hʌɿ33 nɯ33 so33 hɑ55 bu31, bu31 lɛ33
　　　不　得　春三月　风（助）三　夜　抱　抱（助）

　　　thu33 mʌ33 lo31.
　　　出　不　得

意译：（那额玉额玛最后的一个软皮蛋），冬天的雪抱了三夜，抱不出；春天的风抱了三夜，抱不出。

17）(○)：bu31，抱。会意兼声，从蛋在窝中。字符"蛋"读 kv33，兼标示读音，与 bu31 读音相近。此字在《崇般崇笮》中表现为形声字，写作 🥚，从蛋在"锅"中，字符"锅" 标示读音。见下图十一。或者将"锅"倒过来盖住"蛋"，见图十一、十二。

《崇般崇笮》图十一 　　　　《崇般崇笮》图十二

方国瑜《纳西象形文字谱》第285字写作 ，bγ21，抱蛋也。会意兼声，从母鸡抱蛋 ○（kv33），字符"蛋"音接近 bγ21。又写作  或  。

李霖灿《纳西族象形标音文字字典》第698字写作  ，bv31，孵卵也。中画一蛋，上下围盖，示孵化鸡蛋之意。会意兼声，从蛋在上下包围中，蛋 ○（kv33），字符"蛋"标示一个音节。第699字写作  ，bv31，孵化也。以"卵" ○ 示意，以 "锅"注音。

此字的会意兼声结构以及形声结构说明，纳西东巴文形声字的发展已经表达出这种文字从表意到既表意又标音意识的觉醒。这两种写法是否一定有先后，暂时还很难认定，但是，这两种写法的存在，体现了意音文字早期的发展痕迹。

形声产生途径：

在合体字中，使得其中的部分字符兼表音义，这是会意兼声字。或者将部分形符改换成标音的声符，形成形声字。

《古事记》第 32 节：

音译：ku33 y31 hɯ55 lo31 ko55, ua33 nɯ33 hʌɿ33 phʌɿ31 thu33, i31 nɯ33
　　　蛋　拿　湖　内　抛　左（助）风　白　吹　右（助）
　　　na31 thu33, hʌɿ33 nɯ33 hɯ33 ku55 iʌ33, hɯ55 nɯ33 ku33 hʌɿ33
　　　风　黑　吹　风（助）湖　荡　漾　湖（助）蛋
　　　ku55 iʌ33, ku33 y31fia31 ȵiʌ31 ndzɛ31, fia31 la55 bi33 zi33 mba33
　　　荡　漾　蛋　拿　山崖（助）　撞　山崖　打　光　华　灿
　　　zɑ33 ɖʐ33 gu33 thu33.
　　　烂　一　个　出

意译：把这蛋抛在湖里头，左边吹白风，右边吹黑风，风荡漾着湖水，湖水
　　　荡漾着蛋，蛋撞在山崖上，便生出一个光华灿烂的东西来。

18）：fia31，山崖。形声字，从"崖"，"鸡"（æ31）声。
在《崇般崇笮》中写法一样，见图十三，这是一个典型的一形一声的形声字。

《崇般崇笮》图十三

　　方国瑜《纳西象形文字谱》第 105 条中的第一个字写作，形声，从
岩，（æ31，鸡）声。一形一声，形符不标音。又写作和。
　　李霖灿《纳西族象形标音文字字典》第 175 字写作，æ31，山崖也。
画山崖巍峨之形，内有一鸡头，注其音，因鸡、崖同音之故，此字有写作
，其上之二平行环形线条或与字之环线有同意。曾在一古本经典中
见写作，象崖立削拔之形。现多数东巴于崖内只写一鸟头，此盖误字
也。形声，从岩，（æ31，鸡）声。
　　形声产生途径：

在表意字上直接加注假借来的声符，形成形声字。

《古事记》第 33 节：

音译：ɛ33 ʂɿ31 ʂo55 y31 tɕhy33， ʂo55 y31 mʌ33 tɕy55 mi33， ʂo55 ʂɿ55 lɛ33
　　　父　鸡冠 生 种　 鸡冠 生 不　 想　 到　 鸡 先（助）
　　　mʌ33 y31.
　　　不　生

意译：父亲本是生鸡冠的一种，可是没想到生鸡冠，于是没生鸡冠。

19）: ɛ33ʂɿ31，父亲。形声，从人， (sʌ33，柴；木) 声。字符组合为上下结构。《崇般崇笮》中写法一样，这个字的结构没有发生变化，比较稳定，见下图十四。

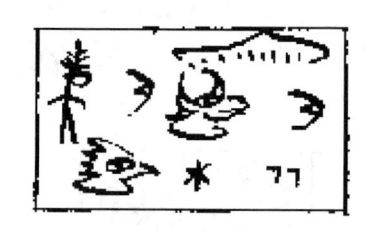

《崇般崇笮》图十四

方国瑜《纳西象形文字谱》第 459 字写作 ，ʂɿ21，又读 ə33ʂɿ31，或 a31ba33，或 ə55di33，父也。形声，从 ， (sər33，木) 声。

李霖灿《纳西族象形标音文字字典》第 472 字写作 ，ɛ33sɯ31，父亲也，画一人头上生树之形。形声，从 ， (sʌ33，木) 声。

形声产生途径：

在表意字上直接加注假借声符，形成形声字。

20） : ʂo55，本义是"蘘草"，读 ʂu55，此处借指"鸡冠"，因为"鸡冠" 读音为 ʂo55。 本身为形声字，从 （蘘草）， （ʂu31，骰子）声。在《崇般崇笮》中写作象形字，没有假借用法。见上图十四。

方国瑜《纳西象形文字谱》第 229 字写作 ，ʂɿ55，茅草也。形声，从草 （ʂɿ55）， （ʂv31，骰子）声。

李霖灿《纳西族象形标音文字字典》第 1064 字写作【图】，ʂv55，蓑草也。上画"蓑草"【图】之形，下以"骰子"【图】注其音。近多简写作【图】，常借音为纳西四支中一支之名，即【图】字也，又借为"纸"。形声，从草【图】（sๅ55），【图】（ʂv31，骰子）声。

《古事记》中的写法和《崇般崇笼》中的写法不同，前者用形声字作为假借字，而后者用了表意字，说明纳西东巴文形声字产生后，使用还是不稳定的，并不是说一个形声字产生了，以后就会代替表意字。这个例子说明了这一点，在这两个版本的对比中，我们还能发现这样的字例。

形声产生途径：

在表意字上直接加注假借声符，形成形声字。

21）【图】：tɕhy33，本义为"穿、穿透"，在此借指"种"。假借之前为会意兼声字，从【图】（tɕho33，锥子），锥物，【图】兼标音。

方国瑜《纳西象形文字谱》第 962 字写作【图】，tɕhy33，刺穿，会意兼声，从【图】（tɕho33，锥子），锥物，【图】兼标音。

李霖灿《纳西族象形标音文字字典》第 1428 字写作【图】，tɕho33，穿也。画锥穿皮之形，或写作【图】及【图】，意皆同。常借音作"种族"用，如【图】乃本族，一族之意，经典中常见之【图】【图】，乃"种族后代"之意，当地人用汉语称之为"宗族后代"，意仍相同。会意兼声，从【图】（tɕho33，锥子），锥物，字符"锥子"标音。

这个字的一个形符已经用抽象符号表示了，体现了纳西东巴文形声字中的形符发展的不均衡性，一方面，大部分形符都是形象表意为主的，另一方面，有一部分形符已经十分抽象化了。

形声产生途径：

在合体字中，使得其中的部分字符兼表音义，这是会意兼声字。

《古事记》第 37 节：

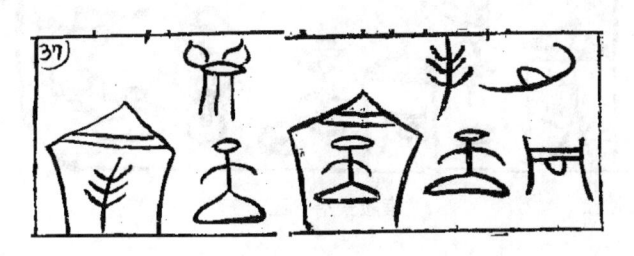

音译：dʑi31 tho31 ku55 nɯ33 ndzฺɿ31，ku55 ȵiʌ31 lɛ33 ʂʌ55 khɯ55，ku55
　　　屋　后　能者（助）住　　能者（助）（助）说　去　能者

zo33 mʌ33 ku55 tsɿ55, ku55 tho31 lɛ33 ndzʯ31 hɯ31, dʑi31 kɑ33
子　不　能（助）能者　后（助）　住　（助）屋　前
sɿ33 nɯ33 ndzʯ31, sɿ33 n̠iʌ31 lɛ33 ʂʌ55 khɯ55, sɿ33 zo33 mʌ33 sɿ33
智者（助）　住　　智者（助）（助）说　去　智者子　不　智
tsɿ55，sɿ33 kɑ33 lɛ33 ndzʯ31 hɯ31.
（助）　住（助）（助）智者　前

意译：屋后住着能者，便去告诉能者，能者的儿子说了声"不能"，便到能者后头住去了；屋前住着智者，又去告诉智者，智者的儿子说了声"不智"，便到智者前头住去了。

22）⟨字⟩：dʑi31，屋、房子。形声，从⟨字⟩（dʑi31），内有人坐⟨字⟩（dʑi31，坐），字符"坐"兼标音。

方国瑜《纳西象形文字谱》第561字写作⟨字⟩，dzɿ31，住也。会意兼声，从⟨字⟩（dzɿ31，人坐），居室⟨字⟩（dʑi31）。两字符音相近。

赵净修《纳西象形文实用字词注释》第231字写作⟨字⟩，dʑi31dzɿ31，居住。从⟨字⟩（dzɿ31，人坐），居室⟨字⟩（dʑi31）。两字符各标示一个音节。

这个字表明，纳西东巴文中，有一些准形声字是可以发展为形声字的，这个字可以读双音节，在《古事记》中读单音节。如果是双音节，两字符各标示一个音节，读单音节时，就是一个形声字了。

形声产生途径：
在表意字基础上加注声符，形成形声字。

23）⟨字⟩：dʑi31tho31，屋后。这个组合从⟨字⟩（dʑi31），内有⟨字⟩（tho31，松），第一个字符表意，第二个字符为假借标音符号，在此dʑi31tho31共同表示"屋后"词义。从结构来看，像形声字，但是，如果作为形声字看的话，形符在此也是标示一个音节的。我们称之为"准形声字"。在《崇般崇笐》中的写法见下图十五：

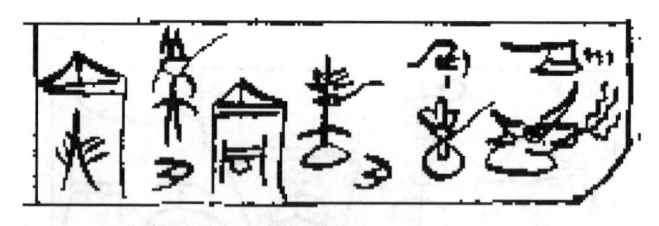

《崇般崇笐》图十五

形声产生途径：
这个组合是由一个表意符号和一个纯粹的标音符号组成，结构上具有形声的特点，我们称之为"准形声字"。

24）⌂: dʑi31kɑ33，屋前。这个组合从⌂（dʑi31），内有冂（kɑ33，架杆）。第一个字表意，第二个字符为假借标音符号，在此 dʑi31kɑ33 共同表示"屋后"这个词义。从结构上看，像形声字，但是，如果作为形声字，形符也标示一个音节，不符合形声字的定义，我们称之为准形声字。在《古事记》第 37 节中，我们发现，标音的冂（kɑ33，架杆）没有写在"屋"内，而是写在右边了。

形声产生途径：

这个组合是由一个表意符号和一个纯粹的标音符号组成，结构上具有形声的特点，我们称之为"准形声字"。

《古事记》第 38 节：

音译：ho33 gu33 lo31 lo31 kho33 khɯ33 ȵiʌ31 thu33, lo31 mbɛ31mbɛ33
　　　北　方　阳神　门　口　（助）到　阳神　削　斧
　　　nɯ33 ko55, dʐ33 ko55 dʐ33 mbɑ31 mɛ33, mbɑ31 li55 lo31, ɦo31
　　　（助）　抛　一　抛　一　吼　（助）（牛鸣的声音）青
　　　hʌɻ31 mɯ33 ŋgu33 thɛ55 ȵi33 gu33.
　　　龙　天（雷）劈　那　样　合

意译：到了北方阳神的门口，阳神便拿起一把削斧，投掷在那长着角的牛头东西身上，削斧一投，这东西叫了一声"吧哩啰"，和青天的霹雷一样。

25）☒: mɯ33ŋgu33，霹雷。从"天"，☒示雷劈之意，☒☒示电光。其中，字符"天"标示一个音节 mɯ33，会意兼声，音节意思为"裂、分"，无字符表示。在《崇般崇笮》中，写法稍有差异，但结构一致，只是将"电光"写到"天"的下方，☒方向向右，写作☒，见下图十六：

《崇般崇笮》图十六

　　方国瑜《纳西象形文字谱》第 21 字写作，mɯ33gv33，雷也。从天从矢，雷劈如矢射。会意兼声，"天"mɯ33 标示一个音节。或写作和。其中，第二种写法跟《古事记》基本一致。

　　李霖灿《纳西族象形标音文字字典》第 21 字写作，mɯ33ŋgv33，雷也。由天上画一曲折闪击之箭头，示雷由天上下降，可以击毁人物也。字符"天"标示一个音节。

　　形声产生途径：

　　用表意字和一个抽象符号组合会意，其中一个字符标示部分音节，形成不完全标音的会意兼声字。

《古事记》第 39 节：

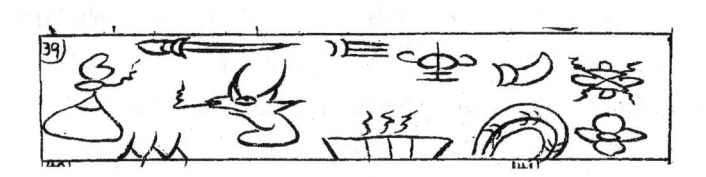

音译：i33 tʂʅ33 mɯ31 sɛ31 kho33 khɯ33 ȵiʌ31 thu33, sɛ31 ŋɑ31 thɑ55
　　　南　方　阴神　门　口　（助）到　阴神　长刀　锋利
　　　nɯ33 ʂu31, ʥɿ33 ʂu31 ʥɿ33 mbɑ31 nɛ31, sɑ55 li55 lo31, dy31 ʥɿ31
　　　（助）拉　一　拉　一　吼　（助）（牛鸣的声音）地　大
　　　tʂʅ55 lɯ33 ȵy55 ȵy33 thɛ55 ȵi33 gu33; ɕi55 li55 lo31, mi33 ɕi55
　　　震　荡　摇　动　那样　合　（牛鸣的声音）火　舌
　　　ʂʅ33 hʌ31 thɛ55 ȵi33 gu33.
　　　黄　绿　那样　合

意译：到了南方阴神的门口，阴神便拿锋利的长刀在这东西身上一刺，这东西叫了一声"撒哩啰"，和大地的震动一样；长刀又一刺，它又叫了一声"希哩啰"，便化为一道长虹。

26）　　：tʂʅ55lɯ33ȵy55ȵy33，大地震动、地震。从"地"震动之

貌，线条示震动，此字为指事字，但是字符"地"标示一个音节 lɯ33。此字音符标音不完全。在《崇般崇笓》中的写法一样，见下图十七：

《崇般崇笓》图十七

方国瑜《纳西象形文字谱》第 87 字写作 ，lɯ33ly55ly33，又读作 tʂʅ33lɯ33n̩y55n̩y55，地震也。从地动摇之貌。又作 和 。字符"地"标示一个音节（lɯ33）。第 86 字写作 ，lɯ33bɣ21，地裂也。从地裂缝，"箭头"示雷，地裂如雷劈。字符"地"标示一个音节（lɯ33）。

李霖灿《纳西族象形标音文字字典》第 127 字写作 ，tʂɯ55rɯ33n̩o55n̩o33，"地在动荡"之意。画一大地，上下各加抖动线条数根，示其震动之意。当神下降人间，或将有非常之变时，常有此字出现。或读为 tʂɯ55rv33n̩o55n̩o33，乃"土石震动"之意，仍指地在动荡也。字符"地"标示一个音节（rɯ33）。第 132 字写作 ，dY31mbv31，地震也。地上出一闪折之箭头，示地震能毁人物之形，实指地上电火轰毁人物之意。或读曰 rɯ33mbv31，乃地坍之意也。常因久雨水大而成。字符"地"标示一个音节（dY31）。

形声产生途径：

在表意字上加注抽象的指示符号，原字符标示部分音节，形成原始形声字。

《古事记》第 43 节：

音译：dzi33 dʑiʌ31 la33 lʌɿ33 dy31, ku55 nɯ33 sʅ33 ndzɿ31 ŋguʌ33, lʌɿ55
　　　大　　地　　上　　能者（助）智者　　商　　量　量木师
　　　nɯ33 tʂhʌ55 ndzɿ31 ŋguʌ33, ndzɿ33 nɯ33 lɯ31 ndzɿ31 ŋguʌ33, py31
　　　（助）营造师　　商　　量　　大官（助）小官　　商　　量　　东巴

nɯ33 phɑ31 ndzʅ31 ŋguʌ33, dzi33 nɯ33 tsho31 ndzʅ31 nguʌ33.
（助）卦师　商　　量　　则（助）措　　商　　量

意译：大地上，能者和智者商量，量木师和营造师商量，大官和小官商量，东巴和卦师商量，"则"和"措"商量。

27）🝆🝆：py31nɯ33phɑ31ndzʅ31ŋguʌ33，东巴和卦师商量，这个组合不像一个字，因为表达的是一句话，但是，我们仔细分析，能发现，🝆🝆就能读作 py31nɯ33phɑ31ndzʅ31ŋguʌ33，因为纳西东巴文在记录东巴经时，可以根据具体的语义需要，改换所用的字符来造字。

"商量"一词在李霖灿的《纳西族象形标音文字字典》中写作🝆，ndzɯ31ŋgwɛ33，象两人并坐商议之形。而方国瑜的《纳西象形文字谱》第700字写作🝆，sæ33do31，又读作dzʅ31guə33，交谈也，商量也。会意兼声，从老翁老妪坐而谈。字符"坐"（dzʅ31）标示一个音节。

在《古事记》第43节中，出现了一个符号🝆，本义为"坐"，读ndzʅ31，在此标示"商量"一词的一个音节。因此，这个组合可以说是加注一个音符的带有形式性质的准形声字。这个结构还不够明显，我们看《崇般崇笩》中的写法，就更明显，不仅将"商量"一词作为音符加注，还另外加注一个音符 ╬，写作🝆，见下图十八：

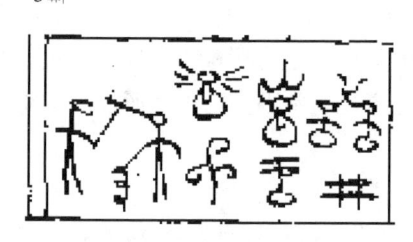

《崇般崇笩》图十八

这个字的不同书写形态，反映了纳西东巴文形声字发展的早期特点，在一个表意上加注一个或者两个声符，说明纳西东巴文字在由纯粹的字符表意转向注重标音的阶段，这一阶段形声字的结构还没有完全稳定，加注几个声符是随意的，加注的声符可以因音同或音近而异。

形声产生途径：
在表意字上加注声符，形成标音不完全的形声字。

《古事记》第49节：

音译：zo55 lo31 ku33 nɯ33 mɯ33 tu55 hɯ31，mɯ33 ʥ̱31 mʌ33 i33ɦo33，
　　　灵　山　顶　（助）天　撑　（助） 天　大　不　喊　叫
　　　khɯ33 nɯ33 dy31 zʌ31 hɯ31，dy31 ʥ̱33 mʌ33 tsʮ55 tsɛ31，tu55
　　　脚　（助）地　压　（助） 地　大　不　动　摇　撑
　　　ɳdzy31 bo31 ɳdzy31 nɑ31，ɛ55 y31 mi33 y31 bo31.
　　　有　衔接　有　须　（神　名）衔接

意译：灵山的顶撑着天，天大不喊叫，灵山的脚压着地，地大不动摇。有撑持还要有衔接，"艾育米育"来衔接。

28）🔣：tʮ33，顶。会意兼声，从半戟，顶住蛋○（kv31）。字符"蛋"音相近，标示读音。在《崇般崇笮》中写法一样，见下图十九，除了五个🔣，还有假借音符🔣（tʮ33，千）表示"顶"。

《崇般崇笮》图十九

方国瑜《纳西象形文字谱》第1263字写作🔣，tʮ55，抵；抵灾，从木偶撑蛋。会意兼声，从半戟，从🔣（tʮ55，抵）。两字符共用部分字形，🔣标音。🔣，tʮ55，抵也。会意兼声，从木椿直立🔣（tʮ31），从蛋○（kv31）。

李霖灿《纳西族象形标音文字字典》第1743字写作🔣，tʮ55，顶也。东巴法仪之一种，以划裂之木叉，夹鸡蛋其中，以顶阻不祥也。会意兼声，从半戟，顶住蛋○（kv31）。字符"蛋"标示读音。

形声产生途径：
合体会意字中的一个字符标示读音，形成会意兼声字。

《古事记》第 51 节：

音译：lo33 sɛ31 ka33 ʥ̥31 bo31, si33 ŋgɯ33 tsho31 dzi31 bo31,
　　　　（神　名）　　衔接　　（神　名）　　　衔接
　　　dʑiʌ33 ka31 na55 pu31 bo31, zo55 lo31 ku33 nɯ33 mɯ33 bo31 hɯ31,
　　　（大力神名）　　衔接　灵　山　顶（助）　天　衔接(助)
　　　mɯ33 ʥ̥31 mʌ33 i33 ɦo33, khɯ33 nɯ33 dy31 zʌ31 hɯ31, dy31 ʥ̥31
　　　　天　大　不　喊叫　　脚（助）地　压（助）地　大
　　　mʌ33 tsʮ55 tsɛ31. n̩dzy31 na55 zo55 lo31 ku33, ɛ33 so33 tʂʮ33 ɣɯ33
　　　不　动　摇　　灵　山　上　　原先　这　好
　　　thu33, tsi55 li33 phʌ31 sʮ55 thu33.
　　　出　鹅　鸽　白　先　出

意译："罗赛葛支"来衔接，"西格措则"来衔接，"杰葛那布"来衔接，灵山的顶衔接着天，天大不喊叫，脚压着地，地大不动摇。灵山上首先生善种，先生了白鹅鸽。

29）👤：dʑiʌ33ka31na55pu31，大力神。从人出手戴尖帽，从●（na55，本义为"黑"，纳西语中可以用来表示"大"）。会意兼声，字符●（大）标示一个音节。在《崇般崇笮》中省去了标音的●（大），见下图二十：

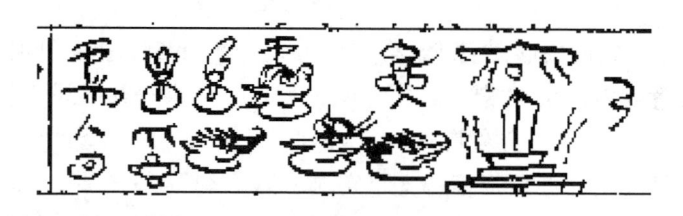

《崇般崇笮》图二十

在《古事记》第 46 节中的写法也是省去标音符号的，见下图：

方国瑜《纳西象形文字谱》第1294字写作 ⿰, dzə33kɑ21nɑ33pɣ31,大力神也。会意兼声,从人出手戴尖帽,● (nɑ31,大),字符"大"标示一个音节。

李霖灿《纳西族象形标音文字字典》第2050字写作 ⿰, dzʌ33kɑ31nɑ33pv31,神名,大力之神。形声,从神人,从 ● (nɑ31,大)、⿰ (dzə33,秤砣)、⿰ (kɑ31)声,二形二声。音节pɣ31无字符表示。

形声产生途径:

由会意字中的一个字符标示部分音节,形成不完全标音的会意兼声字。或者在会意兼声字上加注声符,形成形声字。

《古事记》第62节:

音译：tsho31 zɛ33 lɯ55 ɣɯ33 nɯ, n̩dzʌ31 ku33 huɑ33 phʌʅ31 zu31, zu31
　　　措　哉　勒　额　（助）　树　上　鹏　白　拿　拿
　　　bɛ33 nɯ33 ho31 sɛ31, tho33 tʂo55 y31 phʌʅ31 lu55, lu55 bɛ33 nɯ31
　　　做　你　慢　（助）　松　叶　羊　白　牧　牧　做　你
　　　ho31 sɛ31.
　　　慢（助）

意译：崇忍利恩到树上捉白鹏,可是捉得太慢了。在松叶上牧羊,可是牧得太慢了。

30) ⿰：tsho31zɛ33lɯ55ɣɯ33,崇忍利恩。相传为洪水后仅存之人类始祖。形声,从人,长嘴示"象"(tsho31),角示牛(ɣɯ33)。一形二声,声符都省去部分字形。在《崇般崇笮》中,有的写法跟《古事记》中一样,还有的再增加一个音符。见下图二十一:

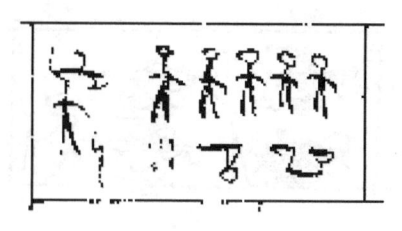

《崇般崇笮》图二十一

还有一种写法，写作🯰，从🯱，见下图二十二：

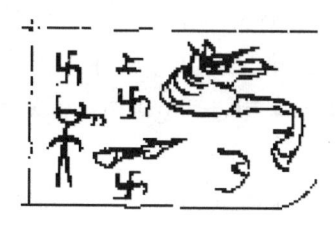

《崇般崇笮》图二十二

第三种写法为🯰，从🯱，🯲（ɣɯ33，丽江、鲁甸读法，意为"好"）声。见下图二十三：

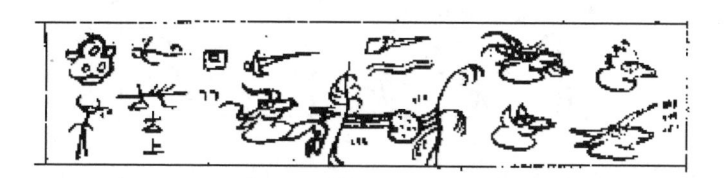

《崇般崇笮》图二十三

或为左右结构，见下图二十四：

《崇般崇笮》图二十四

方国瑜《纳西象形文字谱》第 1337 字条中的第一个字写作🯰，tsho31dze33lɯ55ɣɯ33，"崇则丽恩"也，相传为洪水后仅存之人类始祖。第 2 个字写作🯰，tsho31ze33lɯ55ɣɯ33ɣɯ33，崇则丽恩之异写也。形声，从人省部分字形，👁（tsho31，象）、卐（ɣɯ33，好）声，一形二声。

李霖灿《纳西族象形标音文字字典》第 513 字写作 🐂，tsho31 zɛ33rɯ55ɯ33，人名。洪水后人类之始祖，此一种省略之写法也，以长鼻之状表示为象，注第一音，头生双角，云示其为牛，注其名之末一音也，即《木氏历代宗谱碑》上之草羑里为为也。第 511 字写作 🐂卐，tsho31zɛ33rɯ55ɯ33，人名也（即崇忍利恩）。为洪水后人类第一代之始祖，以"象头" 👁 注其第一音，卐 字注其末一音，有时于人名之后加读一 zo33 字，表明其为男性也。形声，从人省部分字形，👁（tsho31，象）、卐（ɣɯ33，好）声，一形二声。第 807 字写作 🐝，tso31zɛ33，人类始祖之名也。亦可读为 tsho31zɛ33rɯ55ɯ33，此字由 🐝 及 🐝 二字合成。🐝 为第一音，生翅之状为第二音，作人状示其为人也。形声，从人省形，🐝（tsho31，象）、🐝（zɛ33，飞鬼）声。一形二声。

此字的诸多写法证明，这个字产生的基础是假借字，在假借字的基础上加注声符，再进一步加注不同的声符，卐 和 🐝 都读 ɣɯ33，在此作为声符，是随意加注的，声符出现的位置也是随意的，或右边，或左边，或上边，反映纳西东巴文形声字声符选择的不稳定。这也是纳西东巴文形声字发展处于早期的证明。

形声产生途径：

在假借字上加注形符，形成形声字，再进一步加注声符，形成复杂的形声字。

《古事记》第 64 节：

音译：lo33 sɛ31 gu33 dɑ33 tu31 lɛ33 lɯ31 khɯ55, lo33 sɛ31 mʌ31 hɯ31
　　　阳神阴神（地名）（助）犁 去 阳神阴神 生 气
　　　bo31 ȵi55 ʂʅ31 du33 khɯ55, ȵi55 lɯ31 ho31 kɯ55 phu33, ho31 lɯ31
　　　 猪 鼻 黄 骡 放 白天 犁 夜 翻 平 夜 犁
　　　ȵi55 kɯ55 lɛ33.
　　　白天 翻 回

意译：他们犁到阳神阴神住的"格大都"那地方，阳神阴神生了气，便放出一口黄鼻骟猪来，他们白天犁的地，晚上便被猪翻平了，晚上犁的地，白天便被猪翻平了。

31）⬚：gɯ33dɑ33tu31，地名，指阳神阴神住的地方，音译为"格大都"。形声，半圆指示住的地方，⬚（tu31，千）在此表示一个音节。

这个字在《崇般崇笮》中没有一致的写法，只是以⬚表示 tu31 这个音节，见下图二十五：

《崇般崇笮》图二十五

可见，已经出现的形声字，在后来的东巴经书写中，东巴们未必会再用，其中原因可能在于，这个形声字的使用范围不广。因为在方国瑜、和志武、李霖灿等先生的字典中也没有收这个字。但是，作为《古事记》中出现的字例，这是一个具有超前观念的形声字，形符半圆为抽象表意符号，代表居住地，而声符⬚（tu31，千）为假借标音。这是一个比较成熟的形声字。

形声产生途径：

由抽象的形符和假借声符组合成形声字。

《古事记》第 66 节：

音译：tɕy55 tɕy31 so33 lo33 tɕy31，so33 lo33 mʌ33 lʌ̩33 so33 mbɑ31 hɯ33，
　　　　捕　　早晨　下　早晨　不　中　黎　明　去
　　　bo31 ȵi55 ʂʅ31 du33 lɑ31 ȵiʌ31 lʌ̩33．
　　　猪　鼻　黄　骟　手（助）中

意译：早晨下捕竿，早晨不中黎明去，结果拴住了黄鼻骟猪的前腿。

32）⬚：so33mbɑ31，黎明。形声，从⬚，从⬚（so33，早上）省，⬚（mbɑ31，大脖子、甲状腺肿）声。

这个字在《崇般崇笮》中没有一致的写法，而且，方国瑜、和志武、李霖灿等先生的字典中也没有收，这是一个一形二声的形声字，从日，⿰省、㐨（mba31，大脖子、甲状腺肿）声。这个字声符的复杂，表明其发展的不成熟，在后来的使用中，其命运很可能就是遭遇淘汰。在方国瑜、和志武、李霖灿等先生的字典中都收入⿰（so33，早上）这个形声字，表明⿰已经是使用较为广泛并且成熟的形声字。

形声产生途径：

由形符加注两个声符，其中一个声符省声，形成复杂的一形多声的形声字。

《古事记》第72节：

音译：bi33 tʂʰʌ55 lɛ31 tʂʰʌ55 huɯ31, kɯ31 tʂʰʌ55 za31 tʂʰʌ55 huɯ31,
　　　太阳　污　月亮　污　（助）　恒星　污　行星　污　（助）
　　　n̪dʐy31 tʂhu55 lo31 tʂhu55 huɯ31, lo33 sɛ31 kho33 khɑ33 thu33.
　　　山　　哭　谷　哭　（助）阳神阴神　　恼　　气

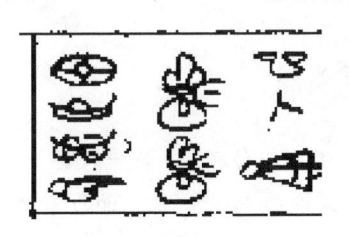

意译：污了太阳和月亮，污了恒星和行星，山谷哭了起来，阳神阴神生了气。

33）⿰：khɑ33，本义为"苦"，在东巴经中常借指"生气、懊恼"。会意兼声，从⿰：（nv55，口），有物⿰（nɑ31，黑）吐出，"黑"兼标音。在《崇般崇笮》中的写法稍有不同，分别写作⿰和⿰，见下图二十六：

《崇般崇笮》图二十六

这里，"生气"⿰一词跟⿰和⿰写在一起了。

方国瑜、和志武先生《纳西象形文字谱》第772字写作⿰，khɑ33，苦也，有物出口外。会意兼声，从口，从⿰（nɑ21，黑），字符"黑"示苦，标示音节。

李霖灿先生《纳西族象形标音文字字典》第313字写作 ✍, kha33,苦也。象人口含苦物之形,或略去人身作 ◐,以黑示苦意,借音作"生气"解。

这个字在《崇般崇笴》中的写法说明,◐ 这个字在纳西东巴文中可以跟人体结合,在东巴经中,如果需要的是人,就写成 ✍,也可以是一个"女人"加上 ◐,这里是 ✍ 和 ✍。说明纳西东巴文形声字根据具体的东巴经需要,还可以跟不同的字组合,这也反映纳西东巴文形声字发展过程中的特征,可以随着上下文的需要而改变一些面貌。

形声产生途径:

由两个表意的字符组合成会意字,其中一个字符兼表音义,组成会意兼声字。

《古事记》第76节:

音译:lɯ55 ɣɯ33 khɑ31 gu33 tɕhy33, bo31 ȵi55 ʂɿ31 du33 kho55 bo31
　　　勒　额　坏　属　种　　 猪　鼻　黄　骟　宰　猪
　　　ɣɯ33 ʂɿ55 lɛ33 ndʐuʌ33 du31 tɑ31, tʂo55 by33 khɯ31 tshʮ31 tsɛ31,
　　　皮　剥 (助) 皮　囊　绷　锥　粗　线　细　用
　　　kho33 du31 sɑ55 mʌ33 khɯ55, lʌɿ55 tɕhy31 ŋgu33 sy31 tshe31 sy31
　　　囊　中　气　不　装　种　子　九　样　十　样
　　　khɯ55 mʌ33 iʌ55.
　　　装　不　给

意译:他又告诉那些心坏的"勒额",宰一只黄鼻骟猪,剥下皮来做皮囊,用粗锥钻孔,用细线缝起来,囊里面没装气,也没装九样十样的粮种子。

34) ✍: lɯ55ɣɯ33khɑ31gu33,利恩夸古,心坏的"勒额"。形声,从 ✍,执刀,▲(khɑ31,坏)声。在《崇般崇笴》中,写作 ✍ 和 ✍,见图二十五和二十七:

104

《崇般崇笮》图二十七

这个字的不同写法，展示了纳西东巴文形声字声符地位的相对次要性，声符的位置可以根据字的需要进行搭配。

形声产生途径：

由形声字加注一个标音符号，这个标音符号兼表义，组成复合形声字。

《古事记》第 79 节：

音译：bi33 lɛ31 miʌ31 ŋo31 thɯ33, gʌ33 gʌ31 sʌ33 ku33 nɑ55 tɯ55 hɯ31,
　　　太阳 月亮　眼　病　生　　上　边　木　梢　完全　泡（助）
　　　zʌr31 nɛ31 lɑ33 nɯ33 tsɑ55 mʌ33 thɑ55.
　　　豹　和　虎（助）扒　不　得

意译：太阳月亮变成昏暗。上边连树木尖梢，也都泡在水里，豹和虎，也扒不得水。

35）：本读 no55，本义为"繁殖"，形声，示繁殖之象，为羽毛，读 no31。在此，因音近读 nɑ55，借指"完全"。在东巴经《崇般崇笮》中还可以写作，见下图二十八：

《崇般崇笮》图二十八

李霖灿先生《纳西族象形标音文字字典》第 1060 字写作，no33，丰殖也，以示其意，以"羽毛"注其音，音近而假借也。常作"牲畜神"及"刍草"用，与 ![图] 同。![图] 乃丽江一带之写法。

这个字的不同写法体现的是一致的造字思维，《古事记》中以 ![图] 示繁殖之象，以"羽毛"注音，上下结构，声符在下；而《崇般崇笮》中以 ![图] 示其意，以"羽毛" ![图] 注其音，声符在上，后者更接近我们的接受心理。

形声产生途径：

由抽象符号加声符组成成熟的形声字。

《古事记》第85节：

音译：lɯ33 nɑ31 ndzʌ31 mɛ33 khɯ33，hɑ31 tʂŋ55 tho31 mbɛ31 dʑ31 tʂŋ33
　　　杉　黑　树　大　脚(下)　金　山　羊（羊）叫　大　这
ɛ33 ɛ33，nɯ31 lʌr31 sy31 lʌr31 dɑ31 uʌ31 tsŋ55，ȵy55 i33 tɕi55
（羊鸣声）你　叫 为什么叫　（助）（助）（助）　我（助）小
dʑy31 zʌ31 hʌr31 iʌ55，dʑ31 dʑy31 zʌ31 mʌ33 iʌ55，lɑ33 lʌr33 zʌ31
　时　草　绿　给　　大　时　草　不　给　　地　上　草
tshɛ55 hʌr31，zɛ31 tshi55 zɛ31 nu55 hɯ33 mʌ33 do31，zʌ31 tshi55
　叶　绿　哪里 散开 哪里 埋　去　不　知　　草　散开
zʌ31 lɛ33　mɛ31．ȵy55 lʌr31 thɛ33 bɛ33 lʌr31 mo31 tsŋ55．hɑ31
　草（助）寻找　我　叫　那样 为　叫（助）（助）　金
khɯ33 ȵi33 lu31 dʑ31 tʂŋ33 tsŋ33 tʂʌ33，nɯ31 lu31 sy31 lu31 dɑ31
　小　狗　吠　大　这　（吠声）　你　吠 为什么 吠（助）
uʌ31 tsŋ55，ȵy55 i33 tɕi55 dʑy31 no33 tɕhi31 iʌ55，dʑ31 dʑy31 no33
（助）（助）　我（助）小　时　乳　甜　给　　大　时　乳
mʌ33 iʌ55，dzi33 khɯ33 no33 ȵi55 tɕhi31，zɛ31 tshi55 zɛ31 nu55
　不　给　　则　狗　乳　奶　甜　　哪里 散开 哪里 埋
hɯ33 mʌ33 do31，no33 tshi55 no33 lɛ33 mɛ31，ȵy55 lu31 thɛ33 bɛ33
　去　不　知　　乳 散开　乳（助）寻找　我　吠 那样 为
lu31 mo31 tsŋ55．
吠（助）（助）

意译：在一棵很大的黑杉树下，金黄的小山羊，在咩咩地大叫，便问道：

"你为什么要这样叫？"羊说："我小时给我青草吃，大时不给我草吃，地上的青草叶也不知都到哪儿去了？没有草要找草，我是为这个叫的。"金黄的小狗，也在汪汪地大叫，"勒额"便问："你为什么要这样叫？"狗说："我小时给我甜乳吃，大时不给我乳吃，'则'狗的甜乳汁，不知都到哪儿去了？没有乳，要找乳，我是为这个叫的。"

36) ⚬：no33，乳。会意兼声，从盛乳器具，从 ⚬（no33，奶滴）。字符 ⚬ 标音。在《崇般崇笮》中写作 ⚬，见下图二十九：

《崇般崇笮》图二十九

方国瑜、和志武先生《纳西象形文字谱》第 930 字写作 ⚬，no33，乳也。象形，象乳滴。又写作 ⚬。又作 ⚬，会意兼声，从牛，⚬，字符"乳"标音。又写作 ⚬，会意兼声，从 ⚬（phər31，解，借作"白"），从 ⚬。字符"乳"标音。

李霖灿先生《纳西族象形标音文字字典》第 1354 字写作 ⚬，nur33，乳也。画乳滴之形，下乃盛乳器具也，常写作 ⚬。会意兼声，从盛乳器具，从 ⚬（no33）。字符 ⚬ 标音。

这个字的不同写法，体现了纳西东巴文表意准确性的需求，仅仅写作 ⚬，像乳滴，但容易从字形上让人产生不确定性，写作 ⚬，或者 ⚬，都是为了让读者更容易明白 ⚬ 所指为何，在加注意符的同时，原字兼标音，形成会意兼声字。⚬ 则以盛乳器具相辅，完成整个字的表意兼标音。这个字体现了纳西东巴文表意字向表意兼标音方向发展的自觉性。

形声产生途径：

由表意字加注意符，原表意字兼标音，组成会意兼声字。

《古事记》第 86 节：

音译: ha31 ɦa33 tsɿ31 tɕy31 ɖʐ31 tʂʅ33 ɦo33 ɦo33, nɯ31 tɕy31 sy31 tɕy31
　　　　金　小　鸡　啼　大　这　（啼声）　你　啼　为什么　啼
　　　　dɑ31 uʌ31 tsɿ55, ɲy55 i33 tɕi55 dʑy31 tʂho33 phʌr31 iʌ55, ɖʐ31 dʐy31
　　　　（助）（助）（助）　我（助）小　时　米　白　给　大　时
　　　　tʂho33 mʌ33 iʌ55, kʌ55 tsɿ31 mbʌ33 tʂho33 phʌr31, zɛ31 tshi55 zɛ31
　　　　米　不　给　优美　舂　米　白　哪里　散开　哪里
　　　　nu55 hɯ33 mʌ33 do31, tʂho33 tshi55 tʂho33 lɛ33 mɛ31, ɲy55 tɕy31
　　　　埋　去　不　知　米　散开　米（助）寻找　我　啼
　　　　tʅ33 bɛ33 tɕy31 mo31 tsɿ55. dzi33 dʑiʌ31 lɑ33 lʌr33 dy31, dzi33
　　　　那样　为　啼（助）（助）　　大　　　地　人（则）
　　　　mʌ33 ɳdʐy31 mɛ33 dy31, mbʌr31 luʌr55 khɯ33 sʅ55 sʅ33.
　　　　不　有（助）地　苍　蝇　足　搓　搓

意译: 金黄的小鸡也在喔喔地大叫，"勒额"便问："你为什么要这样叫？"
鸡说："我小时给我白米吃，大时不给我米吃，舂得很细的白米，不知都到哪儿去了？没有米要找米，我是为这个叫的。"人民（则）殷富的大地，已变成没有人（则）的地方，只看见苍蝇在搓脚印。

37) ![字符] : tʂho33，米。在别的东巴经中读 tʂhuɑ33，会意，小颗粒示米，从米在碗中。《崇般崇笮》中写作 ![字符] ，为象形字，见下图三十：

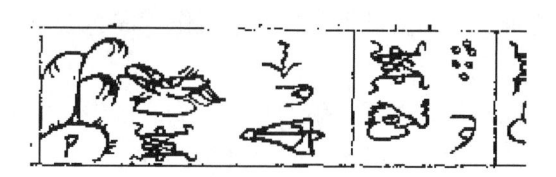

《崇般崇笮》图三十

此字有形声写法，方国瑜、和志武《纳西象形文字谱》第928字写作 ![字符]，tʂhuɑ33，米也。形声，从米在碗中，![字符]（tʂhuɑ55kho33，鹿角）声。又写作 ![字符] 或 ![字符]，为象形字或会意字。

李霖灿《纳西族象形标音文字字典》第1287字写作 ![字符]，tʂwɑ33，米也。形声，从米在碗中，![字符]（tʂhuɑ55kho33，鹿角）声。

这个字虽然在《古事记》和《崇般崇笮》中都没有形声字的写法，但是，从方国瑜、和志武《纳西象形文字谱》中的记录来看，这个字经历了从象形到会意，再到加注声符的完整发展过程，体现纳西东巴文形声字产生的直接原因是：纳西东巴文要摆脱完全以形表意的限制，逐渐走向字形表意兼标音的意音文字体系。

形声产生途径：

在原来的表意字上加注声符，形成形声字，原来表意字的读音交给加注的声符。

《古事记》第 90 节：

音译：dzi33 tɕhy33 tʂu55 bɯ33 tsŋ55, tsho31 tɕhy33 tʂu55 bɯ33 tsŋ55.
　　　则　类　传授　去（助）　措　类　传授　去（助）
　　　mɯ33 lɯ55 lo33 ɛ31 phu33, sʌ33 ɕi33 sʌ33 ʐo33 ŋgu33 tso33 tsɛ55
　　　　阳　　神　　木　人　木　马　九　对　造
　　　lɛ33 iʌ55, miʌ31 dzʮ31 ly31 mʌ33 ku55, lɑ31 dzʮ31 y31 mʌ33 ku55,
　　（助）给　眼　生　看　不　会　手　生　拿　不　会
　　　khɯ33 dzʮ31 n̩dzi33 mʌ33 ku55, mɯ33 lɯ55 lo31 ɛ31 phu33, tʰŋ55
　　　　足　生　走　不　会　　阳　　神　　腰
　　　ko33 ŋɑ33 lʌr31 ʂu55, dʐ̩33 tso33 tshɛ55 fiɑ31 n̩iʌ31 ko55, fiɑ31
　　　间　短　剑　拔　一　对（配偶）撬起　崖（助）掷　崖
　　　gʌ33 ɛ55 mbɯ31 tʰŋ33 nɯ33 piʌ55.
　　　的　回　声　他（助）变

意译：阳神老翁便说："则族要传下去，措族要传下去。"于是造了九对木人木马，可是这些木人木马，生着眼睛不会看，生着手不会拿，生着脚不会走；阳神老翁便从腰间拔出短剑，撬起一对来抛到山崖，就变为山崖的回声。

38）⿱：mbɯ31，本义为鬼名，绝后鬼。会意兼声，从⿱（mbɯ31，绝后），从鬼⿱（tshŋ31）。两字符合而成一字，以⿱字符标音。在此借用其音，与 ɛ55 组成 ɛ55mbɯ31，意为"回声"。在《崇般崇笟》中没有用会意兼声字，只是借用⿱（mbɯ31，绝后）来表示，见下图三十一：

《崇般崇笟》图三十一

方国瑜、和志武《纳西象形文字谱》第 1326 字写作𜵀，bɯ31，绝后鬼也。会意兼声，从𜵀（bɯ31，绝育）省部分字形，从鬼𜵀（tshŋ31）。两字符合而成一字。

李霖灿《纳西族象形标音文字字典》第 1857 字写作𜵀，mbɯ31，鬼名。绝（后）鬼也，画鬼之形，变化𜵀字形状以注其音。

这个字在《古事记》中的写法，体现了纳西东巴文字结构布局的合理性，将形符和声符完美地组合在一起，仿佛是一个独体字，这在汉字形声字中，现在已经找不到像这样的例子了。而《崇般崇笮》中仅仅假借一个𜵀（mbɯ31，绝育）来记音，说明纳西东巴文形声字发展轨迹上存在的一大障碍，并不是说形声结构的出现，必然带来这种表意文字走向意音文字体系，由于这种文字符号的原始性质，使得纳西东巴文的字符不足以精确书写纳西语中的语词；东巴教的特点，令东巴们在书写东巴经时要保持相对的神秘性，再加上纳西语的同音词很多，假借现象自始至终没有因为形声结构的出现而大量减少，而是一直保留至今。我们看现在的纳西东巴文应用文献，一片文献中大部分都是用假借字来书写的。人们对假借现象的依赖，以及纳西东巴文字字符的相对不足，是纳西东巴文形声字发展路上的障碍。这个字在《古事记》中用形声，而后来的版本中借用的不是形声，正说明借用哪个同音字或音近字，是随意的，没有一定的约定俗成性，这也体现了这种文字的不成熟的一面。

形声产生途径：

改造表意字的部分，与声符结合，组成结构紧密的形声字。

《古事记》第 91 节：

音译：dʑ33 tso33 tshɛ55 bi33 ȵiʌ31 ko55，bi33 lo31 tsho31 pho55
　　　一　对　撬起　林（助）掷　（男 怪 名）
　　　lu31 mɛ33 mo33 ɣɯ31 thŋ33 nɯ33 piʌ55.
　　　（女　怪　名）　　他（助）变

意译：又撬起一对抛入树林，就变为林内鬼怪，名叫"比落措坡"和"路买魔额"。

39）🔣：bi33lo31tsho31pho55，水怪名。在此假借"象"tsho31 表示，完整的字应该写作🔣，此字跟这一节中的下一个字共用形符🔣（mo33，水怪）。在《崇般崇笮》中，写作🔣，从🔣（mo33，水怪）省部分字形，🔣标示一个音节。见下图三十二：

《崇般崇笮》图三十二

这是一个不完全标音的形声字，形符或省形，声符只标示部分音节，还有一些音节 bi33lo31 和 pho55 无字符表示。

李霖灿《纳西族象形标音文字字典》第 1869 字写作🔣，bi33lo31tsho31pho55mo33，水怪名。云为水怪之父也，以🔣注其第三音。这个字严格地说，不符合形声字的定义，但是有表意字符，也有标音字符，还有一些音节无字符表示，我们称之为"准形声字"。但是，从《古事记》和《崇般崇笮》的标音来看，这个准形声字是可以当作形声字来看的，因为形符可以不标音。

形声产生途径：

改造表意字的部分字形，加注声符，组成形成字，形符或省形。

40）🔣：lu31mɛ33mo33ɣɯ31，女水怪名。从🔣（ɣɯ31，女水怪）省部分字形，🔣（lu31，石）标示一个音节。

这个字在《崇般崇笮》中没有提到，但是李霖灿先生《纳西族象形标音文字字典》第 1870 字写作🔣，可以读作 rv31mɛ33mo33ɣɯ31，女水怪名。从女，从水怪合并而成。《古事记》中的写法是将"女"的头部帽子替换成"石"（rv31），标示一个音节（音相近）。这个严格地说，不是一个形声字，因为表意的字符和标音的字符都标示部分音节。我们称之为"准形声字"。

形声产生途径：

将原表意字的部分改换成声符，组成形声字。

《古事记》第95节：

音译：tso31 zɛ33 lɯ55 ɣɯ33 ɣɯ33, miʌ31 lʌȵ31 ndu33 tshi33 lɛ33 mʌ33
　　　　 措　哉　勒　额　好　　眼　横　　翅　尖　（助）不
　　　　 khu33, zi33 mɛ33 miʌ31 tsʮ31 ndu33 tshi33 khu33 po55 tshȵ31.
　　　　 偷　　美（助）眼　　竖　　翅　　尖　　偷　带　来
意译：崇忍利恩却不偷那横眼睛的，而把那竖眼睛的偷来了。

41）khu33，本义是"割"，从镰刀割绳。因为音同，借指"偷"。会意兼声，从 （sʅ55kɣ33，镰刀）切绳 （bər21 或 ər21），字符"镰刀"标音。

此字在《崇般崇笮》中写法一样，说明这个字发展到1986年，写法和用法没有发生变化，反映这个字的稳定。见下图三十三：

《崇般崇笮》图三十三

方国瑜、和志武《纳西象形文字谱》第854字写作 ，khɣ33，获也。会意兼声，从镰刀 （sʅ55kɣ33）割麦。字符"镰刀"一音节读音接近。又写作 。

赵净修《纳西象形文实用字词注释》第334字写作 ，khv33，割禾苗之"割"，借作"偷"字用。跟《古事记》和《崇般崇笮》写法、用法一致。

李霖灿《纳西族象形标音文字字典》第1115字写作 ，khv33，割也。可见，这个字的使用相对稳定；用会意兼声的方法记词标音。

形声产生途径：
由两个表意字符组合会意，其中一个字符兼表音义，形成会意兼声字。

《古事记》第 96 节：

音译：gu33 thɛ33 nɯ33 mʌ33 thɛ33, phɑ33 thɛ33 miʌ31 mʌ33 thɛ33, ȵi33
      体　伶俐　心　不　伶俐　　脸　伶俐　眼　不　伶俐　两
      ku55 ʥi33 dzi31 bɛ33, zɿ31 luʌɿ33 pɑ33 luʌɿ33 thu33, tho33 luʌɿ33
      个　一　家　做　蛇　错　蛙　错　生　松　错
      mbɯ31 luʌɿ33 thu33.
      栗　错　生

意译：那竖眼仙女，身体伶俐而心笨拙，面庞好看而眼睛不好看。两个人便同居一处，成为夫妇。后来这仙女生产了，错生了蛇，错生了蛙，错生了松树，错生了栗树。

42）：dzi31，家。会意兼声，从崇忍利恩和一个女人共处一室，表示"家"。字符"房子"标音。在《崇般崇笮》中为形声字，写作，iə33ko31，从（dzi31，房子），（iə33，烟叶）、（ko31，针）声，一形二声，见上图三十三。

方国瑜、和志武《纳西象形文字谱》第 497 字写作，iə33ko31，家庭也。形声，从屋，（iə31，烟）、（ko31，针）声。

李霖灿《纳西族象形标音文字字典》第 1520 字写作，iʌ33ko31，家也。又写作。

此字经历了由会意兼声字走向形声的发展过程，可以看出，《崇般崇笮》中已经是纯粹的形声字，跟汉字不同的是，这个字有两个标音符号。在纳西东巴文形声字中，作为形声字的声符，往往是一个字符标示部分音节，这样就会出现多声符现象。

形声产生途径：

由会意字中的部分字符兼表音义，形成会意兼声字；由表意的形符加上假借的声符，直接组合成形声字，这种属于后起形声字。

《古事记》第 101 节：

音译：dzi33 dʑiʌ31 la33 lʌȵ33 dy31, tʂo31 ɤɯ33 bo31 mʌ33 dʑy33, bo31
   大   地   上 成年男子 好 女配偶 不 有 女配偶

   ʂo31 mɯ33 la33 ndo33, tshɛ55 hɯ31 bo31 bʌ31 mi55, mbɯ33 ɤɯ33
   我 天 （助）向上走 （ 天   女   名）成年女子 好

   ndzɿ31 mʌ33 dʑy33, ndzɿ31 ʂo31 dy31 la33 za31.
   男配偶 不 有 男配偶 我 地（助）下来

意译：大地上有成年的好男子（即"利恩"或称"勒额"），而没有妻子，于
   是上天找妻子；天上的仙女"蔡荷包玻蜜"（又译为"衬红褒白"）已
   是成年的好女子，而没有丈夫，于是下来找丈夫。

43）⿱：tshɛ55hɯ31bo31bʌ31mi55，"蔡荷包玻蜜"（又译为"衬红褒白"），指天上的仙女名。从⿱（mi55，女人），⿱（tshɛ55，叶）声。这个组合中表意符号也标示一个音节，不符合形声字的定义，但其结构跟形声一样，我们称之为"准形声字"。

在《崇般崇笮》中没有标音符号，直接写成⿱，见下图三十四：

《崇般崇笮》图三十四

方国瑜、和志武《纳西象形文字谱》第 1338 字写作⿱，tshe55hɯ21bu33bə21mi55，"择恒布白命"也，祭祖老阿普之女，崇则丽恩之妻也。从妇人（mi55），⿱（tshe55，叶）声。

李霖灿《纳西族象形标音文字字典》第 552 字写作⿱，tshɛ33hɯ31mbo33bʌ31mi55，女人名也（即衬红褒白）。画一女人，头上插一片叶子，⿱以之注其名之前一音也，前死因为其名，末一音指明为女性，有时只读其前四音。

此字在《古事记》中的写法，以及李霖灿字典中的注释说明，这个组合可以是形声字，如果读 tshɛ33hɯ31mbo33bʌ31，表意的字符 ✍ (mi55，女人）不标音，则就是一个形声字，只不过声符只标示一个音节，标音不完全。《崇般崇笮》中只是省略了声符而已，因为在字符 ✍ (mi55，女人）旁边有其他标音的字符 ✍（bo31，猪，借指"夫"）和 ✍（ʂo31，斧，借指"找"），布局和谐，就不加声符 ✍。这也体现了纳西东巴文字在书写东巴经时的灵活布局特点。作为形声字，其声符的地位还不够重要和突出。

形声产生途径：

由表意字直接加注声符，组成标音不完全的形声字。

《古事记》第 103 节：

音译：hɛ31 i33 mɯ33 gʌ33 khu31, ŋgo55 mi31 khʌ55 bu31 lu55, kho33
　　　神　　天　　上　　里　　藤　　子　　篮子　　下　　笼罩　门

tho31 tsɿ31 lɛ33 tɕi33, dʐu33 la31 dʐu33 ɛ31 phu33, khu55 i33
　　后　　竖　（助）放　　主　拉　主　爱　普　　　夜（助）

bu33 y31 ha55, khu31 ha55 by31 lɛ33 ndʐuʌ31, so31 i33 bu33 khɯ33
　羊　宿　里边　宿　外边（助）惊　　　　晨（助）狗

khɯ55, by31 kɯ55 khu31 lɛ33 lu31. dʐu33 la31 dʐu33 ɛ31 phu33,
　放　　外边　放　里边（助）吠　主　拉　主　爱　普

khu55 i33 ŋga31 sɿ33 nɛ31, so31 i33 ŋga31 tsha31 nɛ31.
　夜（助）刀　磨（助）　　晨（助）刀　　擦　（助）

意译：（"崇忍利恩"便藏在"衬红褒白"所骑的白鹤翅膀下）一同上天宫。"衬红褒白"便把"崇忍利恩"罩在一个藤篮子里，藏在门后。"衬红褒白"的父亲"祖老阿普"，夜间看羊宿，里边宿外边惊；早晨放开狗，外边放里边吠。"祖老阿普"夜间在磨刀，早晨在擦刀。

44）✍：dʐu33la31dʐu33ɛ31phu33，"祖老阿普"天神。形声，从老翁坐，省去部分字形，✍（la31，虎）声，声符标示一个音节，标音不完全。在《崇般崇笮》中写法基本一致，见下图三十五：

《崇般崇笮》图三十五

这个字的形声写法没有出现变化。方国瑜、和志武先生《纳西象形文字谱》第 1332 字写作▢，dzı33la31a31phɣ33，祖老阿普天神也。形声，从天，从老翁坐，省去部分字形，▢（la33，虎）声。

李霖灿先生《纳西族象形标音文字字典》第 2064 字写作▢，dzo33la31ɛ33phv33，神名（祖老阿普）。居于天上，▢（衬红褒白）之父，▢（崇忍利恩）之岳父也。以虎头注其名之第二音。

在《古事记》中，除了写作▢，还有表意字，写作▢，见第 124 节：

这说明"祖老阿普"天神，在东巴经中存在象形字和形声字两种写法，而象形字的写法相对比形声字的写法少得多，反映形声字出现后，其用于记录语言有一定的优势。

这个形声字以"虎头"注音 la31，在东巴经中的写法是稳定的。

形声产生途径：

由表意字直接加注声符，组合而成标音不完全的形声字。

45）▢：so31，早晨。本义为"大秤"，在此因为同音，借指"早晨"。在《崇般崇笮》中写作▢，so31i33，为形声字，从"日"，▢（so31，大秤）声。见上图三十五。

这个字在《古事记》中的写法可以视作假借字标音，也可以视作形声字省形，到《崇般崇笮》中已经写成形声字了，下形上声。

方国瑜、和志武《纳西象形文字谱》第 44 字写作▢，so31，曙光也，朝也。形声，从日光，▢（so33，山巅）声。

李霖灿《纳西族象形标音文字字典》第 31 字写作▢，so31，早上也。以日表示时间，以▢字注其音也。此字不容倒置，若将▢字置于上则意思全变了，指明天也。字典第 22 字写作▢，so33ɲi33，明天。

这个字最早应该是假借▢来标音，表示"早晨"，后加注意符，写作

或者 ![字符], 将"日"写在上方；而 ![字符] 则是变更字符位置而成。《崇般崇笮》的写法将"早晨"和"明天"混淆，这是东巴的笔误，在这本东巴经其他的地方写法都是跟 ![字符] 一致的，见下图三十六：

《崇般崇笮》图三十六

形声产生途径：
在假借字上加注意符而成一形一声的形声字，意符不标音。

《古事记》第111节：

音译：nɑ31 pɯ55 dzi33 sɑ31 zo33, dzi33 ndzʮ31 sɑ31 mʌ33 dʑiʌ31, tsho31
　　　（人　　　名）　人（则）住 存续 不 存续 措
　　 zɛ33 lɯ55 ɣɯ33 ɣɯ33, n̠y55 i33 fiɑ31 tuʌ55 ʂʌ55 mʌ33 bɯ33, ɖɑ31
　　 哉 勒 额 好 我（助）性 交 说 不 去 能干
　　 lɑ33 nu31 ɖɑ31 iʌ33, khʌ55 lɑ33 nu31 khʌ55 iʌ33.
　　（助）你 能干（助）　狠（助）你 狠（助）

意译："纳博则撒喏"（指"利恩"）呀，人（则）类不再存续了,（你怎么办？）
　　　崇忍利恩说："我要您把您的女儿给我！""祖老阿普"便说："能干，
　　　你算能干了；狠，你算狠了。"

46) ![字符]: dzi33, "则"，人类。形声，从人坐，![字符]（dzi33, 一种兽）声。
《崇般崇笮》中写法跟《古事记》一样，见下图三十七：

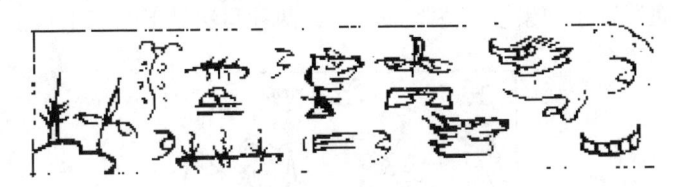

《崇般崇笮》图三十七

在东巴经中，表示"人类"的字除了这个形声字☗以外，还时常用假借字🐾（dzi33，一种兽）来表示。《古事记》和《崇般崇笮》中都不乏其例，如前文标注《古事记》第 25 节中，就写作🐾，《崇般崇笮》图十中也写作🐾。这说明，这个字处在频繁使用假借字和使用形声字的交替时期，反映纳西东巴文形声字发展的阶段还处于早期，形声结构可用可不用。

形声产生途径：

在假借字上加注意符，形成一形一声的形声字。

《古事记》第 112 节：

音译：dɑ31 mɛ33 ŋgu33 ɕi31 tshʌ55 lo33 tsŋ55. khu55 i33 mbɯ33 tʂo31 lɛ33
　　　能干（助）九　林　砍　来（助）　　夜（助）情女　情郎（助）
　　　ndzɿ31 ŋguʌ33, so31 i33 mi33 lu31 phɯ33 lɛ33 ndu33.
　　　商　　量　　晨（助）情女 情郎　气　（助）暗传

意译："以你的能干去把九座树林的树木砍了来！"到晚上，情女便和情郎商量，早晨情女又暗中告诉情郎办法。

47) ⚑：dɑ31，能干。形声，从⚑（崇忍利恩），⚑（thɛ33，旗，因为音近，常借指"能干"）。

方国瑜、和志武《纳西象形文字谱》第 522 字写作⚑，dæ31，将也，能干也。会意兼声，从人服胄执旗⚑（dæ31）。一字符标音。又写作⚑。可见，写作⚑时就是一个义借字。李霖灿先生《纳西族象形标音文字字典》第 337 字写作⚑，dæ31，能干也。画人能干手执旗标之形。有时写作⚑，从女子执旗。

《崇般崇笮》中写法跟《古事记》相比，形符不一致，跟方国瑜、和志武的《纳西象形文字谱》和李霖灿《纳西族象形标音文字字典》中写法一致，或者将"旗"置于"崇忍利恩"的头上，两种写法见下图三十八：

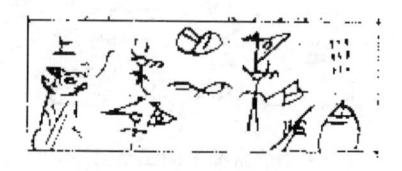

《崇般崇笮》图三十八

这个字的不同写法也体现了纳西东巴文形声字结构的不稳定性，形符可以随着东巴经的具体内容稍作改动，读音、意义不变。成熟的形声字不会随语境的更换而随之改换形符。

形声产生途径：

由两个表意符号组合会意，其中一个字符音近标音并表示相关的意义，组成会意兼声字。

48）⛰：mi33lu31，夫妻。这是一个与前文共形符的形声字，因为《古事记》第 112 节中，前文有 👤👥，情女与情郎商量，在此，"崇忍利恩"和"衬红褒白"为形符，⛰（mi33，火）和 ⛰（lu31，石）为声符。看起来这是一个假借字，实际上是一个形声字。在第 153 节中，写作 👥，省去声符。见第 153 节：

还有时写作 👥，省去声符 ⛰（mi33，火），见第 124 节：

《崇般崇笮》中有的写法跟《古事记》一样，跟前文共用表意字符作为形符，写作 ⛰，见下图三十九，或写作 👥，见下图四十。

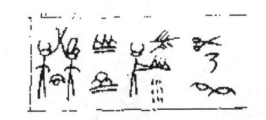

《崇般崇笮》图三十九　　　　《崇般崇笮》图四十

方国瑜、和志武《纳西象形文字谱》第 483 字写作 👥，mi33ly31，又读作 bɯ33tʂua31，夫妻也。形声，从男女对坐，⛰（mi33，火）、◠（ly33，石）声。二形二声，形符不标音。

赵净修《纳西象形文实用字词注释》第 122 字写作 👥，mi33ne31lv33，夫妻。

这个字在《古事记》和《崇般崇笮》中的写法，以及在字典中的写法说明，纳西语中"夫妻"一词写成文字，方国瑜和赵净修先生的收录是完整的，在具体经文中，随着语境的不同，才出现《古事记》和《崇般崇笮》中那样与前文共用表意字符的现象，这是纳西东巴文形声字发展初期的特征，体现出原始的特性，形声还不稳定。也反映纳西东巴文书写经书时不能逐词记音的一个原因在于，东巴们可以让一个字符反复标音。

形声产生途径：

由两个表意字符和两个标音字符组合成多形多声的形声字。

《古事记》第 116 节：

音译：dɑ31 mε33 ngu33 lʌɿ55 phu55 lo33 tsɿ55. khu55 i33 mbɯ33 tʂo31 lε33
　　　能干（助）九 种子 撒 来（助） 夜（助）情女 情郎（助）
　　　ndzʮ31 nguʌ33, so31 i33 mi33 lu31 phɯ33 lε33 ndu33.
　　　商　　量　晨（助）情女 情郎 气 （助）暗传

意译："以你的能干去把九样种子撒在那块土地上！"晚上情女便和情郎商量，早晨情女又暗中告诉情郎办法。

49）：lʌɿ55phu55，撒种，播种。从"崇忍利恩"伸手，从种子（lʌɿ55）。会意字。在第 117 节和第 118 节中写作，从种子，（phu55，撒）标音，省去部分字形。在《崇般崇笮》中写作、和，读作 phu55，撒种，播种。形声，从种子，（phu55，撒）标音，声符省去部分字形。见下图四十一和四十二：

《崇般崇笮》图四十一　　　《崇般崇笮》图四十二

方国瑜、和志武《纳西象形文字谱》第 624 字写作，lər55phv55，撒种也。从人播种，会意。又写作。

李霖灿《纳西族象形标音文字字典》第 344 字写作，phv55，播种也。画人撒种子之形，放大其手以示意，点状物乃指种子也。会意字。第 345 字写作，phv55，播种也。以人示意，以注音。会意兼声，从人，从（phv55，撒），字符兼标音。

这个字在《古事记》中的写法跟方国瑜字谱中用法一样，以字符表意为主，而《崇般崇笮》中已经有形声的痕迹，即在表意字字符基础上加注声符，且改变声符的部分，与形符结合。这个形声字体现了纳西东巴文字从表意性走向兼顾标音的意图，李霖灿先生字典中会意兼声字更是体现这一点。

形声产生途径：

在合体表意字中改换部分字符为声符，形成会意兼声字。

《古事记》第 125 节：

音译：ho31 kho33 ho31 mʌ33 kho33, sɿ33 lu31 mbʌɿ33 bi31 lu55, ɛ31 phu33
　　　半　夜　夜　不　半　　磨刀石　　　白　毡　裹　太　公
　　　khɯ33 ma33 ŋʌɿ55, ɛ31 phu33 khɯ33 tu55 khɯ33 tʂho33 nɛ31, bʌ33
　　　足　　尾　压　　太　公　足　　缩　足　　伸　（助）奴
　　　fia31　nɯ33 tha55 dʑ33 nɯ33 tʂhɿ33, tʂhɿ33 lɛ33 fia31 ȵiʌ31 ko55,
　　　（勒额）（助）触　一　（助）　蹬　　蹬　（助）崖（助）掷
　　　fia31 gʌ33 sɛ31 hɯ31 mɛ31 dzɛ33 ku33 ty33 dzo31 bɛ33. fia31 nɯ33
　　　崖　的　肥崖羊　　额　　上　打　中　为　崖（助）
　　　sɛ31 sɿ33 iʌ55, bʌ33 ho31 tu55 zɿ33 ȵdʑi33, ɛ31 phu33 hɯ55 zɿ33
　　　崖羊肉　给　奴（勒额）直　路　走　太　公　弯　路
　　　ȵdʑi33.
　　　走

意译：还不到半夜的时候，"利恩"拿白毡子裹着一块磨刀石，压在太公的脚头，太公的脚在一伸一缩着，"利恩"一触他便一蹬，那块磨刀石便蹬了出去，正打在一只肥崖羊的额上，山崖就把崖羊肉给了"利恩"，僮奴（指"利恩"）走直路，太公走弯路。

50）✳：tu55zɿ33，直路。从"路"（zɿ33），✳（tu55，千）标音。这个组合不符合形声字定义，但是，一个字符表意，一个字符标音，属于"准形声字"。在第 129 节中，✳写在上方，见下图：

在《崇般崇笮》中，✳ 也是写在上方的，见下图四十三：

《崇般崇笮》图四十三

方国瑜、和志武《纳西象形文字谱》第 1135 字写作 ✳，tɣ55zႨ33，直路也，近路也。从路，米（tɣ55，千）假借标音。

这个组合之所以认定为"准形声字"是因为，这个词义完全可以直接用象形的"路"～来表示，但是，加注一个标音符号，体现了纳西东巴文字注重字符记音的职能，这里加注一个标音符号，只是为了标音。如果表意的字符"路"不标音的话，这就是一个形声字。

形声产生途径：

在表意字基础上，加注假借声符，形成准形声字。

《古事记》第 128 节：

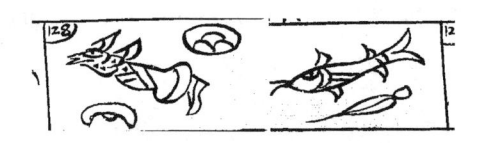

音译：ho31 kho33 ho31 mʌ33 kho33，sŋ33 lu33 mbʌɿ33 bi31 lu55，ɛ31 phu33
　　　半　夜　夜　不　半　　磨刀石　　　白　毡　裹　　太　公
　　　khɯ33 mɑ33 ŋʌɿ55，ɛ31 phu33 khɯ33 tu55 khɯ33 tʂho33 nɛ31，bʌ33
　　　脚　　尾　　压　　太　公　　脚　缩　脚　　伸　（助）奴
　　　fio31　nɯ33 thɑ55 dʑ33 nɯ33 tʂhɣ33，tʂhɣ33 lɛ33 dzi31 ɲiʌ31 ko55，
　　　（勒额）（助）触　一　（助）蹬　　蹬　　（助）水（助）掷
　　　ɲi33 hɯ31 mɛ31 dzɛ33 ku33 tɣ33 dzo31 bɛ33.
　　　　肥　鱼　　额　上　打　中　为

意译：快要半夜的时候，崇忍利恩便拿白毡裹了一块磨刀石，压在太公的脚头，当太公的脚一伸一缩的时候，利恩动了一下太公的脚，便把那块石头蹬到水中，正打在一只肥鱼的额上。

51）⊙：lu33，裹。形声，从 ○ 示包裹之意，⊙（lu33，石）声。在《崇般崇笮》中写法结构相同，只是表意符号稍作区别，见下图四十四：

《崇般崇笮》图四十四

这个形声字的结构基本没有发生变化，只是用来表意的形符由圆圈变为曲线，表示包裹。说明这个形声字的形符还未完全定型。

形声产生途径：

由一个抽象的表意符号和一个假借声符组合，形成一形一声的形声字。

《古事记》第132节：

音译：ɛ31 phu33 ŋo33 tsɿ31 ɣɯ33 nɯ33 ŋo33 lɛ33 tsɿ31, ndzʅ31 by31
　　　太　公　乳汁　辨别　好（助）乳汁（助）辨别　犏牛　圈
mbʌ31 by31 ku33 ʥ33 tɕi33 nɛ31, ɛ31 mo31 mʌ33 tɕi55 so33, ɣɯ33
牦牛　圈　上　一　放（助）　一点　不　怕　牛
by31 ʐo33 by31 ku33 ʥ33 tɕi33 nɛ31, ɛ31 mo31 mʌ33 tɕi55 so33.
圈　马　圈　上　一　放（助）　一点　不　怕

意译：太公是善于辨乳的，便来设法分辨乳的真假：先把挤来的乳在犏牛圈、牦牛圈上一放，那些犏牛、牦牛一点儿都不怕；再放在黄牛圈上，也是一点儿都不怕。

52）𠂇：ŋo33，乳。会意兼声，从 干（phər21，解，借作"白"），从 𐂣（ŋo33，乳）。字符 𐂣 兼标音。在《古事记》中，"乳汁"还可以写作 𐂣，直接用象形字表示。在《崇般崇笮》中没有这样的写法，一般写作 𐂣，从盛乳器具，从 𐂣（ŋo33，乳），字符 𐂣（ŋo33，乳）兼标音。见下图四十五：

《崇般崇笮》图四十五

虽然写法不同，但都是会意兼声，体现了纳西东巴文形声字发展过程中，会意兼声这种结构的使用效果。

形声产生途径：

由两个表意字符组合会意，其中一个兼表音义，形成会意兼声字。

《古事记》第 140 节：

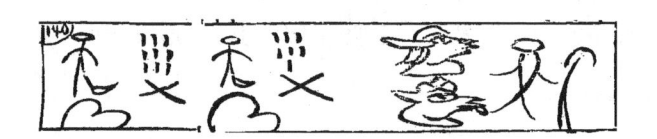

音译：ŋgu33 tshʌ31 ŋgu33 mbo31 lo55 mɛ33 tɕhy33, ʂʌʨ31 tshʌ31 ʂʌʨ33
　　　 九　 十　 九　 坡　 翻越（助） 种　 七　 十　 七
　　　mbo31 lo55 mɛ33 tɕhy33, si33 ŋgu33 tsho31 dzi33 tɕhy33,
　　　 坡　 翻越（助） 种　　 狮　 象　 则　 种
　　　dʑiʌ33 kɑ31 nɑ55 pu31 tɕhy33.
　　　（大　 力　 神）　 种

意译：翻越过九十九个山坡的种，翻越过七十七个山坡的种，狮子、象、"则"的种，大力神"杰葛那布"的种。

53）：mbo31lo55，翻越。从人跨过山坡之形，会意兼声字，字符"坡"（mbo31）标示一个音节。在《崇般崇笮》中，一种写法一致，一种从女人跨越山坡之形，具体见下图四十六：

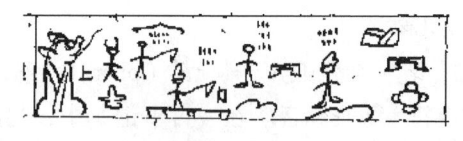

《崇般崇笮》图四十六

赵净修先生《纳西象形文实用字词注释》第 403 字写作 ，bu31lo55，翻越山坡之"翻越"。会意兼声，从人翻越一座山坡（bu31）。字符"山坡"标示一个音节。

这个字从《古事记》到《崇般崇笮》还是体现了字形以表意为主的痕迹，只是其中的一个表意字符"山坡"标示一个音节，形成会意兼声字。这是纳西东巴文形声字产生的一种途径。

形声产生途径：

由两个表意字符组合成会意字，其中一个字符标示部分音节，形成不完全标音的会意兼声字。

《古事记》第146节：

音译：ɦa31 gʌ33 sɛ31 ha55 ɣɯ33, ɦa31 kho33 ndo55 mʌ33 ʂɿ33, dzi31
　　　崖　的　崖羊　宿　窥　崖　洞　跌　不　死　水
　　　gʌ33 ȵi33 ha55 ɣɯ33, dzi31 khu31 ndo55 mʌ33 ʂɿ33, dɑ31 mɛ33
　　　的　鱼　宿　窥伺　水　内　跌　不　死　能干（助）
　　　la33 ȵi55 tʂho31 la33 nɯ33 mʌ33 tsha55 ʂɿ33.
　　　虎　乳汁　挤　虎（助）不　咬　死

意译：去捉崖羊，摔倒在崖下而没有死；去捕鱼，跌入水中也没有死；向凶猛的老虎跟前挤乳，老虎也没把我咬死。

54）：tʂho31，挤奶。从乳 （ŋo33），从桶，点示挤出的乳汁。字符"乳"音近。在《崇般崇笮》中读tshɑ31，写法与《古事记》大致一样，只是没有加点。这个字还可以读ŋo33，意思指"乳汁"。见下图四十七：

《崇般崇笮》图四十七

方国瑜、和志武《纳西象形文字谱》第931字写作　　，tʂhɑ31，挤乳也。从乳从桶，跟　　（zua31，量粟）音近，因此借　　（zua31，量粟）标音，为形声字。又写作　　，形声，从　　，　　（zua31，量粟）声。

李霖灿《纳西族象形标音文字字典》第1573字写作　　，tʂwɑ31，挤牛奶也。画以器盛牛奶之形，着意点在挤牛奶之动作。从乳，借 ▱（zuɑ31，量粟）标音。

这个字读作 tʂhɑ31，意为"挤奶"，字形方面体现的是以形会意，但标音方面，又借用音近的符号 ▱（zuɑ31，量粟）来标音，这是纳西东巴文形声字发展初期还是以意为重的体现。

形声产生途径：
改换原表意的一个意符，选取音近的字符充当标音符号，形成形声字。

《古事记》第 150 节：

音译：mɯ33 lɯ33 mɑ33 tshi31 ʂu55 ȵiʌ31 thu33，mɯ33 lɯ55
　　　（地　　名　　）（助）到　　天　（助）
　　　to55 khɯ31 phʌȵ31 nɯ33 mbʌȵ33 dy31 ɖȵ31 zʌ31 ndzȵ33 mbo31
　　　（地　　名）从　迁移　地　大　（地　　名）
　　　ȵiʌ31 thu33.
　　　（助）到

意译：到了"摩勒玛齐书"，离开如天高的"朵克坡"，到了大地的"热资坡"。

55) ⌂：to55，陡坡。形声，从 ⌂，▯（to55，板）声。这个形声字在《崇般崇笮》中没有出现，因为描述的崇忍利恩和衬红褒白迁移的地名不同。

方国瑜、和志武《纳西象形文字谱》第 93 字写作 ⌂，to55，岗也。形声，全包围结构，从坡 ⌂，▯（to55，板）声。

李霖灿《纳西族象形标音文字字典》第 1129 字写作 ⌂，to55，陡也。以山示意，以 ▯ 注音。ndzo31to55 或如此读，乃"陡山"之意也。形声，从坡 ⌂，▯（to55，板）声。

这是个典型的形声字。从山坡，用假借音符"板"（to55）来标音，而且声符置于形符内部，这是纳西东巴文形声字声符的地位决定的，声符往往作为整个字的一个配件，根据字的整体布局需要而设置。在这里，声符置于内部，既使得字有整体感，又起到装饰作用。

形声产生途径：
表意字符和一个假借用于标音的字符组合成一形一声的形声字。

56）🔸：mbʌ33，迁移。从🔸，从🔸（mbʌ33），为道路之形，示搬迁。为会意兼声字，字符🔸（mbʌ33）标音。《古事记》中其他地方，"迁移"一词一般写作🔸。在《崇般崇笮》中一般都将"搬迁"跟人合写，或者仅仅写出一人走路之形，突出一只脚，如：🔸或者🔸，见下图四十八和四十九：

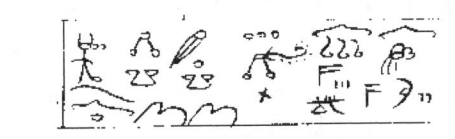

《崇般崇笮》图四十八　　　　《崇般崇笮》图四十九

但也有一处写作🔸，见下图五十：

《崇般崇笮》图五十

李霖灿先生《纳西族象形标音文字字典》第202字写作🔸，mbur33，搬移也。原象水槽之形，简化借音而作"迁徙、搬移"解。此字常与🔸字连用，作🔸，乃人类之迁徙也。

这个字在李霖灿的字典以及《崇般崇笮》中大都用抽象符号🔸来表示，可以说由会意兼声走向进一步的符号化了。这个字书写的变化体现了纳西东巴文形声字发展的多样性，不一定每个有形声结构的字都会成为后来书写的主要结构，随着使用语境的需要，形声字也是可以非形声化的，这样的发展，使得字的结构由合体走向独体，意味着字的简化。

形声产生途径：

由两个表意字符组合成会意字，其中一个字符兼表音义，成为会意兼声字。

《古事记》第151节：

音译：mɯ33 ʂo31 kɯ31 ȵdʑi33 mbo31 nɯ33 mbʌ33，dʑy33 bɛ33 sɑ33 lɯ33

天　　高（地　　　名）从　搬迁（地　　　　名）
tɯ33 ȵiʌ31 thu33, pu31 bɛ33 dzy33 lɯ33 tɯ33 nɯ33 mbʌɻ33,
地界（助）到　（地　　　名）地界从　搬迁
dzi33 dziʌ31 la33 lʌɻ33 dy31 ȵiʌ31 thu33, dzi33 khɯ33 ʂo55 tho31
（地　　　　名）（助）到　（地　　　名）
tɯ33 nɯ33 mbʌɻ33, lo33 ndo31 bu33 dzi31 tɯ33 ȵiʌ31 thu33.
地界从　搬迁　（地　　　　名）地界（助）到

意译：离开如天高的"库资坡"，到了"巨拜撒勒"；离开"布拜巨勒"，到了"则杰拉勒地"（指大地），离开"则克说托"，到了"乐多布吉"。

57）：dzi33khɯ33ʂo55tho31，"则克说托"地名。形声，从"地"省形，（dzi33，一种兽）、（ʂo55，斧）声。

形声产生途径：

由一个表意字符和两个假借标音的声符组合成一形二声的形声字，形符省形。

58）：lo33ndo31bu33dzi31，"乐多布吉"地名。形声，从"地"省形，（lo33，黑麂）、（ndo31，哑鬼名）声。

形声产生途径：

由一个表意字符和两个假借标音的声符组合成一形二声的形声字，形符省形。

《古事记》第154节：

音译：hɛ31 i33 fio33 dzi31 ku33 nɯ33 mbʌɻ33, hɛ31 i33 fio33 dzi31 ma33
　　（河　　　名）头　从　迁移（河　　　名）尾
ȵiʌ31 thu33; lɯ33 ʂo31 ndza31 phʌɻ31 nduʌɻ33 nɯ33 mbʌɻ33,
（助）到　（地　　　　名）从　迁移
lɯ33 ʂo31 dzi31 ku33 mbo31 ȵiʌ31 thu33.
　（地　　　　名）（助）到

意译：到了神奥河上游，又到了神奥河下游。离开"勒芍后派朵"，到了"勒芍吉古坡"。

59）：hɛ31i33fio33dzi31，神奥河。从（dzi31，水）省形，

（hɛ31，神）、 （fio33，玉）标音。这是一个"准形声字"，表意的字符虽然省形，但是标示一个音节。

形声产生途径：

由一个表意字符和两个假借标音的声符组合成一形二声的形声字，形符省形。

《古事记》第 159 节：

音译：ɣɯ33 thu33 uʌ31 ɲiʌ31 thu33；lɛ33 tho31 tɯ33 nɯ33 mbʌ33，
　　（村　　名）(助) 到　（村　名) 地界　从　迁移
　　khɯ33 kho55 tɯ33 ɲiʌ31 thu33.
　　（村　名）地界(助) 到

意译：到了"额吐村"；离开"赖托村"，到了"克靠村"。

60） ：lɛ33tho31，"赖托"村。形声，从 （uʌ31，村子），
 （lɛ33，獐）、 （tho31，松树）声。一形二声。

这一节中，几个形声字共用一个形符，这说明纳西东巴文形声字的形符地位不稳定，可以根据具体书写环境来简约处置。这里， （uʌ31，村子）为三个字共用。

形声产生途径：

由一个表意的字符和两个假借用于标音的字符组合成一形二声的形声字。

61） ：khɯ33kho55，"克靠"村。形声，从 （uʌ31，村子），
 （kho55，角）、 （khɯ33，狗）声。

这个字的形符 （uʌ31，村子）跟前一个字 是共用的。

形声产生途径：

由一个表意的字符和两个假借用于标音的字符组合成一形二声的形声字。

《古事记》第 162 节：

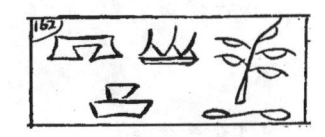

音译：gʌ31 ŋɑ31 mɯ31 ŋɑ31 bɑ31 nɯ33 mbʌɿ33，mbɯ31 fio33 lɯ33 ȵiʌ31
（草　　坝　　名）从　迁移　（地　　名）（助）
thu33.
　　　到

意译：离开上葛坝和下葛坝，到了补奥勒。
　　62）🌿：mbɯ31fio33lɯ33，"补奥"地，地名。准形声，从"地"省形，
🌿（mbɯ31，栗树）、⌒（fio33，骨节）声。
　　形声产生途径：
　　由一个表意的字符和两个假借用于标音的字符组合成一形二声的形声字。

《古事记》第164节：

音译：sɛ31 tho33 kho33 ȵiʌ33 thu33.
　　（地　　名）（助）到

意译：到了"赛托靠"地。
　　63）🌿：sɛ31tho33kho33，"赛托靠"地。从"地"省形，（sɛ31，
崖羊）、（tho33，松树）、（kho33，角）声。
　　形声产生途径：
　　由一个表意的字符和三个假借用于标音的字符组合成一形三声的形声字。

《古事记》第165节：

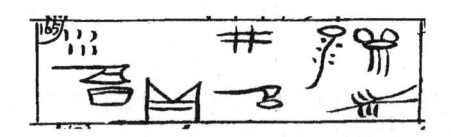

音译：tʂho55 dy31 uʌ33 nɯ33 mbʌɿ33，ŋo31 bɛ33 dʐɿ33 ku33 dʐɿ33 mɑ33
双 石 桥 村 从 迁移 丽 江 街 头 街 尾
lɯ33 ȵiʌ31 thu33.
地（助）到

意译：离开双石桥村，到了丽江街头街尾。

64）▱ ⚏ ♩：ŋgo31bɛ33dʑ33，丽江街。形声，从 ▱（村子），♯（ŋgo31，仓）、ᛒ（bɛ33，做）和 ♩（dʑ33，时刻）声，一形三声。

方国瑜、和志武《纳西象形文字谱》第90条中第20字写作 ♯⚏，gu21be33，又读作 gu21be33i33gv V 21dʑ33，丽江大研镇。

从这个字以及上面的几个字可以看出，地名在纳西东巴文形声字中，声符往往用假借的字符表示，而且形符可以写出来，也可以省略，有的还可以跟别的字共用相同的形符。但是，声符的位置并不固定，可以根据书写布局来安排。这是纳西东巴文形声字的一大特点。

形声产生途径：

由一个表意的字符和三个假借用于标音的字符组合成一形三声的形声字。

《古事记》第166节：

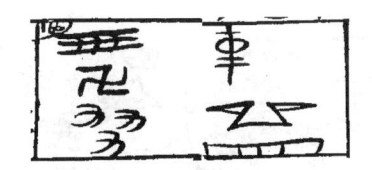

音译：lʌ33 ɣɯ33 mbɛ33 ly55 gu33 lɑ33 thu33.
　　　良　田　（村　　名）（助）到

意译：到了"拜吕古"村这个好地方。

65）ᛗ ⚏：mbɛ33ly55gu33，"拜吕古"村。形声，从 ▭（地），ᛗ（mbɛ33，雪）、丰（ly55，矛）声。

形声产生途径：

由一个表意的字符和两个假借用于标音的字符组合成一形二声的形声字。

《古事记》第168节：

音译：ʥ̟33 lɑ33 ʥ̟33 ȵi33gɯ33, mɯ33 kho33 thu55 ko33 phʌ31 zo33 tɕi55
　　　一　年　一　日　过　天　门　边　白　鹤　小　儿
　　　ŋgo55 lɛ33 dzi ʌ31, dy31 mbɛ33 ɕi33 khɑ33 mɛ33 mi55 tɕi33 tshʌ33
　　　病　（助）　地　村　民　卡　迈　小　女　热

131

lɛ33 dziʌ31. zɛ55 tɕi33 bʌ33 y31 tʂʌɿ31, sy55 mi33 khɯ33 tʂho31
　　（助）　　捷 足 壮 士 派　　快 腿 女　使

tʂʌɿ31, phɑ31 tso33 sɿ31 ɕi33 tsho55 tshʌ31 lɛ33 phɑ31 khɯ55.
　派　　占卜器具　三　百　六　十　（助）占卜　去

意译：过了一年零一天，天门边的白鹤小儿害起病来了，地上村的卡迈幼女发起烧来了。便派捷足壮士和快腿女使去找卦师用三百六十种占卜器具算卦。

66)　：ko33phʌɿ31zo33tɕi55，白鹤小儿。从"人"省部分字形，此字省略形符（phʌɿ31，解，借指"白"），　（ko33，鹤）声，另一声符 tɕi55，写作　，分开写在这一节的后面，与另一字共用一个声符。在第 170 节中，这个字写作　，声符　一样分开写。在《崇般崇笮》中写作　，见下图五十一。

《崇般崇笮》图五十一

zo33tɕi55 在纳西语中指"小儿"之意，李霖灿先生《纳西族象形标音文字字典》第 471 字写作　，画小儿之形，以　字注其末一音，意为"小"也，原画一羊毛剪，在此全作音符用也。

这个组合虽然不完全符合形声字的定义，但是，除了 zo33tɕi55 表意之外，另外两个音节完全是音符，我们称之为"准形声字"，这个字到《崇般崇笮》中的写法还是一样的，说明纳西东巴文形声字的发展还是处于初期。

形声产生途径：

由一个合体字和两个假借用于标音的字符组合成复杂的形声字。

67)　：zɛ55tɕi33bʌ33y31，捷足壮士。形声，从　，　(tɕi33,剪) 声，音节 bʌ33 指"脚掌"。傅懋勣解释："zɛ55tɕi33 意为青年壮士，bʌ33y31 意为脚轻。"[①] 在《崇般崇笮》中写作　，省略标音符号　(tɕi33,剪)，见下图五十二。

---

① 傅懋勣：《丽江麽些象形文字〈古事记〉研究》，武昌华中大学，1948 年，第 91 页。

《崇般崇笮》图五十二

李霖灿《纳西族象形标音文字字典》第 297 字写作 ✡，zɛ55tɕi33 bʌ33io31，脚快之年青人也，前二音云年青人，后二音云脚步轻快也。故画一生翅之人，又于其前脚行动现形以示意，有翅注第一音，乃 ✡ 鬼之名也。形声，从人脚步轻快，✡（zɛ55，鬼）声，声符与形符合并字形。

赵净修《纳西象形文实用字词注释》第 125 字写作 ✡，zɛ55tɕi33，青年捷足使者，轻脚童仆。

这个字的不同写法展示的是：分别加注不同的声符，《古事记》中的写法和赵净修先生字典中的写法都是加注声符 ✂（tɕi33，剪），而李霖灿先生字典中的写法加注 ✡（zɛ55，鬼）声。这说明这个形声字的声符写几个，还不稳定，可以突出其中的部分音符。

形声产生途径：

由一个表意的字符加注一个假借用于标音的声符，形符可以省去部分字形，组成一形多声的形声字，部分声符省略。

《古事记》第 170 节：

音译：tʌɿ31 nɛ31 lɑ33 gʌ33 tshi31 ŋɯ33 zɑ31 lɛ33 dʑiʌ31. ko33 phʌɿ31
　　　　寨鬼 和 拉鬼 的 扇子骨 兆 下 （助） 白 鹤
　　　　zo33 tɕi55 khɑ33 mɛ33 mi55 tɕi33 nɯ33, zɛ33 tɕi33 bʌ33 y31 tʂʌɿ31
　　　　小 儿 卡 迈 小 女（助） 捷 足 壮 士 派
　　　　sy55 mi33 khɯ33 tʂho31 tʂʌɿ31.
　　　　快　腿　女　使　派

意译：七十个"寨"鬼和"拉"鬼也表现在扇子骨兆上了。那白鹤小儿和卡迈幼女便派捷足壮士和快腿女使。

68）✡✂：khɑ33mɛ33mi55tɕi33，卡迈幼女（即东巴经中的"开美命金"）。从 ✡（mi55，女人），～（khɑ33，沟）、✂（tɕi33，剪）标音。

在第 168 节中仅仅写出 🖼, 标音符号都省略。在《崇般崇笮》中的写法与《古事记》第 168 节一致，省去标音符号。

李霖灿《纳西族象形标音文字字典》第 555 字写作 🖼, khæ33me33 dzʌ31mi55tɕi33, 女人名（即开美久命金）也。为情死经典中之女主角也。画一女人，旁有一小河沟，注其名字之第一音也，有一 🖼 字，注其名之第四音。

这个字严格地说不属于形声字，因为表意的字符也标示一个音节，我们称之为"准形声字"。由于纳西东巴文形声字的标音符号的选择不稳定，带有随意性，而且位置也不固定，因此才会有《古事记》中的写法和李霖灿先生字典中的写法。

形声产生途径：

由一个表意的字符加注两个假借用于标音的音符组合成一形多声的形声字。

《古事记》第 171 节：

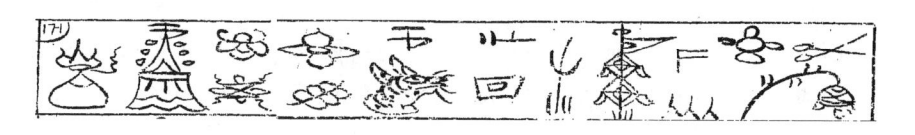

音译：ɖʐ33 ku55 py33 mby31 ndy55, sʮ33 lɛ33 mbʌɻ33 phʌɻ31 zɻ55 lu33
　　　 一　个　东　巴　邀　　白　毛　牛　毡　神座
tʂhɻ31, tshʮ33 i33 tʂho55 phʌɻ31 ko55 lɛ33 ɦo55, ŋ33 ha31 ɦo31 tʂho55
摆设　冬天（助）白　　米　供米（助）倾撒　银　金　碧玉　红石
phu33 la31 i33 da55 iʌ55 lɛ33 py31,　la33 lɯ31 ʂo31 hy31 bɛ33,
　　神　经工钱　给（助）诵经　祭风树　高　低　做
ku31 kʌ55 ɖʐ31 tɕi55 bɛ33.
　　竹篮　大　小　做

意译：去邀请东巴经师来，铺起白牦牛毡，设好了神座，倾撒白米做的供粮，拿白银、黄金、碧玉、红石给神做经工钱以诵经，做了祭风树，一棵高，一棵矮；做了竹篮子，有的大，有的小。

69）🖼：zɻ55lu33, 神座。从 🖼（毡子），从 🖼（tshɻ33, 犁铧），从 🖼（示白米）。其中 🖼（tshɻ33, 犁铧）读音与 zɻ55 音近。会意兼声。在《崇般崇笮》中的写法与《古事记》一致，见上图五十二。

方国瑜、和志武《纳西象形文字谱》第 1233 字写作 🖼, zɻ21ly33, 经坛也。会意兼声，从犁铧压毡，即经坛之摆设也。

李霖灿《纳西族象形标音文字字典》第 1754 字写作 ，ʐɯ31rv33 tɯ31，铺起神座也。画铺起毡子，竖起犁头，撒起神粮之形，纳西东巴对神座之陈设如此。

这个字主要以会意为主，字符"犁铧"标音只是音近，标示的只是一个音节，这个字显示了纳西东巴文形声字初期，可以通过以合体表意字中的部分字符标示部分音节的方式来记音。

形声产生途径：

由几个表意字符组合成会意字，其中的部分字符标示部分音节，形成会意兼声字。

70） ：la33lɯ31，祭风树。从"树"上插"旗"，从 （nɑ31khɑ33，五色线网，在此指鬼域、天宫）上挂有小竹笼。从读音来看，找不到字符标音的痕迹，属于会意字。在《崇般崇笮》中的写法与读音完全一致。见下图五十三：

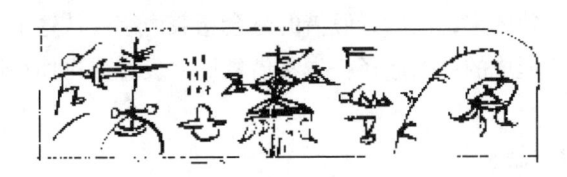

《崇般崇笮》图五十三

但是，方国瑜、和志武《纳西象形文字谱》第 1223 字写作 ，hər33 la33lɯ31dzər31，风神树也。从读音来看，字符"树"标示一个音节 dzər31，音节 hər33 意指"风"。这是一个会意兼声字。

李霖灿先生《纳西族象形标音文字字典》第 1741 字写作 ，hæ33 la33rɯ31ndzʌ31，祭风树也。

几种写法基本一致，只是从不同出处的读音来看，《古事记》和《崇般崇笮》都读作 la33lɯ31，为会意字，而方国瑜和李霖灿的字典都呈现为会意兼声字。这是因为纳西东巴经在读经时可能省略音节。傅懋勣先生在注释《古事记》经文封面时，专门讲解这个字：

"左端上插小旗如树木形者，称 hʌ33la33lɯ31ndzʌ31，或 la33lɯ31 ndzʌ31，乃祭风道场中所用的一棵树。共分三节：上节称 nɑ31khɑ33，意为'天宫'，中节称 ʐo55lo33lo33phɑ31，意为'灵山四方'，下节称 dzi33 dziʌ31la33lʌ33dy31，意为'人民殷富之大地'，或称 ʐɿ33dziʌ31la33 lʌɿ33dy31，意为'草木蓊郁之平原'。"①

从傅懋勣的注解来看，这个字的确是一个会意兼声字，字符"树"和"风"是各标示一个音节的。

形声产生途径：

由几个表意字符组合成会意字，其中的部分字符标示部分音节，形成会意兼声字。

71）⿻⿻⿻：hy31，本义指"火"，读作 mi33，义借指"红"，在此因为发音相同，假借指"低"。在《崇般崇筶》中写法变为一个会意兼声字，写作⿻⿻（hy31，红），从"口"⿻，从⿻⿻（hy31，红），字符"红"兼标示读音。见上图五十三。

方国瑜、和志武《纳西象形文字谱》第 773 字写作⿻⿻，hy31，红也，口红也。又读作nɣ55hy31，顶嘴，多话。

李霖灿《纳西族象形标音文字字典》第 607 字写作⿻⿻，hY31，红也。

这个字在《古事记》中是假借字，在《崇般崇筶》中也是假借字，只不过前者假借的是独体字，而后者假借的是会意兼声字。从这个字可以看出纳西东巴文形声字形成的一条途径：先义借象形字表意，再加注形符形成会意兼声字。

形声产生途径：

在义借的表意字符上加注形符，原字符标音，形成会意兼声字。

《古事记》第 174 节：

音译：ko33 phʌɿ31 zo33 tɕi55 khɑ33 mɛ33 mi55 tɕi33 ɦo31 lɛ33 ʂʌɿ55 hɛ33
　　　白　鹤　小　儿　卡　迈　小　女　魂（助）赎回　魄
　　　lɛ33 mɛ55，mʌ33 ŋo31 mʌ33 tshʌ33 gu33．
　　　（助）求　不　病　不　热　（助）

意译：赎回白鹤小儿和卡迈幼女的魂，求取他们的魄，于是他们就不病了，也不发烧了。

72）⿻⿻：ʂʌɿ55，赎回。形声，从⿻，示招回之意，⿻⿻（ʂʌɿ55，

---

① 傅懋勣：《丽江麽些象形文字〈古事记〉研究》，武昌华中大学，1948 年，第 9 页。

七)声。在《崇般崇笮》中,形符和声符分写,声符 写在形符的右上方,见下图五十四:

《崇般崇笮》图五十四

方国瑜、和志武《纳西象形文字谱》第1179字写作 ～,şər55,招也,招之即来。

李霖灿《纳西族象形标音文字字典》第1800字写作 ～,şʌɭ55,招回之"招"。

这个字的结构说明,纳西东巴文形声字中的形符可以是一个抽象符号,这显示了纳西东巴文形声字发展中成熟的一面,虽然不是每一个形声字的形符都能做到符号化,但还是有一部分字的形符能借助抽象的符号来表示。在《崇般崇笮》中,声符与形符分开写,是出于东巴书写经文时布局的需要,也说明纳西东巴文形声字中声符的随意安置的特点。这一点,又显示了这个形声字的不成熟。

形声产生途径:

由一个抽象表意字符和一个假借用于标音的声符组合成一形一声的形声字。

《古事记》第175节:

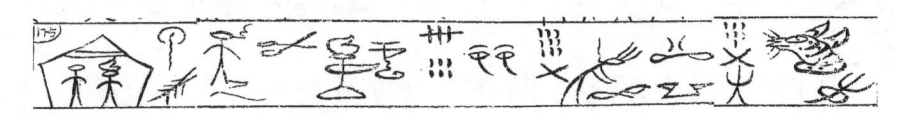

音译:i33 da31 tşhŋ33 dʑ33 dzi31, tha55 gʌ33 tɕhy33 tşhŋ31 ku33 ma55 gu33
   主人家 这 一 家 他家的 本族 亲 近 远 属
mɛ33 nuɯ33, zɛ55 tɕi33 bʌ33 y31 tşʌɭ31, sy55 mi33 khɯ33 tşho31
 (助)(助) 捷 足 壮 士 派 快 腿 女 使
tşʌɭ31, pha31 tso33 sɿ31 ɕi33 tşho55 tshʌ31 lɛ33 pha31 khɯ55, pha31
 派 占卜器具 三 百 六 十 (助)占卜 去 卦师
miʌ31 tha55 nɯ33 do31, ŋgu33 tshʌ31 tshy33 nɛ31 iʌ31 gʌ33 ɦo33
 眼 锐利 (助)看见 九 十 情死男鬼 和 情死女鬼的 骨

ŋɯ33 thu33, ʂʌ33 tshʌ31 tʌ31 la33 gʌ33 tshi31 ŋɯ33 za31
　　兆　　出现　　七　　十　寨鬼　拉鬼　的　扇子骨　兆　　下
lɛ33 dʑiʌ31.
（助）

意译：这一家主人的远近本族亲属也派捷足壮士和快腿女使去找卦师用三百六十种占卜器具算过卦，锐利的卦师眼睛已经看见了，九十个情死鬼和情死女鬼的骨兆出现在目前，七十个寨鬼和拉鬼也在扇子骨兆上表现出来。

73）⿱：i33dɑ31tʂhɻ33dʐ33dʑi31，主人这一家。从一男一女在房中，会意兼声，⿱（dʑi31，屋）标示一个音节。在《崇般崇笮》中写法跟《古事记》一致，见下图五十五：

《崇般崇笮》图五十五

方国瑜、和志武《纳西象形文字谱》第496字写作⿱，i33dɑ31，又读作 i33dɑ31tʂhɻ33dɯ33dʑi31，主人这一家也。

李霖灿《纳西族象形标音文字字典》第753字写作⿱，i33ndɑ31，主人家也。经典中常写作⿱，主人这一家。形声，或省形。

赵净修《纳西象形文实用字词注释》第154字写作⿱，i33dɑ31tʂhɯ33dʑi31，主人之家，主人这一家。《东巴象形文常用字词译注》第58字写作⿱，i33dɑ31，主人。形声，从"人"，⿱（i33，漏）、⿱（dɑ31，砍）声。

这个字在《古事记》和《崇般崇笮》中的写法，取一男一女在屋中，字符"房子"标示一个音节，而方国瑜、和志武先生字典中为一男一女坐在屋中，字符"房子"和"坐"都标示同一音节。李霖灿先生字典中为形声写法，在表意字上加注两个假借用于标音的声符，或者省形，仅仅写出声符。赵净修先生的书中摘录的写法是形声。这个字的形符声符都能稍作不同的写法，说明形声字的形和声还没有完全稳定，只是考虑到表意字符和标音符号的组合，但还存在许多异体，这是这种结构的文字处于早期的特点。

形声产生途径：

由几个表意字符组合为会意字，其中部分字符标示部分音节，形成会意兼声字。

《古事记》第179节：

音译：si33 dzʮ31 nɑ31 khɑ33 bɛ33, phɛ33 fio33 ŋgu33 sy31 bɛ33, hɛ31
　　　竹片花　竹十字　做　布　帛　九　种　做　耳
　　　khu55 lɑ31 dʐy31 bɛ33.
　　　环　手　镯　做

意译：做了竹片花和竹十字，做了九种布帛，做了耳环和手镯。

74）⟨字⟩：nɑ31khɑ33，竹十字。形声，从◆（nɑ31khɑ33，竹十字），⟨字⟩（khɑ33，苦）声。这个形声字是在表意字上加注声符的后起形声字，因为方国瑜、和志武《纳西象形文字谱》第1247字写作◆，nɑ31khɑ33，象征鬼域也，用五色丝线做成。李霖灿《纳西族象形标音文字字典》第1737字写作◆，nɑ31khɑ33，五色线网也。东巴法仪用品之一种，以五色线结织为网，云此作鬼神之城市。

这里在象形字上加注的声符原意为"苦"，标示一个音节khɑ33。

形声产生途径：

在表意字上加注假借用于标音的声符，形成一形一声的形声字。

《古事记》第184节：

音译：zl33 ʂʌɿ31 hɑ55 i33, gu33 bɛ33 ho55.
　　　寿　长　日子有　好（助）完了

意译：长命百岁！从此以后，一切顺利。

75）⟨字⟩：zl33ʂʌɿ31hɑ55i33，长寿。从⟨字⟩（zl33，草）、⟨字⟩（ʂʌɿ31，七）、⟨字⟩（hɑ55i33，有饭吃）声，一形三声。在《崇般崇笣》中写作⟨字⟩或⟨字⟩，前者为上下结构，后者为左右结构，见下图五十六和五十七：

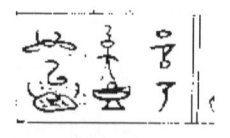

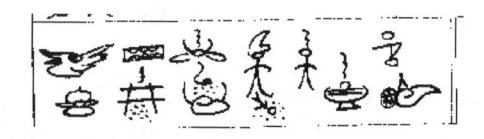

《崇般崇笮》图五十六　　　　《崇般崇笮》图五十七

方国瑜、和志武《纳西象形文字谱》第 570 字写作📷，zɿ33ʂər31hɑ55i33，长寿也。指事字，从人，📷示延年。又写作📷，形声，从人，犍（zɿ33，草）声。

李霖灿《纳西族象形标音文字字典》第 408 字写作📷，zɯ33ʂʌr31，长命也，高寿也。形声，从人，犍（zɿ33，草）声。第 570 字写作📷，zɯ33ʂʌr31hɑ55i33，长命富实也。会意兼声，从长寿📷（zɿ33ʂər31）省形，从人腹中足食📷（hɑ55i33）省声。

赵净修《纳西象形文实用字词注释》第 488 字写作📷，zɿ33ʂər31，长寿。第 489 字写作📷，zɿ33ʂər31hɑ55i33，长寿多福。

这个字存在着不同的异体，《古事记》中的写法最完善，可以看出，如果仅仅写作📷，就可以完全表示"长寿"之意，为指事字。方国瑜、和志武的字谱写作📷，基本一致。而写作📷，则将人头顶的示延年益寿的线条改为一个标音的字符，形成形声字，但标音不完全。《崇般崇笮》中写作📷或📷，是在指事字上加注一个标音符号📷，表示两个音节 hɑ55i33，为后起形声字。《古事记》中字的结构为左右结构，声符在右，形符在左，是在指事字上加注假借用于标音的三个声符，这样，原表意字就不再标音了。其多种异体的存在，显示了纳西东巴文形声字发展初期形与声的不稳定性，以及结构的灵活性。

形声产生途径：

在表意字上加注假借用于标音的声符，组成一形多声的形声字。

以上收录的形声字并不意味着《古事记》中只有如此数量的形声字，所录的形声字有的会反复出现好几次，经过详尽性统计，得出形声字 176 个。

《崇般崇笮》的年代较《古事记》晚，其中有些形声字，是《古事记》中没有的，经过详尽性统计，《崇般崇笮》中的形声字数量达到 304 个。

可见，从 1937 年的《古事记》到 1986 年的《崇般崇笮》，形声字的数量是在增加的。具体来看，纳西东巴文形声字的发展还处于早期，很多字例存在不同写法，纳西东巴文形声字的形符和声符的位置关系不稳定，声符的选取带有很大的随意性，标音符号的标音还存在不完整性。形符的特点更是复杂，大部分形符都是表示具体的、形象的意义，但也有一部分形声字的形符已经抽象化，也就是出现类化痕迹。两个版本中的形声字的具体对比，见下一章。

第四章 从实际调查看纳西东巴文形声字

第一节 《古事记》和《崇般崇笮》中形声字的种类和特点

《古事记》中,形声字数量只有 176 个,而《崇般崇笮》中的形声字增加到 304 个。黄思贤博士的论文《纳西东巴文献用字研究——以〈崇搬图〉和〈古事记〉为例》中统计出《崇搬图》(丽江县文化馆 1963 年 9 月 10 日刊印,由和芳讲述,周汝诚翻译)中形声字有 276 个之多。而这本《崇搬图》的时间正好在《古事记》和《崇般崇笮》中间。可见,随着时间的延续,纳西东巴文在记录经书时,形声字的数量是递增的,这也说明这种文字从象形向表意性文字发展,再向意音文字发展的趋势。不过,形声字并没有成为纳西东巴文主要的表词方式,主要还是以字符假借记音为主。为什么会如此呢?其中原因是多方面的:一是纳西语中存在着太多的同音词和音近词,这就为同音或音近假借提供了可能性。二是纳西东巴文字本身还没有发展成熟,其字符用来记录东巴经时还存在着许多不稳定性。同样的词义,可能采用不同的记录方式,有时可能用极为形象化的象形字来记录,有时用会意字记录,还有时用假借音符来记录,更有用形声字来记录的。如此不稳定的记词方式,必然使得纳西东巴文形声字呈现出动荡的面貌。三是纳西东巴古籍都是由东巴们根据代代相传的口诵经书来记录的,东巴本身的学识和识字量,以及他们个人的书写习惯,都会使得纳西东巴文在具体的经书中呈现出个性化的特点。越到后来,纳西东巴文字能做到逐词记录语言,相伴随的是,假借现象更频繁,并未促进形声结构表词方式的繁荣。

一、从《古事记》到《崇般崇笮》看纳西东巴文形声字的种类

通过对《古事记》和《崇般崇笮》中的形声字进行分析,我们可以了解到纳西东巴文形声字在这两部经书中呈现出的种类。无论哪一本,都显示出纳西东巴文形声字的原始与发达共存的矛盾。由于两本经书出版的时间相差四十多年,其中各自呈现的形声字特点还是能反映纳西东巴文形声字发展的

面貌特征的。两本经书中反映出的形声字种类如下：

1. 原始形声字

《古事记》和《崇般崇笮》中都存在着原始形声字。所谓的原始形声字，就是从字符组合的结构看，字形以表意为主，加注抽象字缀符号，类似汉字中的指事字，但是原表意字兼标示整个字的读音。从形声字的概念来看，不符合其定义，更像一个独体字。但是字符标音方面，原来的表意字的确承担着标示整个字的读音或部分读音的职能。如：

[图]，tʂʅ33，见《古事记》第2节，[图]也作[图]，读作 tʂʅ33，意为"土"，象形；[图]示"摇晃"。此字实为原始形声字，其中[图]兼标音，在原表意字上加注指事符号，原字兼标音。《崇般崇笮》中写作[图]，从"土"，tʂʅ33，线条示晃动。

[图]，ho31，见《古事记》第3节，本义是指一种瓣形的碧玉，在纳西东巴文经书中常常义借为"绿色"，有时写作[图]。在此用来标音，指"影子"，线条为指事符号。此字是原始形声字，标音符号为义借字。《崇般崇笮》中写作[图]，结构一致。

2. 准形声字

《古事记》和《崇般崇笮》中都有准形声字，有些在《古事记》中已经是准形声字，到了《崇般崇笮》中，加注音符，声符标音的痕迹更明显。这说明在纳西东巴文中，准会意兼声字和准形声字是纳西东巴文记录语词的一种方式，这跟古汉字不太一样。

[图]，ndzʌ31dzy31ŋdzi33，见《古事记》第2节，这个结构从音节以及记录的语义来看，很难界定为形声，因为这是由[图]，ndzi33，"走路"一字改换而成的，而且字符[图]在此也标示一个音节 ndzʌ31，但是，这里的音节 ndzi33 是没有得到记录的，其字形省去了。在《崇般崇笮》中，写法稍有不同，我们看下图：

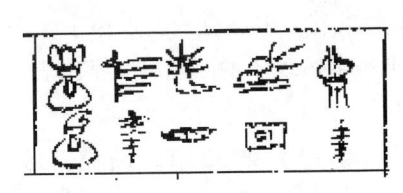

《崇般崇笮》图一

其中的[图]，上为树有脚。下面的[图]，ndzi33 为"酒药"，在此假借标音，指代[图]，对于[图]来说，是一个不可切分的整体，如果说[图]是两个字的组合，那么，加注▱作为音符以后，这就是一个有形声痕迹的组合，我们称之为准形声字。

🝆，lu33ŋɯ33tɑ55，见《古事记》第2节，石头裂嘴会说话，从"石"，读 lu33，）示"分裂"，读 ŋɯ33，◡意为"说"，tɑ55 无字符表示。这是由三个字符组成的一个整体。在《崇般崇笮》中，写作🝆，增加了音符▱，tɑ55，本义为"匣子"，在此假借来指"说"。对于🝆来说，🝆已经是有形声痕迹的准形声字了。

3. 形声字

（1）假借字到加注形符的形声字

有些字在《古事记》中使用的是纯粹的假借字，即借一个同音字来表示另一个词，而在《崇般崇笮》中则写作加注形符的形声字。这呈现出纳西东巴文形声字发展的一条线索。假借作为形声字产生的一个动因，古汉字里如此，纳西东巴文也一样。由于假借字的使用，使得纳西东巴文为了更准确地记录词，选择增加形符而求字形的区别，分化出新的字，而这样分化出的字就是形声字。如：

𐰀，lɯ31，见《古事记》第20节。本义指"蕨菜"，在此借指"小官"。此字在东巴经中，有时还写作形声字，如《崇般崇笮》中，一处写法与《古事记》同，也写作𐰀，但另一处则写作𐰁，从"官"，𐰀声，为加注意符的形声字。

𐰂，ku55，见《古事记》第24节，能者。本义指"蒜"，因为同音，借指"能者"。在《崇般崇笮》中，"能者"写作𐰃，从"人"，𐰂声，为形声字。

𐰄，sɿ33，见《古事记》第24节，智者。本义为"木"，读 sʌ33，因为读音相近，在此借指"智者"。此字还有加注意符的写法，在《崇般崇笮》中写作𐰅，从"人"，𐰄声。字符组合为上下结构。还有的地方写作𐰆。

（2）表意字到加注声符的形声字

《古事记》和《崇般崇笮》中还有一类形声字，是在表意字的基础上加注声符而成的。这类形声字体现了纳西东巴文字由表意字向意音文字发展的痕迹。如：

𐰇，ɦɑ31，见《古事记》第32节，山崖。形声字，从"崖"𐰇，"鸡"𐰈（æ31）声。在《崇般崇笮》中写法一样，见下图，这是一个典型的一形一声的形声字。

《崇般崇笮》图二

方国瑜、和志武先生《纳西象形文字谱》中又写作🔲，可见，此字是在象形字基础上加注标音符号🔲（æ31，鸡）而成。

（3）形符与声符合成的形声字

《古事记》和《崇般崇笮》中有一类形声字是由形符和声符直接组合而成的。如：

🔲，ʂʌɿ55，见《古事记》第174节，赎回。形声，从🔲，示招回之意，🔲（ʂʌɿ55，七）声。在《崇般崇笮》中，形符和声符分写，声符🔲（ʂʌɿ55，七）写在形符的右上方，见图三：

《崇般崇笮》图三

🔲，lɛ33tho31，见《古事记》第159节，"赖托"村。形声，从🔲（uʌ31，村子），🔲（lɛ33，獐）、🔲（tho31，松树）声。一形二声。

（4）结构复杂的形声字

结构复杂的形声字，一般为后起形声字。这类形声字在《古事记》和《崇般崇笮》中不多。说明纳西东巴文形声字的发展还不够成熟，不像古汉字那样，一旦形声结构出现，就能大量滋生新的形声字。大量滋生新的形声字需要的条件是，形符类化程度高，而纳西东巴文形声字的形符类化程度始终不高。

🔲，zɿ33ʂʌɿ31hɑ55i33，见《古事记》第184节，长寿。从🔲（zɿ33，草）、🔲（ʂʌɿ31，七）、🔲（hɑ55i33，有饭吃）声，一形三声。在《崇般崇笮》中写作🔲或🔲，前者为上下结构，后者为左右结构。

二、从《古事记》到《崇般崇笮》看纳西东巴文形声字的发展特点

从《古事记》到《崇般崇笮》，形声字数量的增加，反映纳西东巴文形声字随着时间的发展，也在逐渐发展的事实。通过对这两本纳西东巴文经书

中的形声字比较，可以归纳出如下特点。

1. 字符形象化和表意特征明显

两本东巴文经书描述的内容是大致相同的，但由不同的东巴书写，而且写于不同的年代。两本经书中的形声字有一个共性，那就是，字符形象化和表意特征明显。无论《古事记》还是《崇般崇笮》，如果仅仅从视觉效果上看，字符的形象性是不可否认的，即便是运用了大量的假借字，这些假借字的字符在视觉上还是以形象性为主。纳西东巴文形声字，无论是形符还是声符，都有字符形态形象化的特点。而形声字的形符，以具体表意为主，类化程度较低，这与纳西东巴文的性质和发展状态是分不开的。比如：

《古事记》第 8 节：

音译：sɿ31 dy31 tʂho31 ŋgu33 ku55 thu31, ŋgu33 ku55 ɛ31mɛ33 thu33.
　　　三　样　早　　九　个　出　　九　个　　太　极　出
意译：三样生九个，九个生太极，太极生"真""作"。

《崇般崇笮》中对应的一节是：

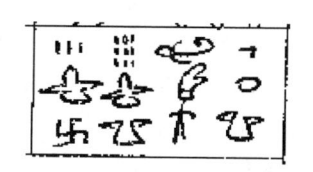

《崇般崇笮》图四

这里看到的字符中，等都是同音假借字，但字符形态还是十分形象。

dʑi31，见《古事记》第 96 节，家。会意兼声，从崇忍利恩和一个女人共处一室，表示"家"。字符"房子"标音。在《崇般崇笮》中为形声字，写作，iə33ko31，从（dʑi31，房子），（iə33，烟叶）、（ko31，针）声，一形二声。无论是会意兼声字，还是形声字，表意的形符都是十分形象的，形声字的声符是假借两个独体象形字来充当的，整个字使用的字符都是形象化的。

☗，dzi31，见《古事记》第 37 节，屋、房子。从 ⌂（dzi31），内有人坐 ☖（dzi31，坐），字符"坐"兼标音。组成这个字的两个字符也是两个象形字，十分形象。

《古事记》和《崇般崇笮》中的形声字，虽然声符多为假借字，但是字符的形象化痕迹十分明显，体现了纳西东巴文字符顽强的表意特性，也充分反映纳西东巴文的原始性特征。形声字由于字符形象表意的特性而呈现出不太成熟的特点。声符的出现，目的是更清晰地标示读音，但是强大的表意磁场，使得纳西东巴文形声字的形符和声符都罩上了浓厚的表意色彩。即使是大批假借字，如果没有东巴们的专门识读和注解，我们无法知晓其含义。仅仅从经文的字句来识读，只能根据字符所代表的具体含义去理解，这样是无法理解整本经书的意义的。因此，纳西东巴文强烈的字符表意特点，会大大影响纳西东巴文形声字形符和声符的特性和相互关系。

当然，《古事记》和《崇般崇笮》中都能找到少量形声字形符抽象化的例子，但是总的来说，形符还是形象表意为主，类化程度不高。这是跟汉字形声字最大不同的地方。

2. 形符、声符不稳定，书写纳西东巴文经书时存在共用形符或者声符的现象

从《古事记》和《崇般崇笮》两本东巴经来看，纳西东巴文形声字形与声的组合是极不稳定的。方国瑜、和志武先生《纳西象形文字谱》和李霖灿先生《纳西族象形标音文字字典》收录的是静态文字材料，从中不易看出这样的特点，在《古事记》和《崇般崇笮》中则很明显。纳西东巴文字符的顽强表意特征，使得东巴们在书写经书时，往往重视所写经书的整体布局，也就是说，一节东巴经中，字符的摆放位置要照顾整节的审美效果，这跟图画的构图理念是一致的。那么，对于置身其中的形声字，其形符和声符也要屈从于经文的布局，就可能出现形声字结构或疏或密的现象，甚至形符与声符相隔一定距离。纳西东巴文的字符体态的象形性质决定了其形声字中形与声组合不像古汉字形声字那样，追求的是平衡和对称的美。在东巴经中，我们还能见到共用形声字形符或者声符的现象。

（1）形符声符不稳定，结构或疏或密

《古事记》第 174 节：

音译：ko33 phʌ31 zo33 tɕi55 kha33 mɛ33 mi55 tɕi33 ɦo31 lɛ33 ʂʌɭ55 hɛ33
　　　白　鹤　小儿　卡　迈　小　女　魂（助）赎回魄
　　　lɛ33 mɛ55, mʌ33 ŋgo31 mʌ33 tshʌ33 gu33.
　　　（助）求　不　病　不　热（助）

意译：赎回白鹤小儿和卡迈幼女的魂，求取他们的魄，于是他们就不病了，也不发烧了。

其中有一个形声字 ～，ʂʌɭ55，赎回。从 ～，示招回之意，𝍂（ʂʌɭ55，七）声。在《崇般崇笮》中，形符和声符分写，声符 𝍂（ʂʌɭ55，七）写在形符的右上方，见下图：

《崇般崇笮》图五

《古事记》中，这个字的形与声结合得还是比较紧密的，下形上声，而在《崇般崇笮》中，声符与形符则写得极为松散，形符与声符的分布完全是配合这一节经书的美观布局需要。这说明纳西东巴文形声字中形符、声符的位置关系存在随意安置的特点。形符与声符关系的不紧密，也反映纳西东巴文形声字的结构还不稳定，形声字不成熟。

《古事记》第101节：

音译：dzi33 dʑiʌ31 la33 lʌɭ33 dy31, tʂo31 ɤɯ33 bo31 mʌ33 dʐʅ33, bo31
　　　大　　地　　上 成年男子 好 女配偶 不　 有 女配偶
　　　ʂo31 mɯ33 la33 ndo33, tshɛ55 hɯ31 bo31 bʌ31 mi55, mbɯ33
　　　我　 天（助）向上走（天　　　女　　 名）成年女子
　　　ɤɯ33 ndzʅ31 mʌ33 dʐʅ33, ndzʅ31 ʂo31 dy31 la33 za31.
　　　好　男配偶 不　 有　男配偶　我　地（助）下来

意译：大地上有成年的好男子（即"利恩"或称"勒额"），而没有妻子，于是上天找妻子；天上的仙女"蔡荷包玻蜜"（又译为"衬红褒白"）已

148

是成年的好女子，而没有丈夫，于是下来找丈夫。

准形声字 ✦ ∕，tshɛ55huɯ31bo31bʌ31mi55，"蔡荷包玻蜜"（又译为"衬红褒白"），指天上的仙女名。从 ✦（mi55，女人），∕（tshɛ55，叶）声。其中标音的符号 ∕（tshɛ55，叶）与表意的字符 ✦（mi55，女人）是分开写的。

而方国瑜、和志武先生《纳西象形文字谱》第 1338 字写作 ✦，李霖灿先生《纳西族象形标音文字字典》第 552 字写作 ✦。标音符号置于人手中或者头顶，表意符号与标音符号结合得比《古事记》中紧密。

黄思贤博士的论文《纳西东巴文献用字研究——以〈崇搬图〉和〈古事记〉为例》中归纳形声字在文献使用中的特点时，从《崇搬图》的分析中，已经注意到形声字形符与声符之间的这种关系，他总结出"东巴文行文随意，加之形声字尚未定型，形符和声符常常分离得很开"[①]。可见，纳西东巴文字形声字在工具书中的结构关系到了东巴经文献中，还可能随经文需要而改变。

（2）共用形声字形符

《古事记》第 159 节：

音译：ɣɯ33 thu33 uʌ31 ȵiʌ31 thu33；lɛ33 tho31 tɯ33 nɯ33 mbʌɻ33，
　　　（村　　名）（助）到　（村名）地界 从 迁移
　　　khɯ33 kho55 tɯ33 ȵiʌ31 thu33.
　　　（村　　名）地界（助）到
意译：到了"额吐村"；离开"赖托村"，到了"克靠村"。

这一节中，字符 ⩗（uʌ31，村子）为三个字共用。✦，ɣɯ33thu33uʌ31，"额吐村"，这是一个准形声字，字符 ⩗（uʌ31，村子）表意，✦（ɣɯ33，牛）和 ✦（thu33，桶）假借标音。而"赖托村"写作 ✦，lɛ33tho31，仅仅写出两个假借标音的声符，形符与前一字共用。"克靠村"写作 ✦，khɯ33kho55，共用形符 ⩗（uʌ31，村子），✦（kho55，角）、✦（khɯ33，狗）声。

---

① 黄思贤：《纳西东巴文献用字研究——以〈崇搬图〉和〈古事记〉为例》，华东师范大学博士学位论文，2008 年，第 100 页。

可见，在纳西东巴经中，形声字的形符与声符不是紧密结合在一起的。这一节经文显示，仅第一个字表意的字符和标音的字符布局比较紧凑，形成右形左声的格局，而后面两个形声字，则由于形符的简约处置以及东巴文布局的要求，形符共用，并且与声符结构松散。这正是纳西东巴文形声字处于发展早期的体现。这类形声字在古汉字中似乎不易见。

（3）共用形声字声符

《古事记》第 170 节：

音译：tʌ̢31 nɛ31 lɑ33 gʌ33 tshi31 ŋguɯ33 zɑ31 lɛ33 dʑiʌ31. ko33 phʌ̢31
　　　　寨鬼　和　拉鬼的　扇子骨兆　　下　　（助）　　白　鹤
　　　zo33 tɕi55 khɑ33 mɛ33 mi55 tɕi33 nuɯ33，zɛ33 tɕi33 bʌ33 y31 tʂʌ̢31
　　　　小　儿　卡　迈　小　女（助）　捷　足　壮　士　派
　　　sy55 mi33 khuɯ33 tʂho31 tʂʌ̢31.
　　　　快　腿　女　　使　派

意译：七十个"寨"鬼和"拉"鬼也表现在扇子骨兆上了。那白鹤小儿和卡迈幼女便派捷足壮士和快腿女使。

这一节中有两个准形声字，一个是 ko33phʌ̢31zo33tɕi55，白鹤小儿，从"人"省部分字形，此字省略形符，字符 （phʌ̢31，解，借指"白"）， （ko33，鹤）充当声符，另一声符 tɕi55，写作 ，分开写在这一节的后面。

另一个准形声字是 kha33mɛ33mi55tɕi33，卡迈幼女（即东巴经中的"开美命金"）。从 （mi55，女人）、 （kha33，沟）、 （tɕi33，剪）标音。

上面这两个准形声字都共用一个相同的标音符号 （tɕi33，剪）。这是纳西东巴文形声字中十分特殊的例子。在书写过程中，几个字共用一个声符，这完全是纳西东巴文的性质决定了这种可能性和可行性。由于纳西东巴文的字符体态的形象化特性，使得纳西东巴经的书写带有浓厚图画文字意味，其中字符在记录东巴经的同时，还能以构图元素的形象出现在一节东巴经中。另外，东巴书写东巴经时也会追求经文的行文美，怎样处理字符之间的搭配关系，还有美学的构思。而且，形声字本身处在发展的早期，其形符和声符结合普遍不紧密，使得东巴们能随意驾驭形声字的形符和声符在东巴经文中的位置。因此，在同一节经文中，我们能看到形符相同或者声符相同的形声字共用一个形符或者声符的现象。

纳西东巴文的性质，从某种程度上决定了纳西东巴文形声字形与声的关系，也从某种程度上限制了其形声字的发展。另外，东巴们为了使所书写的东巴经保持其一贯的神秘风格，也会使得书写的经文带有不易解读的特性，形声字形与声的分离或者形符共用、声符共用，既反映纳西东巴文形声字的真实面貌，也表明这是一种书写技巧。种种这些，都反映纳西东巴文形声字发展不成熟，如果是成熟的形声字，也就不会出现形符或声符被分离或者共用形符、声符的现象。

（4）存在省形和省声现象

《古事记》和《崇般崇笮》中的形声字还存在省形或者省声现象。省形现象如：

《古事记》第 91 节：

音译：ʥɿ33 tso33 tshɛ55 bi33 ȵiʌ31 ko55，bi33 lo31 tsho31 pho55
　　　一　对　撬起　林（助）掷　　（男　怪　名）
　　　lu31 mɛ33 mo33 ɣɯ31 tʂʅ33 nɯ33 piʌ55.
　　　（女　怪　名）他（助）变

意译：又撬起一对抛入树林，就变为林内鬼怪，名叫"比落措坡"和"路买魔额"。

　，bi33lo31tsho31pho55，水怪名。在此假借"象"tsho31 表示，完整的字应该写作　，此字跟这一节中的下一个字共用形符　（mo33，水怪）。在《崇般崇笮》中，写作　，从　（mo33，水怪）省部分字形，　标示一个音节。这是一个不完全标音的形声字，形符或省形，声符只标示部分音节，还有一些音节 bi33lo31 和 pho55 无字符表示。

准形声字　，lu31mɛ33mo33ɣɯ31，女水怪名。从　（ɣɯ31，女水怪）省部分字形，　（lu31，石）标示一个音节。

除了存在省形以外，还有省声现象。如：

《古事记》第 62 节：

音译：tsho31 zɛ33 lɯ55 ɣɯ33 nɯ, ȵdzʌ31 ku33 huɑ33 phʌɻ31 zu̥31, zu̥31
　　　措　哉　勒　额　（助）　树　上　鹇　白　拿　拿
　　　bɛ33 nɯ33 ho31 sɛ31, tho33 tʂo55 y31 phʌɻ31 lu55, lu55 bɛ33 nɯ31
　　　做　你　慢　（助）　松　叶　羊　白　牧　牧　做　你
　　　ho31 sɛ31.
　　　慢（助）

意译：崇忍利恩到树上捉白鹇，可是捉得太慢了。在松叶上牧羊，可是牧得太慢了。

　　, tsho31zɛ33lɯ55ɣɯ33, 崇忍利恩。相传为洪水后仅存之人类始祖。形声，从人，长嘴示"象"（tsho31），角示牛（ɣɯ33）。一形二声，声符都省去部分字形。在《崇般崇笮》中，有的写法跟《古事记》中一样，还有的再增加一个声符，写作 ，从 ，（ɣɯ33）声；或写作 ，从 ， （ɣɯ33，丽江、鲁甸读法，意为"好"）声。这个字的不同写法，显示了其形声结构的不稳定，或者省去一个声符，或者加注不同写法的假借声符。同一个字，使用相同发音的不同声符，表明纳西东巴文形声字声符不稳定。这是纳西东巴文形声字在东巴经中的一种常见现象。

3. 形声字的面貌呈现矛盾性

通过对《古事记》和《崇般崇笮》中的形声字进行调查分析，我们发现纳西东巴文形声字的面貌呈现出其发展过程中的矛盾性。那就是原始性与先进性并存，形象性与抽象性兼备。

（1）原始性与先进性并存

纳西东巴文形声字的原始性跟纳西东巴文本身的性质有关。"东巴经书的绝大部分在记录经文时，普遍存在着字和词单位上不对应的现象，大致上可以把这类现象分为以下三种情况：一、有词无字，即一些词没有相应的字去记录；二、一字多用，即有的词在一节经文中出现几次。记录它的字却只出现一次；三、有字无词，即有的字在诵读经文时不读出来。"[①] 由于不能逐词记录，在识读东巴经时，就会出现"有词无字"的现象。王元鹿分析出的

---

① 王元鹿：《汉古文字与纳西东巴文字比较研究》，华东师范大学出版社，1988年，第119页。

这三种情况正是纳西东巴文字系统比较原始的特点。

纳西东巴文形声字的出现，使纳西东巴文的性质从表意为主的文字走向早期意音文字，又加之纳西族文化长期受到汉文、藏文的影响，纳西东巴文形声字的发展经过时代的变迁，显得极不平衡，我们能看到纳西东巴文形声字中的原始性，但同时也能看到其中展示出来的先进性。

原始性体现在好几方面，如形符和声符的结构不稳定，存在原始形声字，存在一个形声字有几个声符的情形，更有标音不完全的形声字，有准形声字，声符的借用有着很大的随意性等。

同一个形声字，在不同的经文中存在根据实际需要更换不同形符的情况。如：

🝆，kha33，本义为"苦"，在东巴经中常借指"生气、懊恼"。会意兼声，从🝆：(nv55，口)，有物 ● (na31，黑)吐出，"黑"兼标音。在《崇般崇笮》中的写法稍有不同，分别写作 ❁ 和 ❁，将"生气"🝆一词跟 ❁ 和 ❁ 写在一起了。李霖灿《纳西族象形标音文字字典》第 313 字写作 ❦，kha33，苦也。象人口含苦物之形，或略去人身作 🝆，以黑示苦意，借音作"生气"解。这个字在《崇般崇笮》中的写法说明， 🝆 这个字在纳西东巴文中可以跟人体结合，在东巴经中，如果需要的是人，就写成 ❦，也可以是一个"女人"加上 🝆，这里是 ❁ 和 ❁。纳西东巴文形声字根据具体的东巴经需要，形符自由更换，彰显纳西东巴文形声字发展过程中的原始性特征，形声字形符可以随着上下文的需要而改变一些面貌。

除此之外，纳西东巴文形声字还有反映纳西东巴文记录东巴经时不是逐词记录，而是记录一句话的情况。如《古事记》：

《古事记》第 43 节：

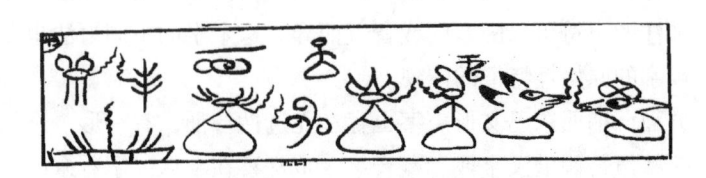

音译：dzi33 dziʌ31 la33 lʌɟ33 dy31, ku55 nɯ33 sŋ33 ndzɤ31 ŋguʌ33, lʌɟ55
　　　大　 地　 上　 能者（助）智者　商　　量　量木师
　　　nɯ33 tʂhʌ55 ndzɤ31 ŋguʌ33, ndzŋ33 nɯ33 lɯ31 ndzɤ31 ŋguʌ33,
　　　（助）营造师　 商　 量　 大官（助）小官　 商　 量
　　　py31 nɯ33 phɑ31 ndzɤ31 ŋguʌ33, dzi33 nɯ33 tsho31 ndzɤ31 nguʌ33.

  东巴（助）卦师　　商　　量　　则（助）措　　商　　量
意译：大地上，能者和智者商量，量木师和营造师商量，大官和小官商量，
   东巴和卦师商量，"则"和"措"商量。

  其中⿰⿱○○○，py31nɯ33pha31ndzʅ31ŋguʌ33，东巴和卦师商量，这个组合不像一个字，因为表达的是一句话，而⿰○○就读作py31nɯ33pha31ndzʅ31ŋguʌ33。纳西东巴文在记录东巴经时，可以根据具体的语义需要，改换所用的字符来造字。

  "商量"一词在李霖灿先生《纳西族象形标音文字字典》中写作⿰○○，ndzu31ŋgwɛ33，象两人并坐商议之形。而方国瑜、和志武先生的《纳西象形文字谱》第700字写作⿰○○，sæ33do31，又读作dzʅ31guə33，交谈也，商量也。会意兼声，从老翁老妪坐而谈。字符"坐"（dzʅ31）标示一个音节。

  在《古事记》第43节中，出现了一个符号○，本义为"坐"，读ndzʅ31，在此标示"商量"一词的一个音节。因此，这个组合可以说是加注一个音符的带有形声性质的准形声字。这个结构还不够明显，我们看《崇般崇笓》中的写法，就更明显，不仅将"商量"一词作为音符加注，还另外加注一个音符井，写作⿰○○，见下图：

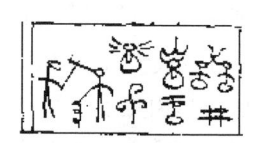

《崇般崇笓》图六

  这个字的不同书写形态，反映了纳西东巴文形声字发展的早期特点。在一个表意字上加注一个或者两个声符，说明纳西东巴文字在由纯粹的字符表意转向注重标音的阶段。这一阶段形声字的结构还不稳定，加注几个声符是随意的，加注的声符可以因音同或音近而异。这个字的不同写法也正是纳西东巴文形声字的原始性特征的体现。

  另一方面，纳西东巴文形声字也存在先进性特征，有一形一声的单音节形声字，一些声符假借汉字或者藏音字。范常喜在《从汉字看东巴文中的超前发展现象》一文中认为，纳西东巴文中超前现象的表现在于："形声字已进入初步发展阶段"；"形义、会义及形声字作为构件的会意字的出现"。[①] 而形声字发展的表现在于"有了相当的数量""构成方式基本齐备""省形省声

---

① 范常喜：《从汉字看东巴文中的超前发展现象》，《中央民族大学学报（哲学社会科学版）》2006年第5期，第74～79页。

现象多见，个别形声字还出现了声符的羡余""出现形声字充当形符或声符的多层次形声字"。① 我们从《古事记》和《崇般崇笮》中也能窥见纳西东巴文形声字的先进性的体现。在一形一声的形声字中，大部分声符都是假借字符标音，即喻遂生先生所言的"注音式"形声字，这类形声字已经符合严格意义上形声字的内涵。如：

⿱，to55，陡坡。形声，从⿱，𠁁（to55，板）声。这个形声字在《崇般崇笮》中没有出现，因为描述的崇忍利恩和衬红褒白迁移的地名不同。方国瑜、和志武先生《纳西象形文字谱》第 93 字写作⿱，to55，岗也。形声，全包围结构，从坡⿱，𠁁（to55，板）声。李霖灿先生《纳西族象形标音文字字典》第 1129 字写作⿱，to55，陡也。以山示意，以𠁁注音。ndzo31to55 或如此读，乃"陡山"之意也。形声，从坡⿱，𠁁（to55，板）声。这个形声字如果读作 ndzo31to55，则是一个准形声字，由此也能看出，纳西东巴文形声字中有一部分来自准形声字中表意字符读音的脱落。这个形声字是一个比较成熟的形声字，其形符与声符的结构搭配比较合理，而且声符注音。

纳西东巴文形声字中存在结构复杂的形声字，如由形声字充当形符或者由会意字充当形符。

⿱，zๅ33ʂʌɻ31hɑ55i33，长寿。从⿱，⿱（zๅ33，草）、⿱（ʂʌɻ31，七）、⿱（hɑ55i33，有饭吃）声，一形三声。在《崇般崇笮》中写作⿱或⿱，前者为上下结构，后者为左右结构。方国瑜、和志武先生《纳西象形文字谱》第 570 字写作⿱，zๅ33ʂər31hɑ55i33，长寿也。指事字，从人，⿱示延年。又写作⿱，形声，从人，⿱（zๅ33，草）声。李霖灿先生《纳西族象形标音文字字典》第 408 字写作⿱，zɯ33ʂʌɻ31，长命也，高寿也。形声，从人，⿱（zๅ33，草）声。第 570 字写作⿱，zɯ33ʂʌɻ31hɑ55i33，长命富实也。会意兼声，从长寿⿱（zๅ33ʂər31）省形，从人腹中足食⿱（hɑ55i33）省声。赵净修先生《纳西象形文实用字词注释》第 488 字写作⿱，zๅ33ʂər31，长寿。第 489 字写作⿱，zๅ33ʂər31hɑ55i33，长寿多福。这个形声字如果仅仅写成⿱，已经是形声结构了，在《古事记》和《崇般崇笮》中还另外加注标音的字符，使得整个字的结构更复杂，原来的形声字变成形符。这样结构复杂的形声字，是形声字走向成熟和发达的萌芽。

⿱，nɑ31khɑ33，竹十字。从⿱（nɑ31khɑ33，竹十字），⿱（khɑ33，

---

① 范常喜：《从汉字看东巴文中的超前发展现象》，《中央民族大学学报（哲学社会科学版）》2006 年第 5 期，第 74～79 页。

苦）声。这个形声字是在表意字上加注声符的后起形声字，因为方国瑜、和志武先生《纳西象形文字谱》第 1247 字写作 ◆，na31kha33，象征鬼域也，用五色丝线做成。李霖灿先生《纳西族象形标音文字字典》第 1737 字写作 ◆，na31kha33，五色线网也。东巴法仪用品之一种，以五色线结织为网，云此作鬼神之城市。标音字符 ⌒（kha33，苦）本身为形声字。这个字的结构也反映了纳西东巴文形声字的先进性的特点。

🝆，mi33lu31，夫妻。省去声符 🜂（mi33，火）。此字还可以省去形符写作 🜂，在《崇般崇笮》中写作 🝆，可见，这个字的写法不稳定，不同写法的存在体现了纳西东巴文形声字不稳定的一面，但是，形符为 🝆，是一个会意字，由会意字充当表意的形符，这是这个形声字发展超越现状的一面。

（2）形象性与抽象性兼备

《古事记》和《崇般崇笮》中形声字呈现出来的特点虽然不能代表所有的纳西东巴文形声字，但是能反映出纳西东巴文形声字的共性特征。这些形声字，形象性和抽象性兼备，大部分形声字的形符都是形象性表意的，但是也有一部分形声字的形符十分抽象。正是由于存在着字符形象性表意和抽象性表意的情况，让我们看到了纳西东巴文形声字发展的不均衡。

🏠，dʑi31，屋、房子。形声，从 ⌂（dʑi31），内有人坐 王（dʑi31，坐），字符"坐"兼标音。这个字的两个字符都十分形象。

∽，ʂʌɿ55，赎回。形声，从 ∽，示招回之意，川（ʂʌɿ55，七）声。这个字的形符是抽象的曲线。

◯，lu33，裹。形声，从 ◯ 示包裹之意，◯（lu33，石）声。在《崇般崇笮》中写法结构相同，只是表意符号稍作区别，见下图：

《崇般崇笮》图七

这个形声字的结构基本没有发生变化，只是用来表意的形符由圆圈变为曲线，表示包裹。表意的符号没有读音，但是采用了抽象的线条表示。

纳西东巴文字的字符还是以形象表意为主的，其字符的符号化进程十分缓慢，但是从一些纳西东巴文字中还是能看出以抽象符号表意的痕迹。纳西东巴文形声字呈现出的形象性与抽象性兼备的特征，其实也符合纳西东巴文形声字发展的阶段特点。

《古事记》和《崇般崇笮》中一些原始形声字中，已经出现以抽象的线条表示具体意义的情形。如:《古事记》中有 ⿻, tʂๅ33, ⿻也作⿻，读作 tʂๅ33，意为"土"，象形；⿻示"摇晃"，其中⿻兼标音。《崇般崇笮》中写作⿻，从"土"，tʂๅ33，线条示晃动。

《古事记》中有（⊙），bu31，抱。会意兼声，从蛋在窝中。字符"蛋"读 kv33，兼标示读音。此字在《崇般崇笮》中写作形声字，写作 ⿻，从蛋在"锅"中，字符"锅" ⿻ 标示读音。方国瑜、和志武先生《纳西象形文字谱》第 285 字写作 ⿻，bʏ21，抱蛋也。会意兼声，从母鸡抱蛋 ⊙（kv33），字符"蛋"音接近 bʏ21。又写作 ⿻ 或 ⊙。李霖灿先生《纳西族象形标音文字字典》第 698 字写作 ⊙，bv31，孵卵也。中画一蛋，上下围盖，示孵化鸡蛋之义。会意兼声，从蛋在上下包围中，蛋 ⊙（kv33），字符"蛋"标示一个音节。第 699 字写作 ⿻，bv31，孵化也。以"卵" ⊙ 示意，以 ⿻ "锅"注音。

这个字的不同写法中，有会意兼声结构，也有形声结构，但是我们能看出形象性表意和抽象性符号表意的两种情况，方国瑜字谱中的写法 ⿻，是比《古事记》更偏重形象表意的写法。也就是说，《古事记》中仅仅写作 ⊙，省去表意符号"鸡"，李霖灿字典中写作 ⊙，则将"鸡"抽象化为一线条，示"盖子"。写作 ⿻ 则是将表意符号替换为标音的声符。可见这个字从表意为主的会意兼声发展为抽象字符表意的会意兼声，再发展到形声的过程。

三、分析《古事记》与《崇般崇笮》中形声字数量及种类存在差异的原因

《古事记》中有 176 个形声字，《崇般崇笮》中有 304 个形声字，两本东巴经中的形声字数量存在一定的差距。巧的是，黄思贤博士的论文《纳西东巴文献用字研究——以〈崇搬图〉和〈古事记〉为例》中统计出《崇搬图》中形声字有 276 个之多。这三本东巴经记录的是一致的内容，但每一本中的形声字数量都有差异。其中原因在于以下几个方面：

1. 纳西东巴文形声字发展的规律使然

傅懋勣先生《古事记》版本出版于 1948 年，而《崇般崇笮》出版于 1986 年，相隔近四十年，《崇般崇笮》中的形声字比《古事记》中多，反映纳西东巴文形声字的发展。因为形声结构的出现，意味着纳西东巴文字在记录东巴经时可以通过以记录意音的方式来进行。这种结构出现后，随着时间的推进，形声字在东巴经中的增加是理所当然。

从两本东巴经的文字与东巴经语言的对应关系来看,《古事记》中不能逐词记录东巴文经文的情况远比《崇般崇笮》中多,这意味着《古事记》保持着纳西东巴文更原始的特性,而《崇般崇笮》中则已经尽量做到逐词记录,大量使用假借字,同时也用更多的形声字。如:

《古事记》第 101 节:

音译：dzi33 dziʌ31 la33 lʌɿ33 dy31, tʂo31 ɤɯ33 bo31 mʌ33 dʐy33, bo31
　　　　大　　地　　　上 成年男子 好 女配偶 不　有　女配偶
　　　　ʂo31 mɯ33 la33 ndo33, tshε55 hɯ31 bo31 bʌ31 mi55, mbɯ33 ɤɯ33
　　　　我　天（助）向上走（天　　　女　　　名）成年女子 好
　　　　ndzʅ31 mʌ33 dʐy33, ndzʅ31 ʂo31 dy31 la33 za31.
　　　　男配偶　不　　有　男配偶　我　地（助）下来

意译：大地上有成年的好男子（即"利恩"或称"勒额"）,而没有妻子,于是上天找妻子;天上的仙女"蔡荷包玻蜜"（又译为"衬红褒白"）已是成年的好女子,而没有丈夫,于是下来找丈夫。

同样的内容,在《崇般崇笮》中写作:

《崇般崇笮》图八

很明显,《古事记》中的这一节用了 8 个字,《崇般崇笮》中的这一节用了 11 个字,表明《崇般崇笮》记录东巴经更精确。而且可以发现,《崇般崇笮》中增加了更多的标音符号。

纳西东巴文形声字发展的规律使得后写的东巴经中形声字数量增加,形声字类型更接近成熟。《古事记》中有不少假借字,在《崇般崇笮》中写作加注形符的形声字,这是形声字发展的标志,也反映纳西东巴文字在频繁使用假借字的同时要求孳乳新字以求别义和标音的特点。如:

《古事记》第 24 节：

音译：dʐɿ33 dzʮ31 pɯ33pa33 bɛ33, phʌɿ31 nɛ31 ʂa31 thu33 hʌ31, dʐɿ33
　　　 一　 对　　 化育　　 做　 （神名）和（神名）出 （助）　 一
　　 dzʮ31 pɯ33pa33 bɛ33, ŋga33 nɛ31 ho33 thu33 hʌ31, dʐɿ33 dzʮ31
　　　 对　　 化育　　 做　 （神名）和（神名）出 （助）　 一　　 对
　　 pɯ33pa33 bɛ33, lo31 nɛ33 sɛ31 thu33 hʌ31, dʐɿ33 dzʮ31 pɯ33pa33
　　　 化育　　 做　 阳神 和 阴神 出 （助）　 一　　 对　 化育
　　 bɛ33, o31 nɛ31 hɛ31 thu33 hʌ31, dʐɿ33 dzʮ31 pɯ33pa33 bɛ33, ku55
　　　 做 （神名）和（神名）出 （助）　 一　 对　 化育　 做　 能者
　　 nɛ31 sɿ33 thu33 hʌ31.
　　　 和　智者　出 （助）

意译：一对孵化为"派"神与"沙"神，一对孵化为"嘎"神与"欧"神，
一对孵化为"奥"神与"亥"神，一对孵化为阳神和阴神，一对孵化
为能者与智者。

其中 𖼀，ku55，能者。本义指"蒜"，因为同音，借指"能者"。在
《崇般崇笮》中，"能者"写作 𖼁，从"人"，𖼀声，为形声字。

𖼂，sɿ33，智者。本义为"木"，读 sʌ33，因为读音相近，在此借指
"智者"。此字还有加注意符的写法，在《崇般崇笮》中写作 𖼃，从"人"，
𖼂声。字符组合为上下结构。还有的地方写作 𖼄。

这样的变化，意味着《崇般崇笮》中的形声字意识比《古事记》更强，
其数量增加也是必然。

2. 两者偏重记录的内容有所不同

傅懋勣先生的《古事记》一共 184 节，《崇般崇笮》一共 255 节，两本
东巴经虽然讲述的内容大致一样，但是在具体表述中，偏重的内容稍有不
同，《古事记》更偏重记事，许多情节从简记录，根据傅懋勣先生的总结，
这本经书共分八个部分："1）天地日月星辰山谷木石的出现，2）'真'和'作'
化生白蛋和黑蛋，因而又生善恶两类，3）灵山的建立，4）人类最早的祖先
世代，5）洪水故事，6）措哉勒额上天和蔡荷包玻蜜恋爱的故事，7）二人

恋爱成功由天宫下至丽江拜吕古村所经过的路线,8)请神逐鬼,求寿祈福。"①

《崇般崇笮》的内容跟《古事记》差不多,但更为详细,偏重描写,比如:

《古事记》第 59 节:

音译：lɯ55 zo33 uɑ33 bɛ33 go33 thɛ33 nɯ33 thu33, dzy31 mi55 tʂho55 me33
　　　勒 额 子　五　兄 弟　那（助）出　　女　　六　　姊
　　　hɛ31 thɛ33 nɯ33 thu33.
　　　妹　那（助）出
意译：措哉勒额有五个兄弟和六个姐妹。

这里"五个兄弟"和"六个姐妹"只是以纳西东巴文数字（uɑ33,五）和（tʂho55,六）来表示,而《崇般崇笮》中则十分形象,将五位"利恩"和六位姐妹都写出来:

《崇般崇笮》图九

音译：tʂho31ze33 lɯ55ɯ33tʂhər55, lɯ55 ɯ33 uɑ55 be33 gv33the31 nɯ33
　　　崇　忍 利 恩 代　利 恩 五 兄 弟　这儿　从
　　　thv33, dzy31 mi55 tʂhuɑ55 me33 he31 the31 nɯ33 thv33.
　　　出　　居　命　六　姐　妹　这儿　从　出
意译：崇忍利恩一代,利恩兄弟有五个,居命姊妹有六人。

崇忍利恩和衬红褒白结婚后一起由天宫回家以后,《古事记》很简单,从第 147 节到 167 节。《崇般崇笮》的经文写得非常详细,从第 183 节到 221 节。《崇般崇笮》中的形声字更多,也就可以理解了。

3. 书写经书的东巴的文字观不同

傅懋勣先生认为,纳西东巴经"同一种经典往往因师弟授受或用途不同而有差别",其《古事记》由丽江中和村大东巴和芳诵读,"以拜吕古村写本

---

① 傅懋勣:《丽江麽些象形文字〈古事记〉研究》,武昌华中大学,1948 年,第 7 页。

为据,而参考了另外在除秽法事上用的两个本子,称乙本丙本"。①在《古事记》和《崇般崇笮》中,我们都能感受到纳西东巴文字不能逐词记音的原始文字的特色,早期这样的文字与语言的关系背景下,其形声字当然也不可能是极为成熟的形声字。但是,《古事记》的书写风格与《崇般崇笮》还是有些不同,比如:

《古事记》第 30、31 节:

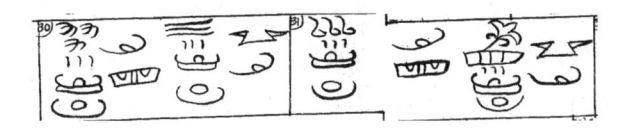

描写白蛋经历冬三月、春三月、夏三月和秋三月,都抱不出。书写顺序就是冬春夏秋,而《崇般崇笮》写作:

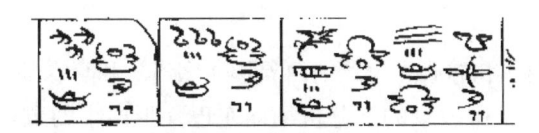

《崇般崇笮》图十

书写顺序变成了冬、夏、秋、春,从自然季节来看,还是《古事记》更合理。另外,能看出东巴书写的习惯差异,在《古事记》中,"孵蛋"一词写作⊙,bu31,会意兼声,而《崇般崇笮》中写作,或者将标音符号"锅"倒过来写,作。可见,即使是同一内容的东巴经,由不同的东巴书写,面貌也会存在一些差异,这取决于东巴自己对纳西东巴文字的认识以及他自己的文字观。而不同东巴书写的东巴经,又为我们判断东巴文发展的进程带来一些不利的因素,因为东巴个人的习惯会使纳西东巴文的发展受到不少人为因素的影响,当然也会影响其向前发展的脚步。

用东巴文写应用性字句则可以做到逐词标音,这是东巴经文字跟应用性文献用字的不同。如《崇般崇笮》最后的一节中注明这本经书由何地的哪位东巴所写。见下图:

《崇般崇笮》图十一

---

① 傅懋勣:《丽江麽些象形文字〈古事记〉研究》,武昌华中大学,1948 年,第 7 页。

音译：lv33dy33 phər31uɑ33 çy55 the33 dzy31 khɯ33 thv55，py33 bv31 to33
　　　　鲁　甸　潘　瓦　许　忐　山　山　麓　东　巴　东
　　　iæ31 the33 ɯ33 uɑ31 mu31 me55.
　　　阳　经　书　是　的　呀
意译：这是鲁甸潘瓦许忐山山麓的，东巴东阳的经书。

　　从《崇般崇笮》的最后这一节来看，每个音节都得到记录，除了🝆（dzy31，山）、▨（the33ɯ33，经书）两个字符表意以外，别的音节都用了假借字。这一节体现了纳西东巴文能够逐词记音的特点，但是并非用形声字，而是大量使用假借字，可见纳西东巴文字的性质还远远没有发展到以形声字为主的成熟意音文字阶段。

第二节　从实际调查中看纳西东巴文形声字的产生途径

　　根据方国瑜、和志武先生《纳西象形文字谱》和李霖灿先生《纳西族象形标音文字字典》中收录的字分析纳西东巴文形声字的数量和种类是可行的，但要分析纳西东巴文形声字的产生途径，仅仅根据静态材料来分析是不够的，不如通过动态的东巴经语言环境来判断其形声字的产生途径。我们从《古事记》和《崇般崇笮》中，可以窥见纳西东巴文形声字产生的途径。

　　与汉字形声字产生的途径不同的一类是：由于语言的发展，汉字分化出引申义或者假借义，由此产生很多形声字，而根据对《古事记》和《崇般崇笮》这两本东巴经书的调查，我们发现纳西东巴文形声字中没有这一类。也就是说，纳西东巴文形声字没有因为词义的引申或假借，从而分化造字而产生的形声字。纳西东巴文形声字的产生途径一般为：

一、在原有表意字基础上以一个或几个字符同时标音形成会意兼声字

　　在原有表意字基础上，以一个或几个字符同时标音，这就是我们理解的会意兼声字。纳西东巴文会意兼声字是比较单纯的会意兼声，不像古汉字那样，由于字义的引申，使得字形加注形符，分化出新字，可能形成后起的会意兼声字，如"取"和"娶"的关系中，"娶"是为了给"取"的引申义造分化字而加注形符"女"而成的，这样，"娶"是会意兼声字。纳西东巴文会意兼声字一般找不到这样的字例，说明纳西东巴文会意兼声字还很原始，没有发展到古汉字那样成熟的阶段。纳西东巴文会意兼声字就是由两个或两个以上字符组合而成，几个字符分别表示具体形象的意义，其中，一个或者部分字符标示字的读音。纳西东巴文会意兼声字中字符的作用似乎更注重字符表意，如果不考虑字符标音的因素，就可以划入会意字的范畴了。在纳西东巴文会意兼声字中存在标音完全和标音不完全两种类型。这里说的仅仅是标音完全的会意兼声字。

◎，lʌɿ55，量木师。见《古事记》第 25 节。从"人"拿◎（lər55 dy31，尺），其中，"尺"标音，这是一个会意兼声字。在《崇般崇笮》中写法一样。

◎，tɕhy33，本义为"穿、穿透"，在此借指"种"。假借之前为会意兼声字，从◎（tɕho33，锥子），锥物，◎兼标音。见《古事记》第 33 节。

◎，no33，乳。会意兼声，从盛乳器具，从◎（no33，奶滴）。字符◎标音。在《崇般崇笮》中写作◎。

二、在原有表意字基础上加注声符

在原有的表意字基础上加注声符，是纳西东巴文形声字产生的又一条途径。

◎，ɦɑ31，山崖。形声字，从"崖"◎，"鸡"◎（æl）声。在《崇般崇笮》中写法一样，这是一个典型的一形一声的形声字。

◎，tʂho33，米。在别的东巴经中读 tʂhuɑ33，会意，小颗粒示米，从米在碗中。见《古事记》第 86 节。《崇般崇笮》中写作◎，为象形字。方国瑜、和志武先生《纳西象形文字谱》第 928 字写作◎，tʂhuɑ33，米也。形声，从米在碗中，◎（tʂhuɑ55kho33，鹿角）声。又写作◎或◎，为象形字或会意字。李霖灿显示《纳西族象形标音文字字典》第 1287 字写作◎，tʂwɑ33，米也。形声，从米在碗中，◎（tʂhuɑ55kho33，鹿角）声。这个字在方国瑜、和志武先生字谱和李霖灿先生字典中的形声字是在会意字基础上加注标音符号◎（tʂhuɑ55kho33，鹿角）而成。这种形声字的产生途径也是古汉字形声字形成的一条重要途径。

◎，字谱第 972 字，dzi31，屋也。象形字。又写作◎、◎、◎和◎，会意兼声，从屋（dzi31），从墙◎（dzŋ31）。两字符标音相同。字典第 1512 字写作◎，dzi31，房子也。象形字。或写作◎、◎和◎。字典第 1513 字写作◎，dzi31，房子也。形声，从房子，◎（dzi31，水）声。这个字的形声结构，是在原象形字基础上加注标音的声符而成的。

◎，字谱第 975 字，tsho33，楼也。象形，屋有屋板。字谱第 976 字写作◎，tsho33，楼也。形声，从屋，◎（tsho33，跳）声。这个字也是在象形字"楼"内加注标音的声符"跳"而成，加注的声符是假借的同音字。

三、变换原有表意字的部分字形为声符

变换原有表意字的部分字形为标音符号，使原来的表意字变为形声字，这也是纳西东巴文形声字产生的途径之一。这种方法在古汉字中也很常见。

⊙，bu31，抱。会意兼声，从蛋在窝中。字符"蛋"读 kv33，兼标示读音。见《古事记》第 30 节。此字在《崇般崇笮》中将表意的抽象符号改换成 ㄔㄣ（bu31，锅），这样整个字写作 ⊙，从蛋在"锅"中，字符"锅" ㄔㄣ 标示读音，变成形声字。

图，字谱第 626 字，lɣ55，牧也。会意，从人执杖牧牛。字典第 303 字写作 图，rv55，放牧也。形声，从人持杆，石 ◯（lɣ33）声。这个字原本为会意结构，将一个表意字符"牛"换成"石"，变为形声字。

四、直接以表意的形符和声符合成形声字

纳西东巴文形声字中存在直接以一个形符和一个或几个声符组合而成的形声字。不同的是，汉字声符往往数量不多，而纳西东巴文形声字的声符可以是一个音节一个声符。古汉字形声字也有这种产生途径，不同的是，纳西东巴文形声字可能存在一形多声现象。

图，gɯ33dɑ33tu31，地名，指阳神阴神住的地方，音译为"格大都"。见《古事记》第 64 节。形声，半圆指示住的地方，米（tu31，千）在此表示一个音节。

图，本读 no55，本义为"繁殖"，形声，图 示繁殖之象，图 为羽毛，读 no31。在此，图 因音近读 nɑ55，借指"完全"。图 在东巴经《崇般崇笮》中还可以写作 图。这是由形符和声符直接组合而成的形声字。

五、在假借字上加注意符

在假借字上加注意符，形成形声字，这是纳西东巴文形声字产生的一种主要途径。古汉字中，假借是形声字产生的一大动力，纳西东巴文中也是如此，说明假借现象的确是形声字产生的一大动因。

图，lɯ31，本义指"蕨菜"，在此借指"小官"，见《古事记》第 20 节。《崇般崇笮》中有时写作 图，从"官"，图 声，为加注意符的形声字。李霖灿先生《纳西族象形标音文字字典》第 391 字写作 图，rɯ31，小官也，吏也。从"官"，图 声。

▨，ku55，能者。本义指"蒜"，因为同音，借指"能者"。见《古事记》第24节。在《崇般崇笮》中，"能者"写作▨，从"人"，▨声，为形声字。方国瑜、和志武先生《纳西象形文字谱》第518字写作▨，kv55，能者也。形声，从官，▨（kv55，蒜）声。李霖灿先生《纳西族象形标音文字字典》第2009字写作▨，kv55，神名。万能之神也，意谓此神无所不会，▨原可作"会"字解，在此以▨字为神头，专作神名用，通常或写作▨，或只写作▨。这个字因假借而加意符变成形声字。

▨，sʌ33，智者。本义为"木"，读sʌ33，因为读音相近，在此借指"智者"。见《古事记》第24节。此字还有加注意符的写法，在《崇般崇笮》中，写作▨，从"人"，▨声。字符组合为上下结构。还有的地方写作▨。方国瑜、和志武先生《纳西象形文字谱》第519字写作▨，sʌ33，智者也。李霖灿先生《纳西族象形标音文字字典》第2010字写作▨，sɯ33，神名。万智之神也，意谓此神无所不晓。形声，从人坐，▨（sʌ33，柴；木）声。

六、在形声字上加注声符形成结构复杂的形声字

这类形声字在纳西东巴文中往往是标音不完全的形声字。如：

▨，tsho31zɛ33lɯ55ɣɯ33，崇忍利恩。相传为洪水后仅存之人类始祖。见《古事记》第62节。形声，从人，长嘴示"象"（tsho31），角示牛（ɣɯ33）。一形二声，声符都省去部分字形。在《崇般崇笮》中，有的写法跟《古事记》中一样，还有的再增加一个音符。写作▨，或者▨，从▨，▨（ɣɯ33，丽江、鲁甸读法，意为"好"）声。这个字就是在一个形声字上再加注一个声符，成为结构复杂的形声字。

方国瑜、和志武先生《纳西象形文字谱》第1337字条中的第一个字写作▨，tsho31dze33lɯ55ɣɯ33，"崇则丽恩"也，相传为洪水后仅存之人类始祖。第2个字写作▨，tsho31ze33lɯ55ɣɯ33ɣɯ33，崇则丽恩之异写也。形声，从人省部分字形，▨（tsho31，象）、▨（ɣɯ33，好）声，一形二声，形符不标音。

七、准形声字中部分字符标音功能丧失，形成形声字或者会意兼声字

这类字一般为准形声字中部分字符丧失标音功能，一般为表意的字符读音脱落，形成形声字或者会意兼声字。

▨，lʌɻ55phu55，撒种，播种。从"崇忍利恩"伸手，从种子▨（lʌɻ55）。会意字。见《古事记》第116节。在第117节和第118节中写作▨，从种子，▨（phu55，撒）标音，省去部分字形。在《崇般崇笮》

中写作⿰、⿰和⿰，读作 phu55，撒种，播种。方国瑜、和志武先生《纳西象形文字谱》第 624 字写作⿰，lər55phv55，撒种也。从人播种，会意。又写作⿰。李霖灿先生《纳西族象形标音文字字典》第 344 字写作⿰，phv55，播种也。画人撒种子之形，放大其手以示意，点状物乃指种子也。会意字。第 345 字写作⿰，phv55，播种也。以人示意，以⿰注音。会意兼声，从人，从⿰（phv55，撒），字符⿰兼标音。这个字的读音存在双音节和单音节两种，读作 lʌɻ55phu55，则为准会意兼声字，而读作 phu55，或者 phv55，两个读音的差异是由于纳西语地域方言的不同。实际上，"种子" lʌɻ55 的读音脱落了，这样，这个字就成为真正的会意兼声字。

在方国瑜、和志武先生《纳西象形文字谱》和李霖灿先生《纳西族象形标音文字字典》中还有一部分这样的字例，说明纳西东巴文形声字中的确有一部分来自准会意兼声字或者准形声字。准会意兼声字或者准形声字中的部分表意的形符由标音到不标音，使得整个字变成形声字，这是纳西东巴文形声字产生的一条特殊的途径。古汉字中这样的字例非常少。在第六章关于古汉字形声字与纳西东巴文形声字的比较部分，还会详细论述。

第五章 纳西东巴文形声字的形符声符分析

第一节 纳西东巴文形声字的形符分析

通过对方国瑜、和志武先生《纳西象形文字谱》和李霖灿先生《纳西族象形标音文字字典》中的形声字进行详尽性统计分析，字谱中有形声字形符 135 个，字典中共有形声字形符 234 个。我们从以下几个方面对纳西东巴文形声字形符进行分析。

一、形符的定量分析

1. 方国瑜《纳西象形文字谱》中形声字形符定量分析

对方国瑜、和志武先生《纳西象形文字谱》中 363 个形声字（包括完全标音的一共有 211 个，不完全标音的有 152 个）进行分析，得出 135 个形符。构字最多的是形符 ɕi33，人，构字 63 次，其次是形符 dy31，地，构字 25 次。形符 mi55，女，构字 11 次。

字谱中构字频率超过 5 次（含 5 次）的形符，除了上面所举的三例以外，还有 11 个，分别是：

1）mi33，火。5 次。
2）dzy31，山。5 次。
3）dʑi31，屋。7 次。
4）ɣɯ33，鸟。8 次。
5）dʐ̩33，男人坐。5 次。
6）dʐ̩33，女人坐。6 次。
7）dʐ̩33，官。8 次。
8）dzʌ31，跑；走。6 次。
9）nv55，嘴。6 次。
10）khua55，碗。7 次。
11）by31dɯ33，经书；书。5 次。

方国瑜、和志武先生《纳西象形文字谱》中形声字的形符构字频率不高。除了上文所举的形符之外，其他形符的构字频率大部分都在一到两个字。在构字频率较高的形符中，跟"人"有关的字符就有7个，如果合并这类形符的话，纳西东巴文形声字形符的构字能力就更显得不平衡了。

2. 李霖灿先生《纳西族象形标音文字字典》中形声字形符定量分析

对李霖灿先生《纳西族象形标音文字字典》中382个形声字（包括完全标音的一共有320个字，其中单音节有251个。不完全标音的一共有62个）进行分析，得出形符一共234个。构字次数最多的形符也是 ￼ çi33，人，45次。其次是形符 ￼/￼/￼ ʂv31，龙王，23次，接下来是形符 ￼ tshɯ31，鬼，15次。构字频率超过5次（含5次）的形符除了上述所举的三例以外，还有19个，分别是：

1) ￼ hɛ33mɛ33，月亮。5次。

2) ￼ ，两颗星。5次。

3) ￼ ndʐo31，山。5次。

4) ￼ ，表示与行动有关。13次。

5) ￼ mi55，女人。9次。

6) ￼ ，人。14次。

7) ￼ nv55，嘴。11次。

8) ￼ lY33，矛。9次。

9) ￼ ndzʌ31，树。6次。

10) ￼ zɑ31，人行走。6次。

11) ￼ khwɑ55，碗。9次。

12) ￼ to33，板。6次。

13) ￼ dʑi31，房子。8次。

14) ￼/￼ to33mbɑ31，东巴。13次。

15) ￼ ro31，神名（男神）。7次。

16) ￼ bɛ33，铁冠。5次。

17) ￼ ɖo31，神名（人类之远祖）。5次。

18) ￼/￼ sɛ33，女神。8次。

19) ￼ hɛ33，神名。7次。

李霖灿先生《纳西族象形标音文字字典》中形声字的形符的构字频率也不高。上文所举的构字频率在5字以上的形符中，跟"人"有关的就有11个，也是相当集中的，同样反映纳西东巴文形声字形符构字能力的不平衡。

3. 形符构字频率反映的特点

纳西东巴文形声字形符构字频率低，反映纳西东巴文形声字发展处于刚萌芽的阶段，形声结构还不稳定，形与声的搭配还处于不成熟阶段，没有相对稳定的形符系统。从理论上讲，纳西东巴文的每一个字符都有可能充当纳西东巴文形声字的形符。这也体现意音文字的特点，对于成熟的意音文字汉字而言，形声字的形符也是相对不固定的，在汉字中，不存在一个不变的形符系统和一个不变的声符系统，充当汉字形声字形符或声符的字符都是随具体汉字而变的，就是说，一个汉字的字符，可能在这个形声字中充当形符，而在另一个形声字中却能充当声符。在纳西东巴文形声字中也是如此，一个字符的职能是形符还是声符，要随具体文字而定，这是意音文字中形声字的共性。虽然纳西东巴文形声字处于发展的早期，但是体现出的共性是明显的。

郑飞洲博士在《纳西东巴文字字素研究》中统计出"东巴文字共有字素 806 个，其中具有独立造字功能的字素共计 762 个"[①]，构字频率最高的是"人"，在对方国瑜《纳西象形文字谱》中 1840 个字进行统计后，得出字素"人"共构字 135 次。[②] 在纳西东巴文形声字形符统计中，与"人"有关的形符同样参与造字的形声字数量也是最多的。纳西东巴文形声字形符的构字频率不均衡，而且形符的构字能力一般都不强，说明纳西东巴文形声字的形符还没有达到像汉字的形声字形符那样类化的程度，纳西东巴文形声字的形符大部分都是形象表意为主。

纳西东巴文形声字形符大部分没有类化，因此一般为形象性表意，这是由纳西东巴文字本身的性质决定的。而形符在形声字中的地位，又显示出纳西东巴文形声字处于初级阶段，虽然有形符有声符，但是整个字形的图画性依然十分明显。就是构字频率最高的与"人"有关的形符，在一部分形声字中，流露出类化的痕迹，如 ❏（ɕi33，人）、❏（sɿ31，父）、❏（gɯ33ʐɿ33，弟弟）、❏（dze33 ɣɯ33，侄男，甥）、❏（mɯ55ɯ33，女婿）、❏（lɑ33iə31dzɿ33hɯ31，配偶也，伴侣）、❏（kho31，母族）、❏（tɕhy33，宗族）、❏（i33dɑ31，主人）等字，在这些字中，形符 ❏ 已经有类化的痕迹。但是，形符"人"在参与造字的过程中，还是因字义的需要而变化，如人形可以站、可以坐、可以为男人、可以为女人、可以为老人，等等。显然，类化程度远远不够。

---

① 郑飞洲：《纳西东巴文字字素研究》，民族出版社，2005 年，第 24 页。
② 同上注，第 184 页。

二、形符的演变轨迹及表意职能

1. 充当形符的字符以形象性表意为主，符号化的痕迹已经显露

纳西东巴文形声字形符以形象性表意为主，方国瑜、和志武《纳西象形文字谱》中的形声字一共有形符 135 个，其中形象性表意的形符有 94 个。李霖灿《纳西族象形标音文字字典》中形声字形符有 234 个，其中形象性表意的形符有 135 个。可见，形象性表意的形符占了大部分。

但是，在统计出的形符中，我们能感受到纳西东巴文字符符号化的痕迹，有一部分形符已经采用弧线、曲线、波浪线或者折线等抽象符号表示意义。即便是一些象形字，有的加上一些抽象的指事符号表意，这些都显示了纳西东巴文字字符符号化的痕迹。

在方国瑜、和志武《纳西象形文字谱》中，纯粹抽象化的符号是：

1）⚡：示雷电霹雳。构字频率：1 次。

2）〰️：示"波浪"。构字频率：1 次。

3）∴：示"多数"；示物。构字频率：3 次。

4）⌐：示"道路"。构字频率：1 次。

5）▭：tshe33，示盐块；bæ33phər31 示"糖"。构字频率：3 次。

6）〜：bər31，示"绳"。构字频率：1 次。

7）⌒：示"鼓槌"。构字频率：1 次。

8）∩：示"罩子"。构字频率：1 次。

9）⌒：示"抽"形；示"降福"。构字频率：2 次。

10）〜：示"招"形。构字频率：1 次。

11）○：示"圆"。构字频率：1 次。

12）乂：tshe31，十。构字频率：1 次。

除却这些抽象符号外，在纳西东巴文中还有字符符号化的痕迹，只不过本书只从形声字形符的角度来描述这个问题。在其他形符中，还存在给象形字加字缀或者加指事符号，这些加注的符号，都带有符号化的迹象。如：

☀，bɑ31，日光。以一象形字"日"加注五条抽象的短线，以示光线，这五条加注的抽象短线条，已经体现出纳西东巴文形声字字符符号化的痕迹。

🔥，mɯ55khɯ31，烟。在象形字"火"上加注三条曲线，以示飘上来的烟。这三条曲线已经有符号化的色彩。

🥣，ho33，碗内有汤。在象形字"碗"内加注三条曲线，以示汤的热气。

▭，tshe33，表示"盐块"；或表示"糖"；表示"范围"。这个方

块已经是抽象化的符号了。

⚡, ŋgæ31, 夹。以象形字"钳子"夹住一个小圆圈，这个小圆圈示夹住的物，这是一个十分抽象的符号。

李霖灿先生《纳西族象形标音文字字典》中，纯粹抽象化的形符是：

1) 𝄞，示"动荡光明"。构字频率：2 次。示"溶化"。构字频率：1 次。共计构字：3 次。

2) ϟ，示"相接"。构字频率：1 次。

3) ⋰⋱，ʂur31，沙；示"多"。构字频率：3 次。示"污渍"。构字频率：1 次。示"泥"。构字频率：1 次。示"槽中物"。构字频率：1 次。示"粉末"。构字频率：1 次。示"水点"。构字频率：1 次。示"灰尘"。构字频率：1 次。共计构字：9 次。

4) ⌣，示与行动有关。构字频率：13 次。示"河岸"，构字频率：2 次。共计构字：15 次。

5) ✕，示"商量"。构字频率：1 次。示"百"。构字频率：1 次。共计构字：2 次。

6) ／，示赶眩牲口。构字频率：2 次。

7) ～，示"筋"。构字频率：1 次。示"线"。构字频率：1 次。共计构字：2 次。

8))(，示"分开"。构字频率：3 次。

9) ～～，示"线"。构字频率：1 次。

10) ⌒，示罩盖之物。构字频率：1 次。

11) ⌇，示蛋流出的水。构字频率：1 次。示"喜欢"。构字频率：1 次。共计构字：2 次。

12) ☁，示生锈。构字频率：1 次。

13) ～，示"抽动"。构字频率：2 次。示"招回"。构字频率：1 次。共计构字：3 次。

14) ⋮，phɯ55，示"断"。构字频率：1 次。

15) ⌇，示"抛掷"。构字频率：1 次。

16) ～，示"推开"。构字频率：1 次。

17))，示"酒"。构字频率：1 次。

18) ⌇，示"融化"。构字频率：1 次。

19) ⌇⌇，示火上热气。构字频率：1 次。

20) ⌇，示饭上冒气。构字频率：1 次。

21) ＼，示"锥穿之物"。构字频率：1 次。

22）⊙，示"锤打之物"。构字频率：1次。示"圆"。构字频率：1次。共计构字：2次。

23）▢，指示范围。构字频率：1次。

24）〜，示"鼓槌"。构字频率：1次。示"降福"。构字频率：1次。共计构字：2次。

25）╱，示"阴魂"。构字频率：1次。

26）ᔔ，示"跌倒"。构字频率：1次。

从纳西东巴文形声字的形符来看，虽然形象性表意是主要的，但是在符号化的进程中，体现的手段是：以抽象的线条示义，如直线、曲线、波浪线、弧线或者S形线；以方块形示意；以圆形示意；以点示意；以抽象的记号表示数字；以线条的方向示意；以线条之间的关系示意。

A 以抽象的线条示意

在纳西东巴文形声字形符中，以抽象的线条示意的可以是直线。如 ⚌，字谱第503字，lv33，又读作 lv33zo33lv55me33，牧奴也。从 ⚋ 持杆牧羊，◯（lv33，石）声。二形一声，形符不标音。或"奴"读作 zo33 和 me33，意为男奴和女奴。╱，示赶吆牲口。这是直线示意。

可以是波浪线。如：〜，字典第652字，ŋgv33，筋也。以〜示形，以❀注音，或写作❀。这里以〜示"筋"，已经是抽象的线条了。

还有以曲线示意的。如：

❀，字典第793字，lo55，去，或过去之意。东巴逐鬼之语，以❀注音，下加一动线以示意。从移动之线，❀（lo55，黑麂）声。形符为一曲线。

❀，字典第1067字，iʌ55，赠送也，给予也。从一动线 〜，示意，❀（iə31，烟）声。

B 以方块形示意

在纳西东巴文形声字形符中，以方块形示意，也是字符符号化的体现。如：▯，字典第1033字，tshY55，偿还也。借 ✎ 之音，下加者云为木牌。东巴常于牌上画事物以偿还龙王、鬼等之债务也。形声，从木牌，✎（tshY55，小米）声。这里方块示"木牌"。

▤，字谱第944字，bæ33phər31，麦芽糖也（白色）。形声，从糖，⊤（phər31，解）声。一形一声，声符标示一个音节。音节 bæ33 无字符表示。这里，方块代表"糖"。

▯，字谱第1011字，zər31，又读作 to55zər31，柱也。形声，从柱 ▯

（to55），𝕴𝕴𝕴𝕴（zər31，⬚）藏音声。这里，方块竖写示"柱子"。

⬚，字典第914字，⬚pa31，宽也。形声，从板 ⬚，⬚（pa33，蛙）声。这里，方块示"宽板"⬚。

C 以圆形示意

以圆形示意，小的可以⬚表"星""蛋""所夹之物"，大的可以代表"范围"。如：⬚，字典第6⬚字，bv31，孵化也。以"卵" ⬚ 示意，以"锅" ⬚ 注音。在此，⬚ 示⬚"⬚"。

⬚，字典第73字，bo31⬚33，纳西人二十八宿之一。共两颗，其最亮之一颗相当于汉人星图中之⬚娄十四，下二字注其二音。形声，从星，⬚（bo31，猪）、⬚（kho33，门⬚声，一形二声。这里，⬚ ⬚ 示"星"。

⬚，字典第1529字，wɛ55v⬚3，圆也。形声，从圆体，⬚（uə33，寨）声。这里，圆圈示"圆"。

D 以点示意

以点示意，在纳西东巴文形声字中⬚为形符还是不少的，而且随字义变更所示之意。如：

⬚，字谱第128字，ɣɯ55，灰⬚，形声，从灰，⬚（ɣɯ33）声。又写作⬚，象形字，像灰堆。这里，点⬚灰尘。

⬚，字典第1312字，ma55，粉末⬚，以点示意，以 ⬚ 字注音。这里，点示"粉末"。

⬚，字典第1322字，tʂhɯ55，冲过去也。以水点示意，以 ⬚ 字注音。形声，从水点示意，⬚（tshɛ55，盐）声，音近。这里，点示"水点"。

⬚，字典第582字，nʌ55，沾染污渍也，以点示意，以 ⬚ 字注其音。此字见于鲁甸。从 ⬚（nʌ55，目），兼标音。点示沾染之意。

E 以抽象的记号表示数字

纳西东巴文中的数字写法一般为抽象的记号，作为形声字形符的如：⬚，字典第1020字，ɕi33，百也。以 ⬚ 记数，以 ⬚ 记音。⬚ 原为 ⬚，纳西人之百原写作 ⬚，依理当写为 ⬚，然纳西东巴 ⬚、⬚ 二字混用，视经典中情况而随时变动其音读。今写之为 ⬚，约定俗成亦不知其字源有误也。此字见于鲁甸一带。形声，从 ⬚（百），⬚（ɕi33，稻）声。

F 以线条的方向示意

以线条的方向示意，在纳西东巴文形声字形符中，也是符号化痕迹的体现。如：⬚，字谱第553字，ŋə31，我也。又作⬚。形声，从我 ⬚（ŋə31），⬚（ŋə31，五）藏音声。字符⬚以线条弯曲内指示"我"。

G 以线条之间的关系示意

以线条之间的关系示意,存在不同情形:有交叉的,如🔲,字典第 438 字,ndzɿ31ŋgwɛ33,商量也,议会也。会意兼声,从二人坐而谈。字符"坐"(dzɿ31)标示一个音节。这里交叉的线条✕示"商量"。

有相背离的,如)乚,字典第 680 字,khɯ33,垂直的刺砸开也。以)(示意,以乚注音。此字多见于鲁甸。于东巴法仪中用此字,在超度死人时,东巴以法杖之铁尖,刺砸木碗以占兆也。形声,从)(、乚(khɯ33,脚)声。一形一声,形符不标音。形符为相离的两条弧线,以示分离。)井(,字典第 1100 字,ŋgo33,分开也,离别也。以)(示意,以井注音。此字见于鲁甸。形声,从)(示意分开,井(ŋgo33,仓库)声。

有两条曲线相纠结的,如🔲,字典第 14 字,mɯ33nɛ31dY31tʂo55tʂo33,意为"天和地相接联"。象天地交泰之形,以之化生万物者也。此字又可读为 mɯ33dY31tʂo55,亦天地相接之意。会意兼声,两字符"天"和"地"各标示一个音节。其中⌇,示"相接"。

还有波浪线方向一致,平衡的,如🔲,字典第 1319 字,ndzʌr33,煎也,化也。形声,以曲折闪线示其溶化之意,🔲(ndzər31,威灵)声。其中🔲,示"溶化"。再如🔲,字典第 1332 字,ndʑi55,烧也。画火烧之形,以"酒药"🔲注其音。形声,从🔲(mi33,火)有烟,🔲(dʑi55,酒药)声。🔲,示火上热气。

2. 指事字充当形符

纳西东巴文形声字中以指事字为形符,说明纳西东巴文形声字的形符系统不再是单一的象形字。表意的需要,使得纳西东巴文仅仅依靠象形字无法完成,于是有指事字、会意字,即便会意字的使用,也不足以表达纳西东巴经中的语词,于是使用假借,同时形声结构出现。以指事字为形符如:🔲,字谱第 569 字,i55mu33,梦也。会意兼声,从卧🔲(i55),从夜🔲。字符"卧"标示一个音节。🔲,(i55,卧)为指事字。

🔲,字谱第 571 字,kho33y31he33hɯ31,健康也。形声,从人长寿🔲,两耳🔲(kho33,洞)声。🔲也是指事字,人头顶的曲线示"长寿"。

🔲,字典第 219 字,hɯ55ko55 或 ko55,乃"湖水干涸"之意。画一湖泊下有漏洞,水由下面淌出,故为湖水干涸之意,上有一🔲字,原为针,在此借其音以明干涸之意也。形声,从湖水淌出,🔲(ko55,针)声。🔲,湖泊下有漏洞,为指事字,下面的曲线示"漏"。

除了以指事字为形符外,在纳西东巴文形声字中,还有一些原始形声字,本身就是在表意字基础上变换字形或者加注指事符号,原来的表意字兼标音。这些指事符号也起到了形符的作用。如：〜，字谱第 54 字，he33me33khu55，月蚀也。从月有亏。字符"日"ȵi33me33 标示两个音节。这个原始形声字有指事字的特点。⚘，字谱第 782—7 字，nɯ33dzər33，心烦也。从心意纷然四驰之形。象形字"心"上加三条伸出的曲线指示心烦。这里的指事符号也起到形符的作用，而这三条曲线的符号化意味十分明显。

3. 以合体的会意字或者形声字充当形符，体现出纳西东巴文形声字发展的矛盾性

纳西东巴文形声字中，以会意字或者形声字充当形符的情况虽然不多，但是已经出现少数字例。会意字充当形符，意味着整个形声字的结构会变得复杂，形声字的结构成为立体的多层次结构。这种复杂的结构，对于形声字来说，是一种比较成熟的表现形式。而纳西东巴文形声字处于发展的初期，这种结构的字，只能反映出纳西东巴文形声字已经不是共时层面的形声字了，而是经历长时间的发展后，展示出其发展不均衡的矛盾性特征。

这种以合体的会意字或者形声字充当形符的形声字跟原始形声字以及由假借字加注形符而形成的形声字应该不属于共时层面的形声字。今天我们看到的纳西东巴文字已经经过近千年的发展，形声字中有早期的形声字，也有近现代的形声字，因此，这类形声字表现出的先进性也就不足为奇了。对于纳西东巴文的全部形声字来说，这类形声字显得超前。

会意字充当形符的字例：

⚘，字谱第 80 字，dər31lɯ33，又读 lɯ33ka33，良田也。从田中长出稻（⚘）和麦（⚘），点示多。会意兼声，字符"地"标示一个音节。这里，⚘（æ33，五谷）为会意字。

⚘，字典第 354 字，ʂo31tY33，打铁也。会意兼声，从人手持铁钳夹物，打铁⚘（ty33，击），⚘（ʂu31，锻）省形。其中人手持铁钳夹物为会意字。

⚘，字谱第 636—3 字，za31，降也。形声，人行走之形⚘（za31），⚘（za31，星名）声。一形一声，形符声符标音相同。这里⚘（za31）作为形符，也是一个会意字。

形声字充当形符的情况在纳西东巴文形声字中的字例：

⚘，字典第 1970 字，ȵi33，龙王名。以鱼注其音，或读为 ȵi33gʌ33ʂv33。形声，从⚘（ʂv31，龙王），⚘（ȵi33，鱼）声。这里形符⚘（ʂv31，龙王）本身就是形声字，从"王"省形，⚘（zv31）声的形声字。

⚘，字谱第 488 字，tshɑ31，亲戚也。形声，从⚘母族，⚘（tshɑ31，咬）声。一形一声，形符不标音，形符与声符共用部分字形。这里形符⚘

（kho31，母族）为从 ❦，▦（kho31，栅）声的形声字。

❦，字谱 531，khɣ33，又称 çi33khɣ33，盗也。形声，从人❦（çi33），✦（khɣ33，获）声。一形一声，形符不标音，或各标示一个音节。字符 ❦为从人❦，（çi33），✦（çi33，稻）声形声字。

⛰，字典第 1130 字，to55，陡也。以崖示意，以 ▯注音。æ31to55，或如此读，乃"陡崖"之意也。从 ⛰（æ31，崖），▯（to55，板）声。形符 ⛰（æ31，崖）本身就是个形声字。

这类形声字在纳西东巴文形声字中不是很多，但已经能找到相关字例，这类结构复杂的形声字是后起的，体现了纳西东巴文形声字的发展。但由于纳西东巴文字字符整体类化程度不高，即便是结构复杂的形声字，视觉上还是颇具形象性的意味。

三、形符的其他职能分析

纳西东巴文形声字的形符最主要的职能是表意，而且大部分形符是形象性表意，只有少数形符符号化，像汉字那样表示义类。构字频率较高的那些形符中能找到表示义类的痕迹。但是，由于纳西东巴文字的早期意音文字性质，使得纳西东巴文形声字形符除了表意之外，还有一些其他的职能。纳西东巴文形声字形符的特征，会有力地诠释为何纳西东巴文形声字的发展会跟汉字形声字的发展轨迹不同，在第六章我们还会仔细对比纳西东巴文形声字与古汉字形声字的异同。

1. 从整个字的篇幅看形符与声符的搭配关系

在东巴经中，我们仔细审视形符与声符的搭配关系，不难发现在整个字的篇幅中，明显存在以形符为主，声符为辅的现象，但有类化痕迹的形符与声符搭配时，则声符所占的篇幅更大。纳西东巴文形声字形符常常存在省形的情况。

我们统计方国瑜、和志武先生《纳西象形文字谱》和李霖灿先生《纳西族象形标音文字字典》中的形声字时，也能感觉到纳西东巴文字形声字中形符与声符的不平衡关系，普遍存在着如下情况。

（1）一般以形符为主，声符为辅，但对抽象化的形符来说，则形符显得比较小。

方国瑜、和志武《纳西象形文字谱》和李霖灿《纳西族象形标音文字字典》中的形声字，从整个字的篇幅来看，形符一般占主要地位，具体体现在字的整体布局中，形符所占的篇幅比声符大得多。而形符如果有类化痕迹，为较抽象的形符时，则声符占据重要的地位。

👣，字谱第 778 字，thy55，踏也。形声，从脚，◯（thy55，奶渣）声。这个形声字的形符与声符的关系为上下结构，上形下声，形符"脚"在上，写得比较大，而声符"奶渣"在下，写得比较小。

🏠，字典第 1513 字，dʑi31，房子也。形声，从房子，～（dʑi31，水）声。形符与声符的关系是形外声内，声符写得小，居于形符之中，从写法来看，节约空间。

📿，字典第 613 字，hɯ33，去，去啦之"去"。形声，从路，🚩（hɯ33，牙）声。这里，形符为一抽象的线条，于是，声符就写得更大。

🔱，字谱第 1268 字，o31ʂər55，招魂也，形声，从◈（o31，玉），以～示找回之意，𝍤（ʂər55，七）声。二形一声，形符"玉"和声符各标示一个音节。形符为抽象化的线条，故声符所占比例就更大。

以上情况反映纳西东巴文字的一个特点，那就是以表意性的符号突出这种文字的象形特点，即便是形声字，也要突出其间的表意字符——形符，只有当形符类化了，声符才能起到撑起整个字结构的职能。这说明纳西东巴文字的浓厚的字形表意本质在形声字的形符中清晰地表现出来了。

（2）形符常常省形，或与声符合为一体。

一般来说，纳西东巴文形声字的形符与声符的关系还是紧密的，而且表意的形符多占主要地位。形符与声符的搭配关系中，时常有省形现象，有时将形符省去一部分，与声符结合，使整个字看上去像一个独体字，这样的情形是纳西东巴文形声字形符的一大特色。

👹，字典第 1834 字，ndʐɯ33，鬼名。秽鬼之一种，以豹头注鬼之音，有时只以👹作本鬼之名。形声，从👹（tshɯ31，鬼名）省部分字形，🐆（ndʐɯ33，豹头）声。可以看出，形符省去一部分后，跟声符结合，整个字像一个独体字。

👤，字谱第 477 字，y31phe33，又读作 sər33ʂŋ31y31phe33，岳父也。形声，从👤省，🐵（y31，猴）、▦（phe31，蔴布）声。或音节 sər33ʂŋ31 无字符表示。形符"人"在此标示义类，省去一部分，跟一个声符🐵（y31，猴）合写在一起，整个字看起来是左右结构。

🏯，字谱第 90—30 字，thɑ55dzæ31，在丽江塔城，古为铁桥城，铁桥早废。会意兼声，从地，⛩（thɑ55，塔）、🏯（dzæ31，城），两字符标音。为上下结构。注释第 1380 字写作⛩🏯，thɑ55dzæ31，塔城，在丽江城西 150 公里，金沙江流入丽江县之始处。跟字谱相比，省写了表示义类的形符"地"，而且从省去形符的写法来看，两个标音字符也是肩负表意职能的。

2. 形符有从表意到表意兼注音，再到注音职能脱落的痕迹

纳西东巴文形声字的形符存在着一种特殊的现象，就是部分形符经历着由表意到声化，又回归表意的过程。从具体的字例中，我们能看到这种变化，有的准形声字或者准会意兼声字，其中表意的字符同时也标示整个字的部分音节，而在一种异体写法中，会存在着部分表意兼标音的字符标音脱落现象，使得这个字成为会意兼声字或者形声字。而有的字，存在会意或者象形字的异体字，这就更说明表意字符原本是以表意为主的。准会意和准形声字，显示了这些表意字符声化的痕迹。在使用过程中，这些声化的痕迹又逐渐消失，表意的字符还是回归表意的职能。这种现象在汉字中几乎难以见到。

纳西东巴文形声字形符的这一特点，在纳西东巴文字异体字中可见一斑。通过分析纳西东巴文不同异体字的结构，能勾勒出纳西东巴文形声字形符的声化，再到回归表意的轨迹。

🔲，字谱第 778 字，thy55，踏也。形声，从脚，◯（thy55，奶渣）声。一形一声，形符不标音。又写作🔲，或🔲，为会意字，从脚压物。这个字存在着会意和形声两种结构的写法，从意音文字的发展规律来看，形声应该晚于会意。纯表意文字不足以记录语言中的词汇，于是用假借的方式记音，而假借的频繁又会带来文字使用的混乱，于是在假借字上加注形符或者声符，分化文字，产生新的形声字，这是形声字产生的一个动因。这个字，会意结构的写法，从一只脚踩在一个圆形物上，表示"踏"之意。这个字是以字符组合表意来记录语言中的"踏"一词的。而形声结构的写法，只是将字符"脚"下的圆形物换成"奶渣"◯（thy55，），变成一个形声字，以字符"奶渣"标音。这个字的声符也是表意的，只不过换上这个表意的字符，兼顾标音，从会意到形声，可以看出纳西东巴文字表意字符声化的痕迹。

🔲，字谱第 1011 字，zər31，又读作 to55zər31，柱也。形声，从柱 🔲（to55），川（zər31，四）藏音声。字典第 1138 字写作🔲，zʌr31，柱子也。从柱 🔲（to55），川（zər31，四）藏音声。一形一声。这个字存在两种读音，如果读单音节 zər31，则为形声字，形符"柱子"不标音。如果读双音节，则意味着两个字符各标示一个音节，这就是一个准形声字。纳西东巴文字中这样的情形还有一部分。如果将这样的准形声字算作字的组合，那么读一个音节，且表意的形符不再标音，则意味着形符又回归原来表意的职能。其实，纳西东巴文字中，表示"柱子"已经有一个象形字 🔲（to55）。那么，从 🔲（to55，柱子）到🔲（to55zər31，柱子），再到🔲（zʌr31，柱子），可见"柱子"一词在纳西东巴文字中由象形字（字符表意为主）到准形声字（形符声化），再到形声字（形符声化痕迹丧失，回归表意职能）的发展轨迹。

第五章　纳西东巴文形声字的形符声符分析

⿰，字谱第 1101 字，kɯ31，称也。会意字，从秤秤肉。字典第 1184 字写作⿰，kɯ31，称分量之"称"。从秤称物。字典第 1183 字写作⿰，ʂɯ33kɯ31，称肉也。会意兼声，从秤，从肉⿰（ʂɯ31）。字符"肉"标示一个音节。音节 kɯ31 意为"称"。这个字存在着会意和会意兼声的结构。字典中写作⿰，kɯ31，称分量之"称"，从秤称物，为会意字，读一个音节；而⿰，ʂɯ33kɯ31，称肉也。从秤，从肉⿰（ʂɯ31）。字符"肉"标示一个音节。音节 kɯ31 意为"称"。这是不完全标音的会意兼声字。而⿰，kɯ31，称也。会意字，从秤秤肉，但读音还是一个音节。这个字的读音可以是双音节，也可以是单音节，字符⿰（ʂɯ31，肉）的读音或读出来，或不读出来，反映纳西东巴文字表意字符声化的意图。

⿰，字典第 1162 字，tʂwa55，隔也。以"门"⿰示意，以"床"⿰注音。或读 tʂwa55kho33，乃"内房门"之意。从⿰（kho33，门），⿰（tʂwa55，床），各标示一个音节。这个字读一个音节，则为形声字，而读两个音节时，则为准形声字。从两个音节到一个音节，其中表意的字符⿰（kho33，门）读音脱落，显示纳西东巴文形声字形符声化，再到标音脱落，回归表意的痕迹。

方国瑜、和志武《纳西象形文字谱》和李霖灿《纳西族象形标音文字字典》中，都有体现形声字形符声化，再到读音脱落，又回归表意职能痕迹的字还有其他字例。这部分形声字形符的特点，反映早期意音文字的字符在由表意文字向意音文字发展过程中所呈现的发展轨迹，这对于我们进一步分析意音文字字符标音的特点是有借鉴和参考作用的。

第二节　纳西东巴文形声字的声符分析

纳西东巴文形声字声符，根据对方国瑜、和志武《纳西象形文字谱》和李霖灿《纳西族象形标音文字字典》进行分析，字谱中共有声符 203 个，字典中共有声符 266 个。这些声符大部分是假借标音，在文字学上，属于借音符。具体分析，我们还是能厘清纳西东巴文形声字声符所呈现的特征。

一、**纳西东巴文形声字的声符一般为假借标音**

纳西东巴文形声字的声符一般为假借标音的字符，从文字学的角度看，属于借音符。纳西东巴文形声字借音符的大量存在，缘于假借现象的频繁，而假借现象的频繁，是由于纳西东巴文字的数量远远不足以用来准确地记录东巴经。纳西语跟汉语有一个共同的特征，那就是，语言中存在大量的同音词，这也是假借现象得以存在的基础。"纳西语词单音约有三百个，每一个音的标音字不止一个字体，一般有几个以至十几个写法，各派、各人所习用的不同，异派、异人不能一目了然。"[①] 由此可见，在书写纳西东巴经文的过程中，文字的假借是十分频繁的。假借的频繁，带来新字的孳乳，纳西东巴文中，一般在原来的假借字上加注一个表意的形符，形成新的形声字。

作为假借标音的声符，大部分都是借自纳西东巴文的表意文字，但也有假借哥巴文字符充当声符的，更有假借藏文和汉字来标音的。

1. 假借纳西东巴文字符标音

由于纳西语中存在同音词，文字不足以记录所要表达的语言时，往往会采用假借的方式。纳西东巴文字在记录东巴经语言时，采用假借字是一种非常常见的现象，因此，其形声字的声符往往多直接借纳西东巴文中的同音字或者音近字来标示。

，字谱第1168字，tʂhu31，快也。形声，从人走， （tʂhu31，珠）声。这个字的声符是假借纳西东巴文字中的"珠"来标音的。

，字典第914字，pɑ31，宽也。形声，从板 ， （pɑ33，蛙）声。这个字假借表意字"蛙"标音。

，字谱第987字，pʏ55，又读作dze33me33y31，邻居也。形声，从屋， （pʏ55，甑）声。声符 本为象形字，假借来标音。

，字谱第733字，sər55，肝也。形声，从肝， （sər55，树）声。声符 （sər55，树）本为象形字，这里假借来标示"肝"字的读音。

形声字声符直接假借纳西东巴文象形字或表意字的情况占绝大多数，在此不一一举例。

2. 假借哥巴文字符标音

假借哥巴文作为声符，也是纳西东巴文形声字声符的来源之一，纳西东巴文形声字虽然处于形声字发展的初期，但是也经过了历时的发展，我们所看到的形声字，是积淀下来的纳西东巴文形声字的面貌，不同的地域，不同东巴所写的经文中，我们能感受到纳西东巴文形声字的特殊性。哥巴文是一种标音文字，"本语称为gə31bɑ31，所谓bɑ31即'呼唤'，gə31即'发作'，意即看字发音；以简单的笔画写成文字，有固定音读"[②]。纳西东巴文形声字

---

① 方国瑜：《纳西象形文字的构造》，见《纳西象形文字谱》，云南人民出版社，2005年，第49页。

② 同上注，第38页。

声符有假借哥巴文字符的情况。如：

🐟，字谱第 90—29 字，ȵi33nɑ31，在维西县。形声，从地，鱼（ȵi33）、🐟（nɑ55，黑）声。这个形声字为一形二声，其中声符🐟（nɑ55，黑）借自哥巴文字符。

🌿，字谱第 214 字，kə33ni31，香椿树也。形声，从树，ʔ（kə33，哥巴字）声，一形一声，音节 ni31 无字符表示。声符假借哥巴文字符。

🐦，字典第 725 字，tʂʌ55，水鸟名。画一鸟头上有二圆圈，此乃以鸟形示意，又以 ȣ 注其音，ȣ 乃音字之 tʂʌ，以形字见意，又以音字注音，此例近日渐有出现，如🐦、🌿、🌸 等皆是也。形声，从鸟，ȣ（tʂə31，哥巴字）声。声符 ȣ tʂʌ55，为哥巴文字符，此处假借标音。

🦅，字典第 1620 字，kʌ55，鹰也。画一"鹰头"🦅，又加一音字之 kʌ，ʔ 以记音。形声，从🦅（kʌ55，鹰），ʔ（kʌ55，哥巴字）声，形符声符标音相同。

🌱，注释第 1053 字，se33mi33，石榴。形声，从石榴，ʒ（se33，哥巴字）、〰〰（mi33，火）声。其中一个声符借用哥巴字。

🌿，字典 986，sɛ33pi31，香樟木也。以其叶为特征，亦有干树旁加 ʒ ～ 二字以注其音者。ʒ 乃一音字，～ 为牛胶，在此合注香樟之名。此为象形字，另有形声，从🌿，ʒ（sɛ33）和 ～（pi31，牛胶）声。注释第 1063 字写作🌿，se33pi31，香樟树，叶可食，清香味辛辣，生嚼，木制箱柜防虫蛀。从🌿，ʒ（sɛ33）和 ～（pi31，牛胶）声。声符 ʒ（se33）借自哥巴字。

📖，字典第 1172 字，mbv31rɯ33，经典也。画经典之形，以 ⼉ 字注其首音，⼉ 为一音字，读作 mbv 也。

"冂"，字典第 1319 字，ndzʌr33，煎也，化也。以曲折闪线示其溶化之意，以 冂 字注其音，冂 原读作 ndzʌr31，在此作音符用。形声，从曲折闪线示其溶化之意，冂（ndzʌr33）声。

据统计，方国瑜、和志武先生《纳西象形文字谱》和李霖灿先生《纳西族象形标音文字字典》中假借哥巴文字符充当形声字声符的有 10 多个，分别是：ȣ tʂʌ31（1 次）、⼉ ɕa55（1 次）、ʒ tʂʌ33（1 次）、ʒ se33（2 次）、⼁ ʂʌ55（2 次）、冂 ndzʌr31（1 次）、丫 io55（2 次）、ʔ kʌ55（1 次）、⼍ tʂɯ33（1 次）、⼎ kɑ55（2 次）、🐟 nɑ55（1 次）。

关于哥巴文与纳西象形文字产生的先后问题，李霖灿认为形字早于音字，"由实地考察之记录，在金沙江之北岸，无论北地一带及若喀（今作阮可）地区，皆只有象形字而无标音字，向南渡过金沙江后，如剌宝（今丽江宝山乡）东山一带，尚仍不见音字之出现，直至丽江坝区之附近方见有此种音字"；"由地理之分布上、文字之蜕化上、汉化之痕迹上、文字之组织上，皆可使吾人相信形字实早于音字"。① 由于以标音文字书写的东巴经一般能做到逐词记录，相对于纳西象形文字一般不能逐词记录纳西东巴经而言，应该是后产生的文字。而纳西东巴文形声字以哥巴文字作为声符，可以证明，纳西东巴文形声字出现在标音文字之后或者同时代出现。

3. 假借藏文和汉字标音

实际上，纳西族文字中的标音文字的来源已经体现了这种文字在发展过程中所受到的影响，纳西族表音文字（哥巴文）一部分"来源于象形字"，"一部分标音字来源于汉字"。

（1）来自汉字及汉字音

👉，字典第 734 字，ko31tsʌ33rʌr31，鸟名。高山上有之，其第一音即有高山草场之意在内。画一鸟形，以 🗡 字注其第一音，以 🗡 字注其第二音。此鲁甸一带常见之音字也。从鸟，🗡（ko31，针）、🗡（tsʌ33，哥巴字）声，一形二声，声符各标示一个音节，rʌr31 无字符表示。其中声符 🗡（tsʌ33，哥巴字）来自汉字"子"。

👉，或 👉，字典第 1619 字，tʂɯ33，土也。下画土地，上有一音字之"止"以注音。音字之"止"，由其读音上一见受汉语之影响。音字与形字之合体字，多见于鲁甸及丽江之一部分。从土，🗡（tʂɯ33，"止"音字）声。

👉，字典第 1012 字，ʂʌ55dɑ31，青刺名。画青刺之形，以 🗡 字注其音。🗡 原由音字之"上"变来，此音常作"说" 🗡 解，因附以"说"之形状，遂成为 🗡。此种写法唯见于鲁甸一带。形声，从青刺树，🗡 声，声符为一形声字。

👉，字谱第 292—2 字，çə13，鸡也。形声，从鸡 👉，🗡（çə13，哥巴字）声，çə13 为藏音。一形一声，形符不标音。写作 👉，读作 æ31 或 æ31phər31，为象形字。

👉，字谱第 301 字，tɕi55ʂə33，鹊也。形声，从鸟，🗡（tɕi55，剪）、🗡（ʂə33，哥巴字）声。一形二声，形符不标音。

（2）来自藏音

👉，字典第 865 字，so55，全皮也。杀一动物，不剖开其皮，而将其内部取空，留其空壳，以备装物，此种剥皮方法，名之曰 so55。画一皮

---

① 李霖灿编著：《纳西族象形标音文字字典·引言》，云南民族出版社，2001 年，第 37～39 页。

子之形，中有一❓字，此纳西人之"三"字，在此读作藏语音，以注全皮之音也。从❓（皮子），❓（so55，三，藏语音）声。

❓，字典第1266字，dɛ33，木碟也。以❓示意，以❓（七）注音，❓原为数目之七，在此不读今日之纳西音，而与藏语之"七"音相同。故此字亦可代"七"解，当经典中用藏语语言诵读时，便可作藏语数目之"七"。从❓示意，❓（dɛ33，藏语"七"）声。

二、表意字变化字符标音，或在表意字上加注声符

纳西东巴文形声字的声符还可以由表意字变化字符标音，或者在表意字上加注声符，反映纳西东巴文字符声化的趋势。关于"声化"，李孝定在《从金文中的图画文字看汉字文字化过程》中表述为："这里所说的声化，是指汉字演变过程中，从纯表意和纯表音的文字，过渡到半表形、半表音的形声字的历程，尤其是指那些原属表意或表音的文字，到后来都用形声的方法造出了新字而言。"[①]本书所言声化，是指纳西东巴文字由字形表意为主发展到表意的字符兼标音，或假借字符标音，或到形声结构中的部分字符表意、部分字符标音的过程。纳西东巴文声化最常见的是用假借的方式。频繁使用假借字，使一个字原本只是以字形表意的记录方式变成标音为主的方式；另外，还可以通过改变表意字中部分字符的职能，走向声化。

纳西东巴文中的原始形声字、准会意兼声字和准形声字都是纳西东巴文字字符声化的反映。因为文字字形的表意性意图顽强，又因为文字数量不足，无法逐词记录纳西东巴经，就通过同音假借或者音近假借，或进而催生新的字形结构，新的字形结构在走向成熟的形声过程中，伴随着原始形声字和准会意兼声、准形声字的出现。之所以说这些原始形声字、准会意兼声字和准形声字体现纳西东巴文字声化的痕迹，是因为这些字中都能找到一个或几个以字符的音来参与记词的读音的现象。跟象形字、指事字和会意字相比，这些字的确有声化的意识与反映。

除了原始形声字和准会意兼声、准形声字外，还可以改换表意字的字符为声符，形成形声，或者在表意字上再加注声符，形成形声字。这都是纳西东巴文字声化模式的具体体现。

1. 纳西东巴文字以字形记音的宿求

原始形声字、准会意兼声、准形声字中的字符标音，反映纳西东巴文字

---

① 李孝定:《从金文中的图画文字看汉字文字化过程》，载于《汉字的起源与演变论丛》，台北联经出版公司，1986年，第241页。

以字形记音的宿求。在纳西东巴文广义的形声字范畴中，有小部分原始形声字，在原象形字上加字缀或者变原象形字为指事字，但原象形字兼标示整个字的部分读音。对方国瑜、和志武先生《纳西象形文字谱》和李霖灿先生《纳西族象形标音文字字典》进行统计，得出原始形声字 20 个左右。可见，这种声化模式的造字能力是低下的，因此不会成为声化的主要途径。

[字符]，字典第 656 字，ʂɯ33ndʐɯr33，新鲜肉也。意为有湿气之肉，供肉献神时如此称法，画肉有湿气之状。从 [字符] （ʂɯ33，肉），曲线示湿气。字符"肉"标示一个音节。

[字符]，字谱第 53 字，ȵi33me33khɯ55，日蚀也。从日有亏。字符"日" ȵi33me33 标示两个音节。

准会意兼声和准形声字在纳西东巴文字中有一定的数量，方国瑜、和志武《纳西象形文字谱》中每个字符标音，标音完全的准会意兼声字有 90 个，准形声字有 122 个；李霖灿《纳西族象形标音文字字典》中每个字符标音，标音完全的准会意兼声字有 67 个，准形声字有 132 个。这些准会意兼声字和准形声字，体现了纳西东巴文字在声化过程中的过渡性和矛盾性。一方面，要以字符记音来记录所要表达的东巴经语言，另一方面，又不能完全舍弃字符的表意职能，出现字符既表意，同时还担负标识字的部分读音的现象，准会意兼声字和准形声字有一部分后来变成形声字。准会意兼声字和准形声字中，都存在借用纳西东巴文字符标音的痕迹，这是声化的反应。

[字符]，字典第 1162 字，tʂwa55，隔也。以"门" [字符] 示意，以"床" [字符] 注音。或读 tʂwa55kho33，乃"内房门"之意。从 [字符] （kho33，门），[字符]（tʂwa55，床）声，一形一声，形符不标音或形符也标示一个音节。这个字读两个音节时，意味着两个字符各标示一个音节，为准形声字，而读一个音节时，表意的字符"门"的读音脱落，变成形声字，其中的声化轨迹很清晰。

[字符]，字典第 1163 字，tʂwa33ŋɯ33，挡隔也。以 [字符] 注前一音，以 [字符] （裂）注后一音，合而作挡隔之意用。从 [字符] （ŋɯ33，裂），[字符] （tʂwa55，床），两字符各标示一个音节。但这两个字符中，[字符] （ŋɯ33，裂）还表意，而 [字符] （tʂwa55，床）仅仅标音。这个组合中有声化的因素。

[字符]，字谱第 179 字，bɑ31ly33，又读作 bɑ31ti55li33，蕾也。形声，从 [字符] （bɑ31，花），[字符] （ly55，矛）声。又写作 [字符]。这个组合中，字符 [字符] （bɑ31，花）表意兼标示一个音节，而字符 [字符] （ly55，矛）为假借标音。这两个字符的组合，反映其字符声化的痕迹。

[字符]，字谱第 390 字，ɕy55khɯ33，又读作 pha31khɯ33，狼也。象形字，似犬黑嘴。字典第 794 字写作 [字符]，ɕo55khɯ33，狼也，野狗也。画一

狗形，于其旁加⟨柏⟩字以注其前一音，⟨狗⟩注其末一音。从犬（khu33），（çy55，柏）。第一种写法可视为象形字，但第二种写法中，以字符犬（khu33）表意，兼标示一个音节，而字符（çy55，柏）则仅仅为一个假借来标音的声符。从象形到准形声，也是声化的表现。

2. 由表意字变化字符为形声

在原合体表意字的基础上，变化其中的部分字符为标音符号，整个字的结构由会意变为形声，这是纳西东巴文形声字产生的方式之一。如：

，字谱第 903 字，ʂər55，满也。会意，从碗盛物满，点示满。又写作，形声，从碗（khua55），（ʂər55，七）声。这个字是将会意字中表示"满"的点改换为标音的数字"七"，变为形声字。还可以改换另一表意字符"碗"，字典第 1228 字写作，ʂur55，满也，以点点示盈满之意。从点，（sʅ31，骰）声，声符音近。

，字谱第 914 字，dzər33，煎也。会意，从锅煎油。注释第 318 字写作，dzər33，煎，象平底锅内煎物之形。形声，从锅，（dzər31，惊）声。译注第 235 字写作，dzər33，煎。省去锅下的火炉。字典第 1318 字写作，ndzʌr33，煎也。字典第 1319 字改换表意的"锅"和被煎之物为纯粹的标音字符，以抽象的曲线示溶化。写作，形声，以曲折闪线示其溶化之意，（ndzər31，威灵）声。一形一声，形符不标音。

，字谱 778，thv55，踏也。形声，从脚，（thv55，奶渣）声。一形一声，形符不标音。又写作，或，为会意字，从脚压物。这个字的形声写法应该是将会意字中"脚"下圆形的被压物改换成标音的"奶渣"而成，体现了这个字的声化痕迹。

，字谱第 498 字，u31，男奴也，奴隶也。会意，从男黑头，手足劳动。译注第 73 字写作，u31，男仆，泛称奴仆云 tʂhər31u31。会意兼声，从，（u31，献饭），字符标音。这个字将表意的"黑"改换成表意且标音的（u31，献饭）。从纯粹字形表意到改换一个字符，既表意，也标音，这是声化的表现。

3. 在表意字上加注声符为形声

在表意字上加注声符为形声，这是纳西东巴文形声字产生的又一种方式，也彰显了纳西东巴文字走向声化的一种途径。这种方式产生的形声字在纳西东巴文形声字中占相当一部分。如：

，字典第 255 字，za31，下也。会意，从人自上而下行。又写作，形声，人行走之形（za31）省形，（za31，星名）声。字谱第 636—3 字写作，za31，降也。在人行走之形（za31）下加注以标

音符号 ✎（zɑ31，星名），整个字变为形声字。

🦌，字谱第 912 字，tɯ31，又读作 go31，煨也。会意，从锅在灶上。字典第 1290 字也是会意字，写作 ✦，tɯ31，安锅灶也。但这个字还有加注标音字符，变为形声字的情况，字典第 467 字写作 ✦，tɯ31，安锅灶也。在"锅"内加注标音符号 ✦（tɯ31，起），变为形声字。

✦，字典第 569 字，tʂʌr33，洗也。会意，从水，画一人洗手之形，点状示"洗"。或写作 ✦。此字可以在会意字的基础上加注标音符号，字谱第 642 字写作 ✦，tʂhər33，洗也。形声，从人取水，✦（tʂhər33，代）声。二形一声。

✦，字谱第 307 字，lɯ55tshe33，绶带鸟也，尾羽长，栖山林。象形字。字典第 731 字写作 ✦，rɯ55tshɛ33，绶带鸟也。以其尾为特征，又以 ✦ ✦ 二字注其名，✦ 为牛虫（虱），注其名之首音，✦ 为盐，注其名之末音。形声，从绶带鸟，✦（tshe33，盐块）、✦（rɯ55，牛虱）声。一形二声。这个字在原象形字上加注了两个标音字符，变为形声结构。从字形结构的变化来看，是纳西东巴文字走向声化的需求使然。

✦，字谱第 204 字，gɣ33dɣ31，核桃也，实坚如石。注释第 1052 字写作 ✦，gv33dv31，核桃。形声，从核桃树，✦（gv33，九）、✦（thɣ55，奶渣）声。这个字由象形字加注两个标音的字符，成为形声字。由象形到形声，也是声化的表现。

三、形声字在发展初期不能完全摆脱表意惯性

纳西东巴文形声字的声符，往往是假借字符标音，但在原始形声字和会意兼声字，以及准会意兼声字中，标音的字符同时还有表意的职能，准形声字中的形符也标示部分音节，这反映纳西东巴文形声字处于发展初期的特征。那就是，随着纳西东巴文的发展，以字形记音的需求不断增长，而字符在标音的同时又顽强地保留继续表意的惯性。这些准会意兼声字、准形声字，在以后的发展中，如果表意的字符读音脱落，则进一步成为形声字。如果部分表意字符的读音一直不脱落，则一直是准会意兼声字或者准形声字。

纳西东巴文形声字的产生途径中，基本上没有因为词义引申而分化出来的形声字，一般是在表意字上加注声符，或者在假借字上加注意符，或者改换表意字的部分字符为声符，或者由准会意兼声字和准形声字中的部分表意字符读音脱落变成形声字。

方国瑜、和志武《纳西象形文字谱》中原始形声字 21 个，标音完全的会意兼声字为 49 个，标音完全的准会意兼声字 90 个，标音完全的准形声字

有 122 个。李霖灿《纳西族象形标音文字字典》中原始形声字 20 个，标音完全的会意兼声字 50 个，标音完全的准会意兼声字 67 个，标音完全的准形声字 132 个。这些字中部分字符既承担表意的职能，同时还担负标示字的部分读音的职能，这是纳西东巴文形声字发展初期的典型特征，字符在走向声化的过程中，很难摆脱继续表意的惯性。

会意兼声字本身就是这种特征的表现。如：

❦，字典第 369 字，tho31，靠也。画人依靠一松树之形。会意兼声，从人坐，从松树 ❦（tho31）。字符"松树"标音。这里，标音的字符"树"也是人所靠之物，同时表意。这个字还有不同的写法，字谱第 562 字写作 ❦，tho31me33lv33，靠山（石）也。会意兼声，从人坐，从 ⌒（lv33，石）。字符"石"标示一个音节。又写作 ❦，读 tho31，会意字，从人有依靠。不同写法体现了这个字由表意为主走向声化的过程。会意兼声的结构是两全之策，既能满足标音的需要，又能兼顾原来的字符表意之职能。

准会意兼声和准形声字发展到会意兼声和形声字，我们能看到部分字符从既表意又标音，回归到字符只表意不标音的状态，整个字成为形符加声符结构。这个变化也流露出纳西东巴文形声字部分字符在标音同时的表意痕迹。

❦，字谱第 601 字，do31，又读作 ɕi33do31，傻也，笨人也。会意兼声，从"人"（ɕi33），从 ❦（do31，傻鬼）。两字符或者各自标音，或者一个标音。注释第 10 字写作 ❦，ɕi33do31，憨人，愚笨的人。从读两个音节到只读一个音节，这个字经历了准会意兼声到会意兼声的变化，对于读两个音节的准会意兼声字来说，字符"人"（ɕi33）既要表意，又要标示一个音节，体现了纳西东巴文字符表意的顽固性，也显示纳西东巴文形声字发展的初级阶段的特征。

❦，字谱第 751 字，mi33，又读作 kho33mi33，闻也，听也。指事，从耳有所闻。又写作 ❦。注释第 610 字写作 ❦，ko33mi33，听。从 ❦（mi33），从 ⌒（kho33，角），两字符各标示一个音节。第一种写法为指事字，从耳，两条曲线示听见，而第二种写法是在原指事字上加注一个标音的字符 ⌒（kho33，角），这样，原来的指事字在表意的同时还要承担标示一个音节的职能，这就是纳西东巴文形声字在发展初期的字符标音与表意两相照应的表现。

从前文所呈现的各个纳西东巴文形声字字例中，我们不难发现，纳西东巴文形声字还有一个明显的特征是，纳西东巴文形声字的形符一般都具体表意，不似汉字形声字的形符，表达义类。这一方面显示纳西东巴文形声字字符强烈的表意特征，另一方面也显示纳西东巴文形声字与汉字形声字的不同。

四、声符的其他职能

纳西东巴文形声字声符构字频率低，除却标音职能外，还有很强的装饰功能，主要体现在与形符的搭配关系上。另外，一些纳西东巴文形声字声符还存在羡余现象。理论上，跟形符一样，纳西东巴文字字符一般都有可能成为形声字的声符，还可以假借标音文字字符、藏音和汉字字符来充当声符，不存在一个相对稳定的声符系统，往往是随文字发展需要，假借字符来标音。纳西东巴文形声字的声符构字频率很低。

经过统计，方国瑜、和志武《纳西象形文字谱》中形声字声符的数量为203个，李霖灿《纳西族象形标音文字字典》中的形声字声符有262个。数字的差异在于字典收字2120个，而字谱全部字条为1851个。[①]

方国瑜、和志武《纳西象形文字谱》中统计出的203个声符，标音在5次以上（含5次）的有16个，李霖灿《纳西族象形标音文字字典》中统计出的262个声符，标音在5次以上（含5次）的有34个。可见，纳西东巴文形声字声符的标音频率是不高的。实际上，很多声符是兼记音义的，字谱中有93个声符是兼记音义的，字典中有95个声符可以兼记音义。

标音频率较高的声符，如：⌁ iə31，本义为烟草，李霖灿字典中读iʌ31，据对字谱和字典进行分析，这个字符充当声符的形声字超过10个。

⌁，字谱第71—2字，iə31pe31，正月也。从月，⌁（iə31，烟）、▭（pe33，闩）声，一形两声。

⌁，字谱第90—8字，o31iə55，在木里县俄又乡，有纳西人聚居。从地，✦（o31，玉）、⌁（iə55，烟）声，一形二声。

⌁，字谱第482字，lɑ33iə31dʐ33huɯ31，配偶也，伴侣也。从人，⌁（lɑ33，手）、⌁（iə31，烟）、▭（huɯ31，牙）声。一形三声。

⌁，字谱第497字，iə33ko31，家庭也。从屋⌁，⌁（iə31，烟）、⌁（ko31，针）声。一形二声。又写作⌁。

⌁，字典第493字，iʌ31，纳西人之一支（即"叶"）也。纳西人自分四支，此其第四支也，丽江木姓一系皆此一支之人也。从人，⌁（iə31，烟）声。字谱第539字写作⌁，iə31，纳西族古氏族名，汉文献作"叶"。

[①] 方国瑜字谱中的字数引自郑飞洲：《纳西东巴文字字素研究》，民族出版社，2005年，第3页。"方国瑜、和志武（1995）收字头1340个，加上各字头下所列文字，共计1851个。李霖灿（2001）手2120字。Rock（1963）收字共约3670个，包括大量假借字和重出字。"

第五章　纳西东巴文形声字的形符声符分析

🕊️，字谱第925字，iə55，给也。从碗 🥣（khuɑ55），🕊️（iə31，烟）声。字典第1067字写作 🕊️，iʌ55，赠送也，给予也。从一动线 ⌒，示意，🕊️（iə31，烟）声。

🕊️，字谱第1322字，iə31，情死鬼也。从鬼，🕊️（iə31，烟）声。

🐲，字典第1973字，dzʌ31bv33thɑ55iʌ33，龙王名。东方之▦龙王也。以 ▦🕊️ 二字注其名之末二音。从 🐲（ṣv31，龙王），▦（thɑ55，酒罐）、🕊️（iʌ31，叶）声，一形二声。dzʌ31bv33 无字符表示。

🧙，字典第2059字，thɑ55iʌ33tɣ33/ti33mbɑ33，神名。压服 ✝ 鬼之神也。以 ⛩、🕊️、吾、𠂇 四字注其名之音。从 🧙（神），戴 ✵（铁冠），⛩（thɑ55，塔）、🕊️（iʌ33，叶）、吾（tɣ33，打）、𠂇（mbɑ33，大脖子）声，二形四声。

🧙，字典第2060字，iʌ31lɑ55di33dɥɑ33，神名。亦云为人类之远祖。以 🕊️ 字注其名之第一音，生一大手，注其名之第二音。从 🧙（hε33，神），🕊️（iʌ31，叶）、✋（lɑ33，手）声，一形二声。di33dɥɑ33 无字符表示。

🧙，字典第2077字，iʌ31rɯ33tʂwɑ31so33，神名。🧙神之中子也。以 🕊️ 🪳 冋 𠃊 四字注其名。从 🧙（twɑ33kʌ31，神名），🕊️（iʌ31，叶）、🪳（rɯ33，牛虫）、冋（tʂwɑ31，床）、𠃊（so33，大秤）声，一形四声。

大部分的声符构字频率都在 5 个以下，说明纳西东巴文形声字声符系统发展的不稳定性和整个形声字发展处于初级阶段的特征。

纳西东巴文形声字的声符除了标音职能外，跟汉字形声字的声符不同的是，纳西东巴文形声字的声符还具有很强的装饰功能，因为整个纳西东巴文字的视觉具有强烈的图画性。形声字形与声的搭配，从视觉上看，往往要兼顾整体布局，在跟形符的关系上，只要形符没有抽象化，声符一般都处于相对次要的地位。有时为了整个字体的平衡，还存在声符的羡余现象。

🧍，字谱第482字，lɑ33iə31dʐ̩33hɯ31，配偶也，伴侣也。形声，从人，✋（lɑ33，手）、🕊️（iə31，烟）、▭（hɯ31，牙）声。一形三声，音节 dʐ̩33 无字符表示。在这个形声字中，三个标音的声符分别处于人的头顶、双手，除了标音之外，起到合理布局的作用，声符 🕊️（iə31，烟）在人的头顶象头饰，而声符"手"和"牙"在双手上，象手持两物，整个字的象形效果十分明显。声符地位相对较低，在字的布局中起装饰点缀作用。

🧍，字典第445字，ko55，丢弃，丢也。形声，从人，🦌（ko31，姜）声。这个形声字的声符置于人手中，除标示读音之外，还配合表示"丢

189

弃"之物。

⟨图⟩，字谱第 1000 字，hua55dy31，简易宿棚也。形声，从树枝，⟨图⟩（hua55，鹇）声。一形一声，声符标示一个音节。又写作⟨图⟩。这个形声字为不完全标音的形声字，声符⟨图⟩（hua55，鹇）处于两个树枝之间，除了标示字的一个音节之外，还有整体的审美效果，"鹇"鸟在"简易宿棚"之中，整个字的布局十分和谐。声符的位置起到了很好的配合作用。

⟨图⟩，字典第 996 字，zi33，美丽也。鲁甸写法。形声，从花⟨图⟩，⟨图⟩（zi33，草）声。声符除标音之外，与形符"花"一起，好像花的叶，整个字犹如一个整体。声符的装饰和衬托作用很明显。

⟨图⟩，字谱第 1336 字，tʂʅ55tʂua33dzi33mu33，善神之妻也。形声，从女神，⟨图⟩（tʂʅ55，犁铧）、⟨图⟩（tʂua33，床）、⟨图⟩（dzi33，水）、⟨图⟩（mu33，簸）声。一形四声。四个标音的声符所占的比例还没有形符大，置于形符之下，形成形符为主、声符为辅的格局。声符除标音之外的辅助地位一目了然。

⟨图⟩，字谱第 1339 字，kɑ33le31tʂhy55，"高勒趣"也，即崇则丽恩之六代孙也。形声，从人，⟨图⟩（tʂhy55，黍）声。一形一声，声符标示一个音节。音节 kɑ33le31 无字符表示。丽江《木氏宦谱》音译作"哥来秋"。这个字字典第 496 字写作⟨图⟩，gʌ31lo55tʂhY55，部族名。居纳西人之北方，或云即今青海一带之郭洛人也，于经典中知此种人善战，纳西人至今犹畏之。画一人头上有⟨图⟩，云为小米，在此注末一音。此字或写作⟨图⟩，更古老之古本写法作⟨图⟩，画一人戴火狐帽，穿虎豹皮衣形状，或当日此族人作如斯之装扮也，或旁加一⟨图⟩字 dzi31gʌ31lo55，指其在北方也。这个字的声符⟨图⟩（tʂhy55，黍）写在形符"人"的头上，仿佛头饰，整个字的象形效果十分显著。

⟨图⟩，字典第 1384 字，mbɛ31，衣破也。以"披毡"⟨图⟩象形，以"雪花"⟨图⟩注音。形声，从⟨图⟩（披毡），⟨图⟩（mbɛ31，雪花）声。这个字的声符⟨图⟩（mbɛ31，雪花）写在"披毡"内，仿佛衣服上的破洞，具有极强的装饰效果，这样写比分开写成左右结构或者上下结构更节省空间和更具审美效果。

⟨图⟩，字典第 1627 字，bY31tɕhi31tɑ13lɛ33，装干粮之褡裢（口袋）也。象其形，以⟨图⟩字注其第一音。从褡裢，⟨图⟩（bY31，面粉）声，一形一声，声符标示一个音节，其他音节无字符表示。这是一个标音不完全的形声字，其形符为十分形象的"褡裢"（口袋），而用来标音的声符⟨图⟩（bY31，面粉）写在"褡裢"（口袋）的中间，形符大声符小，使字的整体感明显，也节约空间。

通过以上字例，我们不难发现，纳西东巴文形声字中，声符在完成标音职能之外，还有很重要的装饰、陪衬作用，跟形符的搭配，要根据形符的需要，如果形符为形象性表意的字符，则声符一般写得小，而且配合形符，使得整个字具有明显的表意气质，这就是为什么纳西东巴文字字符形态给人象形感觉的原因。如果形符为抽象化的字符，则声符明显写得比形符大，显示出形小声大的格局。如：

)卄(，字典第1100字，ŋgo33，分开也，离别也。以)(示意，以 卄 注音。此字见于鲁甸。形声，从)(示意分开，卄（ŋgo33，仓库）声。形符为抽象的线条，声符 卄（ŋgo33，仓库）写在形符)(之间，示分开之意，声符所占的比例比形符大。

▭，字谱第229字，sŋ55，茅草也。形声，从草 ↓（sŋ55），▭（sŋ55，骰）声。这个字的形符"草"以三条短线示意，声符 ▭（sŋ55，骰）写在形符之下，除标音之外，从布局上看，成为"草"生长之地，字的形象性十分强烈，而且声符写得比形符大。

彡，字典第725字，tʂʌ55，水鸟名。画一鸟头上有二圆圈，此乃以鸟形示意，又以 ଚ 注其音，ଚ 乃音字之 tʂʌ，以形字见意，又以音字注音，此例近日渐有出现，如 彡、△、◉ 等皆是也。声符 ଚ（tʂʌ55，哥巴字）写作形符鸟形上方，犹如鸟头部的装饰。

彡，字谱第481字，dzŋ31ne31bu31，姻缘也，配偶也。形声，从男女对坐，彡（dzŋ31，犏牛）、彡（bu31，猪）声。这个形声字的两个声符写在对坐男女的头顶，各分写于一人头顶，十分对称。

纳西东巴文形声字声符还存在羡余现象，即一个形声字中是声符为了配合字形布局的需要，可能写两次，但标音不会标两次。如：

火，字谱第599字，tɕhi55，冷也。形声，从人，∫（tɕhi55，刺）声。火，字典第298字，tɕhi55，冷也，画人寒冷发抖生冻疮之形。形声写法中，声符 ∫（tɕhi55，刺）处于人的双肩，十分对称，作为声符，应该写出一个即可，但为了整个字的平衡和对称的布局，于是将声符写了两次。字典中的表意写法中，更是将双手、双脚部位都标上对称的符号以示冻疮，可见，在纳西东巴文字中，为了寻求字体的平衡和对称，以字符的羡余现象来解决问题是一种手段。

彡，字谱第1271字，bæ31mæ33to55，掷贝卜也。会意兼声，从贝 ◡（bæ31mæ33）掷于碗。字符"贝"标示两个音节。这个字是标音不完全的会意兼声字，标音的字符"贝"，两个重叠于"碗"中，示掷贝于碗。声符在此也有使整个字对称、饱满的作用。

▱，字谱第 974 字，z̩33dʑi31，草房也，以草覆屋。从草 ▱（z̩33），从屋 ▱（dʑi31）。两字符各标示一个音节。这是准会意兼声字，字符 ▱（z̩33，草）作为表意兼标音的字符，在房顶的两边各写一个，为的就是对称效果。

▱，字谱第 697 字，ko31，爱也。形声，从男女二人对坐，▱（ko31，针）声。二形一声。或写作 ▱。字典第 1419 字写作 ▱，ko33ko31bɛ33lɛ33ndzɯ31，亲爱也。形声，从男女二人对坐，▱（ko31，针）声。二形一声，形符"坐"标示音节 ndzɯ31。这个形声字的声符可以写一个，也可以写两个，男女手中各持一"针"，为的是加强字的整体对称性。

不仅声符存在羡余现象，形符有时也有羡余现象，主要考虑整个字的布局需要。如：

▱，字典第 932 字，bi33，森林也。画森林之形，以 ▱（搓）字注其音。形声，从林 ▱（ɕi31 或 bi31），▱（bi31，搓）声。这个字中以两棵"树"示森林，将声符 ▱（bi31，搓）置于形符之间。

五、声符不稳定往往带有随意性

纳西东巴文形声字的声符不稳定，一个形声字选取哪一个字符充当声符，往往带有随意性，这与纳西语存在很多同音词有关，也跟不同地域的文字使用习惯以及东巴的文字观有关。

在对纳西东巴文形声字进行统计和分析时，我们会看到有些形声字存在不同的异体字，声符完全不同。

纳西东巴文形声字中的声符存在声符不稳定，可随意选取同音或音近字符、可随意摆放于不同位置的情况。如：

▱，字谱第 90—14 字，la33pə31la55z̩33，在丽江宝山果洛乡。形声，从地，▱（la33，虎）、▱（z̩33，草）声，一形二声。而注释第 1389 字写作 ▱，la55z̩33，果洛村，宝山乡公所在地。从地，▱（z̩33，青稞）、▱（la55，打）声。这两种写法所用的声符读音都一样，但假借了不同的声符，体现了纳西东巴文形声字声符假借存在着一定的不稳定性，这也是纳西东巴文形声字处于发展初期必然具有的特点。

▱，字谱第 190 字，tsh̩31，细也。从树，▱（tsh̩31，锋）声。字典第 1806 字却写作 ▱，tshɯ31，细也，狭也。以木板示意，以鬼字注音。此字见于鲁甸。从 ▱（tho33，板），▱（tsh̩31，鬼）声。这两种写法体现了不同地域的东巴对"细"的理解，字谱中以"树"示意，取 ▨（tshŋ31，铧）为声符，而字典以"木板"示意，取 ▨（tshŋ31，鬼）为声符，两个字在形与声的关系布置上也有差异，一为穿插结构，一为上下结构。

▨，字谱第 90—16 字，bə33ʂŋ31，又读作 bə33kv33bə33ʂŋ33lɯ33，在丽江白沙。形声，从地，▨（bə33，脚板）、▨（ʂŋ31，肉）声，一形二声。注释第 1387 字写作 ▨，bə33ʂɯ31，白沙乡。从地，▨（bə33，普米族）、▨（ʂŋ31，金）声，一形二声。这两种写法也是各自假借不同的声符，写法不同，但声符读音一致。

有些形声字读两个以上的音节，在字形上，有的突出这个声符，有的突出那个声符，呈现出不同的写法。如：

▨，字谱第 1051 字，bv31dɯ33，又 the33ɣɯ33，经书也，书也。横写三行。象形字。字典第 1170 字写作 ▨，第 1171 字写作 ▨，thɛ33ɯ33，书也，经书也。也是象形字。这个字存在形声字的结构，注释第 809 字写作 ▨，the33ɯ33，经卷，书本。形声，从书，▨（tshæ55，钻子，穿孔器）声。一形一声，声符标一个音。译注第 499 字写作 ▨，the33ɯ33，书。从书，▨（the33，旗）声。一形一声，声符标一个音节。字典第 1169 字也写作 ▨，thɛ33ɯ33，书也。从书，▨（the33，旗）声。字典第 1173 字写作 ▨，thɛ33ɯ33，书也，象书之形。准形声，从书，从 ▨（ɣɯ33），两字符各标示一个音节。

这个字的形声字结构出现了 ▨、▨ 和 ▨ 三种写法，声符各不相同，说明纳西东巴文形声字，尤其是多音节形声字的声符是可以随意选择的，或者标示这个声符，或者标示那个声符，而且即使是标示相同的音节，也可以选取不同的字符来表示。

纳西东巴文多音节形声字中，选取声符的随意性和标示字读音的不完整性，在东巴经中也能找到，第三章中对《古事记》和《崇般崇笮》进行分析时，已经能看到这样的情况。如：

▨，tsho31zɛ33lɯ55ɣɯ33，崇忍利恩。相传为洪水后仅存之人类始祖。形声，从人，长嘴示"象"（tsho31），角示牛（ɣɯ33）。一形二声，声符都省去部分字形。在《崇般崇笮》中，有的写法跟《古事记》中一样，还有的再增加一个音符，写作 ▨，或写作 ▨，从 ▨，▨（ɣɯ33，丽江、鲁甸读法，意为"好"）声。李霖灿先生《纳西族象形标音文字字典》第 511 字写作 ▨。（详见第三章）可以看出，这个字可以只写声符 tsho31，以"象"头或鼻子表示，或者写出声符 ▨（ɣɯ33），或者写出声符 ▨（ɣɯ33，丽江、鲁甸读法，意为"好"）。这种选择本身就有很大的地域性和随意性。

第三节 纳西东巴文形声字的形符声符的关系分析

由于纳西东巴文字字符的象形性特点，纳西东巴文形声字的形符和声符的位置关系不像古汉字形声字那样紧密地结合在一起。汉字是方块形外观，其形声字形符和声符的关系存在左形右声、右形左声、上形下声等方式，纳西东巴文形声字的形符和声符位置关系也可以分析出像古汉字形声字一样的众多种类。喻遂生在《纳西东巴文单音节形声字研究》中以附录的形式总结了纳西东巴文单音节形声字形符和声符拼合位置分析表，将形符和声符的拼合位置关系分成类似汉字合体字结构类型的十三大类：左右分置、上下叠置、竖式插入、左下填入、右下填入、左上填入、右上填入、上两角填入、上部嵌入、下部嵌入、右部嵌入、中间嵌入和中间穿合。①

从静态分析的角度来看，方国瑜、和志武《纳西象形文字谱》和李霖灿《纳西族象形标音文字字典》中分析出来的形声字，一般都能离析出形符和声符的位置关系。但是，置于纳西东巴文经书中，这些形声字的写法会根据具体经文布局的需要，而使得形符与声符的位置关系发生变形。要了解纳西东巴文形声字形符和声符的关系，可以从以下三个角度来看。

一、静态分析下的形符和声符的位置关系

方国瑜、和志武《纳西象形文字谱》中标音完全的形声字一共有211个，其中单音节形声字有167个。李霖灿《纳西族象形标音文字字典》中标音完全的形声字一共有320个，其中单音节形声字有251个。从静态的角度进行分析，能得出如下几种形符和声符的位置搭配关系，为了便于下一章与汉古文字形声字进行比较，我们选取单音节形声字来分析。

1. 左右结构

包括左形右声、右形左声和声居中间三种结构。

（1）左形右声

䪻，字谱第269—5字，sa55，蔴也。从蔴 䪻（sa55），≡（sa55，气）声。

𓀀，字典第2012字，tṣhʌ55，神名。会丈量之神也。从人坐，～

---

① 喻遂生：《纳西东巴文单音节形声字研究》，载于《纳西东巴文研究丛稿》，巴蜀书社，2003年，第160～162页。

（tʂhə55，秽）声。

🙶，字谱第 499 字，dzy31，女奴也。从 🙵 黑头，🙷（dzy31，镯）声。

🙸，字谱第 1007 字，tər55，关也。从 🙹（khu33，门），🙺（tər31，鬼）声。

🙻，字谱第 1323 字，tɕi55，口舌鬼也。从鬼，🙼（tɕi55，剪）声。

🙽，字谱第 642 字，tʂhər33，洗也。从人取水，🙾（tʂhər33，代）声。

（2）右形左声

🙿，字典第 369 字，tho31，靠也。画人依靠一松树之形。会意兼声，从人坐，从松树 🚀（tho31）。字符"松树"标音。

🚁，字谱第 590 字，ku55，又读作 phi55，弃也。从人，🚂（ku31，姜）声。此字也可以写成左形右声的形式，如字典第 445 字写作🚃。

🚄，字典第 1816 字，mɛ31，鬼名。画鬼之形，以🚅（五倍子）注其音，常只写一🚅（五倍子），以代此鬼之名。从鬼，🚆（mɛ31，树名）声。此字也可以写成左形右声，字谱第 1316 字写作🚇。

🚈，字典第 1970 字，ȵi33，龙王名。以鱼注其音，或读为 ȵi33gʌ33 ʂv33。从 🚉（ʂv31，龙王），🚊（ȵi33，鱼）声。

（3）声居中间

🚋，字谱第 534 字，sʅ33，又读作 sʅ33sʅ33ɕi33，相识也，熟人也。从二人（ɕi33），🚌（sʅ33，骰）声。

🚍，字谱第 697 字，ko31，爱也。从男女二人对坐，🚎（ko31，针）声。

2. 上下结构

（1）上形下声

🚏，字典第 31 字，so31，早上也。以日表示时间，以🚐字注其音也。此字不容倒置，若将🚐字置于上则意思全变了，指明天也。从日光，🚐（so33，山巅）声。

🚑，字谱第 57 字，khv55，年也。从鼠，🚒 khv55 声。

🚓，字谱第 514 字，mu55，长老也，封建主也。从官，🚔（mu55，牛蝇）声。

🚕，字谱第 636—2 字，dʑi33，行也。从人自上而下行，🚖（dʑi33，酒药）声。

🚗，字谱第 636—3 字，za31，降也。人行走之形🚘（za31），🚙（za31，星名）声。

🚚，字谱第 636—4 字，dzə31，跑也。人行走之形🚘，🚛（dzə31，

195

秤锤）声。

  🔣，字谱第 778 字，thɤ55，踏也。从脚，🔣（thɤ55，奶渣）声。

  🔣，字谱第 782—1 字，no33，觉也。从心，🔣（no33，乳）声。

  🔣，字谱第 1173 字，pɑ31，宽也。从板 🔣，🔣（pɑ33，蛙）声。

（2）下形上声

  🔣，字谱第 84 字，ho55，深也。从地穴，🔣（ho55，八）声。

  🔣，字典第 146 字，so33，坪上之山也。纳西人称高山之草地曰坪，此指坪上之山。从山，🔣 so33 声。

  🔣，字谱第 733 字，sər55，肝也。从肝，🔣（sər55，树）声。

  🔣，字谱第 148 字，dʑi55，烧也。从 🔣（mi33，火），🔣（dʑi55，酒药）声。

  🔣，字典第 1806 字，tshɯ31，细也，狭也。以木板示意，以鬼字注音。此字见于鲁甸。从 🔣（tho33，板），🔣（tshŋ31，鬼）声。

  🔣，字谱第 325 字，tʂə31，秧鸡也。从鸟，🔣（tʂə31，哥巴字）声。

  🔣，字谱第 447 字，ɕi33，人也。从人 🔣（ɕi33），🔣（ɕi33，稻）声。

  🔣，字谱第 527 字，hɯ31，又 ɕi33hɯ31，富也，富户也。从人（ɕi33）坐，🔣（hɯ31，牙）声。

  🔣，字谱第 448 字，tsho31，人也。从人 🔣，🔣（tsho31，象）声。

  🔣，字谱第 487 字，tɕhy33，宗族也。从 🔣，🔣（tɕhy33，钻）声。

  🔣，字谱第 486 字，dɯ33，父族也。从 🔣，🔣（di31，蕨）声。

  🔣，字谱第 518 字，kɤ55，能者也。从官，🔣（kɤ55，蒜）声。

  🔣，字典第 449 字，zv31，仇人也，画人头上有一柳叶之形，以柳叶注仇人之音也。从人，🔣（zŋ31，山柳）声。

  🔣，字谱第 536 字，me31，纳西族古氏族名，汉文献作"买"。从人，🔣（me31，树名）声。

  🔣，字谱第 537 字，ho31，纳西族古氏族名，汉文献作"何"。从人，🔣（ho31，肋）声。

  🔣，字谱第 899 字，tər31，砧也。从俎 🔣（tər31），🔣（tər31，结）声。

  🔣，字谱第 936 字，tʂhər31，干肉块也。从肉块 🔣，🔣（tʂhər33，代）声。

  🔣，字谱第 1011 字，zər31，又读作 to55zər31，柱也。从柱 🔣（to55），🔣（zər31，🔣）藏音声。

  🔣，字典第 1775 字，ɕo31，又读作 ɕo55dY31，香，香条也。画当地香条之形，上有一◇（柏），以注前一音，香条由柏叶末作成也，或写作☆，象其包有柏末，上有香烟之形。从香条，◇（ɕy31，柏树）声。

3. 形占一角

☆，字谱第 780 字，huɯ33，去也。从足从路。又写作☆，形声，从路，☆（huɯ33，牙）声。形符只占一角。

☆，字典第 1800 字，ʂʌr55，招回之"招"，如招魂之类。以☆示找回之意，☆（ʂər55，七）声。形符只占一角。

4. 声占一角

☆，字谱第 198 字，ʂə55，桧也。从☆（lɯ33，杉），☆（ʂə55，说）声，声符省部分形。声符占一角，写在形符的右上角。

☆，字谱第 269—6 字，mu31，野杜鹃也。从野杜鹃☆（mu31），☆（mu31，簸箕）声。声符占一角，处于形符的右下角。

☆，字谱第 488 字，tshɑ31，亲戚也。从☆母族，☆（tshɑ31，咬）声。声符占一角，写在形符的右上角，且形符与声符共用部分字形。

☆，字典第 1908 字，phɑ31，女巫也。从女人坐，☆（pər31，解）声。声符占一角，写在形符的右上角。

☆，字典第 251 字，ŋʌ31，我也。像人反身自谓之形，故亦作☆。从我☆（ŋə31），☆（ŋə31，五）藏音声。

☆，字谱第 1072 字，gy31，戳也。从矛☆（ly33），从蛋☆（gy31）。字符"蛋"标音。

☆，字谱第 1168 字，tʂhu31，快也。从人走，☆（tʂhu31，珠）声。

☆，字谱第 1169 字，ho31，慢也。从人走，☆（ho31，肋）声。

5. 外形内声的全包围结构

☆，字谱第 93 字，to55，岗也。从坡☆，☆（to55，板）声。

☆，字典第 162 字，ko31，坪也。从山有草，☆（ko33，针）声。

☆，字谱第 96 字，dzy33，岭也。从山，☆（dzy33，花椒）声。

☆，字谱第 105—1 字，æ31，岩壁，山崖。从岩，☆（æ31，鸡）声。

☆，字典第 1228 字，ʂur55，满也，以点点示盈满之意。从点，☆（sʅ31，骰）声。

6. 三面包围

☆，khv33，内。形声，从房子，☆（khv33 割禾苗之"割"）声。形外声内。

☆，字谱第 987 字，pɣ55，又读作 dze33me33y31，邻居也。从屋，☆（pɣ55，甑）声。

◲，字谱第988字，be33，村落也。从屋，◱（be33，雪）声。又写作◳，这种写法则是声占一角，反映纳西东巴文形声字形与声位置关系的不稳定。

◲，字典第699字，bv31，孵化也。以"卵"◯示意，以◔"锅"注音。形内声外。

◲，字谱第888字，lo33，又读作bər33lo31，待客也。从盆◡（lo33），◔（lo33，黑麂）声。

◡，字典第1262字，khwɑ31，坏也。从▲（khuɑ55，坏），碗◡（khuɑ55）声。声外形内。

◲，字典第1264字，pɑ55，大碗也。从碗◡（khuɑ55），◲（pɑ33，蛙）声。形外声内。

◲，字谱第915字，tʂhu33，炒也。从锅◔，◔（tʂhu31，珠）声。

◲，字典第467字，tɯ31，安锅灶也。从锅，◔（tɯ33，起）声。

◲，字谱第925字，iə55，给也。从碗◡，◔（iə31，烟）声。

◲，字谱第928字，tʂhuɑ33，米也。从米在碗中，◔（tʂhuɑ55kho33，鹿角）声。

◲，字典第1285字，ho33，汤也。从碗◡（khuɑ55），点示汤，◔（ho31，肋）声。

◲，字谱第1235字，ko55，祭米也。从碗盛米，◔（ko33，鹤）声。

◲，字谱第771字，tɕi31，甜也。从口有物含其中，◔（tɕhi55，刺）声。

◲，字谱第772字，khɑ33，苦也，有物出口外。从口，从◔（nɑ31，黑），兼标音。

◲，字典第607字，hɣ31，红也。从口，从◔（hy31，红），字符"红"兼标音。

7. 形符声符共用部分字形

◲，字谱169，by31，又读作by31ty55或mu31ty55，外也。从人，◔（by31，面粉）声。声符与形符共用部分字形。此字字典第464字写作◲，为上下结构，形下声上。

◲，字谱第455字，y31，又读作sʅ33bɣ33y31，祖先也。从神主◔，◔（y31，猴）声。形符与声符共用部分字形。

◲，字谱第456字，zɿ31，死者也。从神主◔，◔（zɿ31，蛇）声。形符与声符共用部分字形。

◲，字谱第1263字，tɣ55，抵；抵灾，从木偶撑蛋。会意兼声，从◔

戟，从（tv̩55，抵）。两字符共用部分字形，标音。

，字典第996字，zi33，美丽也。鲁甸写法。从花，（zi33，草）声。两字符共用部分字形。

，字谱第1326字，bɯ31，绝后鬼也。会意兼声，从（bɯ31，绝育）省部分字形，从鬼（tshɿ31）。两字符合而成一字，以字符标音。

8. 形符和声符穿插

，字谱第168字，khv̩31，又读khv̩31tɕy31，内也；里面也。从人，省部分形，（khv̩31，口弦）声。声符与形符穿插在一起。

，字典第961字，bY33，粗也。画树以见意，写“面粉”以注音。从树，（by31，面粉）声。

，字谱第190字，tshɿ31，细也。从树，（tshɿ31，铧）声。

，字谱第485字，kho31，母族也。从，（kho31，栅）声。形符和声符穿插，且共用部分字形。

，字谱第1085字，tshər55，切也。从线断，（tshe33，盐）声。形符与声符穿插，声符居中间。

，字谱第1225字，tv̩31，幡柱也。从幡柱，（tv̩55，千）声。

9. 羡余声符分布于形符上部的左右两边

，字典第1523字，ŋgɯ31，划板也。从屋，（gɯ31，裂）声。

，字谱第599字，tɕi55，冷也。形声，从人，（tɕhi55，刺）声。

纳西东巴文形声字在表示同类型的词时，往往会采用一样的文字结构，如：

，字谱第1148字，tshɿ33gv̩33khu33，冬过江口也。从水，从（tshɿ33，冬）省部分字形，（khu33，门）声，二形一声，一形符和声符各标示一个音节。音节gv̩33无字符表示。

，字谱第1149字，zu̩31gv̩33khu33，夏过江口也。从水，从（zu̩31，夏）省部分字形，（khu33，门）声，二形一声，一形符和声符各标示一个音节。音节gv̩33无字符表示。

表达反义词时所用的字的结构也一致。如表示“快”和“慢”这对反义词，纳西东巴文字都用形声结构来标示，而且都是一样的结构。

，字谱第1168字，tʂhu31，快也。形声，从人走，（tʂhu31，珠）声。一形一声，形符不标音。

，字谱第1169字，ho31，慢也。形声，从人走，（ho31，肋）声，一形一声，形符不标音。

10. 形符声符斜分布局

⌇，字典第 196 字，tshY55，沟也。或读为 lo31tshY55，意亦同。画一沟渠之形，上加一 ⌇ 字，以注其音，使别于 ⌇ 也。从 ⌇（lo31，山谷）、⌇（tshY55，黍）声。

11. 多形多声形声字的结构

对于一形多声、多形多声形声字的形符和声符的关系，上文没有详细归纳，实际上，纳西东巴文形声字中一形多声、多形多声的形声字形符和声符的搭配关系一般都比较合理。或者所有的声符居右，或者居上，或者居下，或者声符分置于形符的两边，或者包围于形符内部，或者部分包围于形符内部，部分声符置于形符之外。一个总的原则是，使得整个字的布局在一个有张力的块状之内。以李霖灿《纳西族象形标音文字字典》为例：

⌇，字典第 1912 字，kʌ55bv33thɑ31，东巴教主之第一大弟子（卡布塔）。旁三字注其名之三音。从 ⌇（to33mbɑ31，东巴）、⌇（kʌ55，鹰）、⌇（bv33，锅）、⌇（thɑ31，塔）声。三个声符都写在形符的右边。

⌇，字典第 1936 字，dzʌ31bv33thv33tʂhɯ33，东巴名。⌇（崇忍利恩）之东巴也。以 ⌇ 字注其名之第一音，以 ⌇ 字注其名之第四音。从 ⌇（pY33mbv31，东巴）、⌇（dzʌ31，砝码）、⌇（tʂhɯ33，悬挂）声。这是一个标音不完全的形声字，两个声符包围于形符内部。

⌇，字典第 1972 字，sɑ31dɑ55，龙王名。以 ⌇⌇ 二字注其名之二音。sɑ31dɑ55ʂv31，或如此读。从 ⌇（ʂv31，龙王）、⌇（sɑ31，气）、⌇（dɑ55，砍）声。两个声符分别写在形符之下。

⌇，字典第 1990 字，no33mbɯ31rɯ33tho33pɑ33，龙王名。中央之龙王也，男性。以旁边之五字，注其名之音。从 ⌇（ʂv31，龙王）、⌇（no55，畜神）、⌇（mbɯ31，绝后鬼）、⌇（rɯ55，牛虱）、⌇（tho33，嵌铺石子或石板）、⌇（pɑ55，蛙）声，一形五声。声符分置于形符两边，呈对称分布。

⌇，字典第 2043 字，mɯ33mi55mɯ33zɯ33gʌ33rʌr31，神女名。分善恶之神也。以 ⌇ 字注第一、第三音，⌇⌇ 二字注末二音。从 ⌇（sɛ33，神）、⌇（mɯ33，天）、⌇（mi33，火）、⌇（gʌ33，上面）、⌇（rʌr31，喊叫）声，一形四声。zɯ33 无字符表示。四个声符中一个置于形符内部，其他三个声符分别写在形符上方和右边，声符"天"往往写在上方。

⌇，字典第 2051 字，mɑ55mi33pɑ33rwɑ31，神名。⌇ 地之开辟者，以 ⌇⌇⌇⌇ 四字注其名。从 ⌇（hɛ33，神）、⌇（mɑ55，酥

油）、▰▰▰（mi33，火）、◌（pɑ33，蛙）、▰▰（rwɑ31，牛轭）声，一形四声。四个声符两个置于形符内部，两个写在形符外部。

◌◌，字典第 90 字，pɑ33kho33，纳西人二十八宿之一。相当于汉人二十八宿之室宿，纳西人以为室、壁二宿（即西洋所谓之大正方）为一蛙，故以"蛙"字◌名此二宿也。从星，◌（pɑ33，蛙）、▯（kho33，门）声。两个声符分别写在形符上方。

二、动态语言环境下形符和声符的位置关系

纳西东巴文字用于书写东巴经时的惯例是将一节经文纳入一个整体来书写的，虽然能看出书写的行款，但是毕竟不如汉字的行款那样整齐划一。我们看纳西东巴文经书时会发现，一节经文中字符的大小，所在位置的高低、左右、疏密布局都有讲究，犹如一幅图画，讲究疏密有间，每个字符本身的象形特质，使得即便是合体字的东巴文字看起来也不像汉字那样处于一个方块之中。很多形声字的形符和声符位置是可以变动的，如左右结构的有时写成上下结构，或者写成三面包围结构，都不影响其读音和表意。但是也有一些形声字的形符和声符关系是特别的。

1.形符和声符合理搭配，有些形符和声符的位置关系是表意的

形符和声符合理搭配，或左右结构，或上下结构，或全包围结构，或声占一角，其合体字的意识十分明显，但有些形符和声符的位置关系是表意的。

纳西东巴文形声字呈现的面貌是丰富的，因为纳西东巴文字本身的表意性质，使得一部分形声字的形符和声符的位置关系呈现表意的特点。也就是说，有些形符和声符的位置是不能随意改换的，因为其位置分布受制于字形表意的需要，这是纳西东巴文字形声字形符和声符关系的一大特色。

▰，字典第 1780（1）字，æ31ndʑi55，烧鸡也。东巴法仪之一种，烧鸡以施鬼也。准会意兼声，从◌（æ31，鸡），在▰▰▰（mi31，火）上烧，两字符各标示一个音节。这个字的两个字符的位置不能倒换，因为位置也有表意的作用。

▰，字典第 465 字，ɯ31，捧起也，围抱也。画人由下捧抱之形，手上有一"▰"字，以之注音也。此字见于鲁甸。从人抱之形，▰（ɯ31，好）声。声符所在位置正好为人的手臂所抱，其搭配十分合理。

▰，字谱第 953 字，ʂu55，锻也，淬也。会意兼声，从火烧铁斧◌（ʂu55）。两个字符的位置搭配也是表意的。

▰，字典第 1318 字，ndʑʌr33，煎也。形声，从锅，▰（dzər31，惊）

声。声符置于锅内，标音之外，表煎烤之意。

☙，字谱第597字，la31py33，手铐也。会意兼声，从人双手（lɑ31）套铐。字符"手"标示一个音节。手铐将人的手缚住，"手"兼标音。

☙，字谱第598字，khɯ33py33，脚镣也。会意兼声，从人坐，双脚（khɯ33）套镣。字符"脚"标示一个音节。又写作☙。

☙，字典第330字，lv31，抬也。会意兼声，从人双手举石，☙（lv33），字符"石"标示一个音节。字典第470字写作☙，举也，抬也。从人双手举石，☙（lv33），字符"石"标示一个音节。这两种写法中，标音的字符跟另一形符之间的位置搭配关系是有讲究的，"石"被双手前伸高抬，或双手高举于头顶，体现"抬、举"之意。

☙，字谱第607字，zɿ33，执也。会意兼声，从人执青稞☙（zɿ33），字符"青稞"标音。标音的"青稞"也必须置于人手。二者的关系不能改变，此字或写作☙（字谱776）。

☙，字典第1489字，tsɛ33，剁也。以斧头示意，以☙注音。☙原为一种鬼名，tsɛ31鬼也，在此作音符用。从☙（斧头），☙（tsɛ31，鬼）声。形符在上，声符在下，正好符合"剁"的场景，形声关系的配置含表意信息。

当然，不是每一个多声符的形声字的形符和声符的位置关系都一成不变，有的声符出现的位置可以随意，并不影响字所记录的词义。如：☙，字谱第314字，tɕi33do31，鹛也，又称画眉，山鸟。从鸟，☙（tɕi55，剪）、☙（do31，傻）声。而注释第1181字写作☙，形符夹在声符中间。这两种写法都记录同一词义，声符位置的变化不影响词义。

2. 形符和声符共用部分字形或者省去部分字形，让人感觉到是一个独体字

有些纳西东巴文形声字，形符和声符共用部分字形，或者形符省去部分字形，或者声符省去部分字形，结合在一起，加之纳西东巴文字字符的形象特点，使得这类形声字的视觉效果仿佛成了独体字。

☙，字典第737字，ʂo55，鸡冠也。画鸡冠之形☙，恐人不喻，又于下加一"铁"字，☙以注其音，☙原象斧头之形，常作"铁"字用，在此又以"铁"字之音，以注鸡冠。此种写法，仅见于鲁甸一带，盖原画作☙，不易识别，至此为之加一音符。整个字的形符与声符连接为一体，好像一个独体字。

☙，字谱第448字，tsho31，人也。从人☙，☙（tsho31，象）声。形符省去部分字形，将声符与形符结合，整个字犹如一个整体，似独体字。

☙，字谱第473字，ə31gv33，舅父也。伯父、叔父、姑父、姨父亦称

ə31gv33。从🕱省形，🐻（gu33，熊）声。音节ə31无字符表示。形符省写部分字形，与声符结合为一个整体。

3. 形符和声符的位置因为经文书写的需要而变化，使合体字意识淡化

在纳西东巴经中，有时能看到形声字的形符和声符为了配合经文书写布局的需要，形与声分隔很远的写法，或者形与声分写远隔，或者几个形声字共用一个形符，或者几个形声字共用一个声符，使得形声字的合体字意识淡化。这体现纳西东巴文形声字的特殊性。有时在一节经文中，同样形符的形声字可能共用一个形符，或者同样声符的形声字共用一个声符，这也是十分特别的。无论是将形符和声符分开写，还是在一节经文中几个形声字共用一个形符或者共用一个声符，都使得形声字的合体字意识淡化，这是纳西东巴文形声字发展处于早期阶段的反映。

在第四章中，我们分析《古事记》和《崇般崇笮》中的形声字时发现纳西东巴文形声字在书写东巴经时形符和声符存在着或分离，或共用的情形。详见第四章第一节。

三、形符和声符地位的不均衡关系

纳西东巴文形声字形符和声符的关系不像汉字形声字中形符和声符的关系那样均衡，纳西东巴文形声字的形符一般为形象性表意的符号，而声符一般为借音符，只有一部分标音符号是在字符表意的基础上兼标示字音的。在形符和声符的关系中，从静态的环境来看，形符居于更为强势的地位，声符往往处在字的一角，除却标音职能，还起到装饰整个字的布局的作用。如：

🗲，字典第1818字，tʌr31，封阻道路也。以路～示意，以✷注音。此字见于鲁甸。形声，从～（路）示意，✷（tʌr31，鬼名）声，一形一声，形符不标音。注释第250字写作🗲，tər31，包围，拦截，阻挡。译注第163字写作🗲，tər31，包围，拦截，阻挡。

这个字形符和声符的关系十分协调，从路，声符✷（tʌr31，鬼名）为假借来标音的字符，而且位置在路的正中央，显示"封阻道路"之意图。从这个角度来说，这个假借音符还是起到了一定的帮助表意的作用。

🕱，字谱第599字，tɕi55，冷也。形声，从人，⎰（tɕhi55，刺）声，一形一声，形符不标音。注释第602字写作🕱，tɕhi55，冻、冷、寒，人受寒冷而抖颤之形。字典第298字写作🕱，tɕhi55，冷也，画人寒冷发抖生冻疮之形。象形字。

这个字的声符重复写两次，而且置于人的双臂之上，但只标示一个音节。声符⎰（tɕhi55，刺）属于假借字符标音，但是在书写的层面，对称地

写在人的双臂上，字符所占面积跟形符相比，要小得多。声符如此处理，为的是保持这个字的外观平衡对称的美。从这个角度来看，声符的装饰作用是显而易见的。

🖼，字谱第 1168 字，tʂhu31，快也。形声，从人走，🖼（tʂhu31，珠）声。这个声符在标音之外，其与形符的位置搭配非常具有表意性，声符"珠"执于人手中，忽略读音，从视觉上，这就是一个很形象的表意组合。这说明纳西东巴文形声字声符还具有装饰作用。

🖼，字谱第 1169 字，ho31，慢也。形声，从人走，🖼（ho31，肋）声。这个字的声符除却标音职能外，一样具有协助形符表意的特性。

🖼，字谱第 733 字，sər55，肝也。形声，从肝，🖼（sər55，树）声。这个形声字的声符置于形符"肝"的上方，从布局上来看，像是"肝"上长出来的。除却标音职能外，声符🖼还具有配合形符表意的职能，这种配合形符表意的情形，也是由于纳西东巴文字的性质所决定的，其浓厚的象形色彩，使得文字的符号化进程变得缓慢。

有时，声符和形符的搭配又具有很大的随意性，如：

🖼，字谱第 313 字，lo33mæ31，百灵鸟也。形声，从鸟，🖼（lo33，犁轭）、尾🖼（mæ55）声。一形二声。这种写法，形符居上，两个声符居下，而注释第 1180 字写作🖼，将两个声符分开，分别写在形符的左和右。字典第 728 字则写作🖼，rwɑ33mæ31，鸟名。有云为云雀也，大小似麻雀，灰色。画一鸟形，以🖼🖼二字注其音，或简写作🖼。或读为he31i33rwɑ33mæ31phur31，于其尾上加一🖼字，末一音也。两个声符一起写在左上角。从这个形声字的三种写法来看，声符和形符的搭配关系不是都受限制，有些还是十分随意的。

第六章 纳西东巴文形声字与古汉字形声字比较

第一节 古汉字形声字研究概览

古汉字中的形声字，在甲骨文中的比例还不算很高，到许慎《说文解字》中，已经达到70%以上，这显示古汉字形声字经历了很大的发展，尤其是春秋战国时代，形声字的数量激增，也令形声字的结构日益成熟和稳定。跟纳西东巴文形声字相比，我们选取古汉字中相对最早的甲骨文中的形声字作为参照分析对象，通过甲骨文形声字的种类，反观纳西东巴文形声字的种类，找出形声字在发展历程中所留下的轨迹。在将两种文字中形声字进行比较之前，我们首先对古汉字形声字的研究做一个概览。

一、古汉字形声字研究中的理论建设

1. 李孝定的"原始形声字"与"纯粹形声字"

古汉字形声字的研究，我们能追溯到最早的成体系的甲骨文。对甲骨文形声字的研究，不少学者都有精辟、深入的分析，李孝定提出"原始形声字"和"纯粹形声字"概念。他对《甲骨文字集释》中1225个字进行详尽性统计分析，得出形声字334个，占27.27%，认为："甲骨文字中已经有了相当数量的形声字，其中有许多是新造的，而另一部分则是由原有的象形、指事、会意和假借字改造而成的，这种现象在后世文字发展还没达到大致定型的阶段里，也随时可见，我们姑且将这种现象叫作文字的声化，而将那些由象形、指事、会意、假借改造而成的——尤其是由假借加注形符而成的——形声字，叫作原始形声字，那些原来没有，纯粹由一形一声相配合而成的后起形声字，叫作纯粹形声字。"[①]这样看来，李孝定认为，只有直接由形符和声符合成的形声字才是纯粹的形声字，他所说的"原始形声字"跟本书研究中的原始形声字内涵和外延都不一样。

---

① 李孝定：《汉字的起源与演变论丛》，台北联经出版公司，1986年，第23页。

2. 于省吾"独体形声"说

于省吾提出"独体形声"的概念，在《释具有部分表音的独体象形字》一文中认为："形声字的如何起源，自来文字学家都没有作出适当的说明。我认为，形声字的起源，是从某些独体象形字已发展到具有表音的独体象形字，然后才逐渐分化为形符和声符相配合的形声字。……总之，具有部分表音的独体象形字，是界乎象形和形声两者之间，可称作'独体形声'，这类文字可能将来仍有发现。由此看来，本文对于六书的范畴，已经初次作出突破。"① 于省吾归纳的独体形声字在纳西东巴文形声字中数量不多，但的确是一种类型的形声字。

3. 黄天树的"有声字"说

黄天树认为凡是字形结构中含有声符的字，统称为"有声字"。有了"有声字"这个名称，就可以把殷墟甲骨文中含有声符的字全部纳入其中。在《殷墟甲骨文"有声字"的构造》一文的提要中，将"有声字"分为三个层级十种构造类别："（一）独体形声字；（二）附化因声指事字；（三）两声字；（四）'从某，某声'形声字；（五）亦声字；（六）省形字；（七）省声字；（八）既省形又省声字；（九）多形字；（十）多声字。"②

黄天树认为这十种类别不在同一个分类层级上，第一层级是"有声字"，（一）至（四）种类别归入第二层级，隶属于"有声字"。（五）至（十）六种类别归入第三层级，隶属于形声字，为形声字的变体。通过与小篆形声字对比，黄天树先生注意到甲骨文中的形声字存在不同的层次，存在"独体形声字""附化因声指事字"和"两声字"。这在后来的小篆形声字中已经被淘汰。可见，从甲骨文到小篆，汉字形声字已经有了很大的发展。在纳西东巴文形声字中也是有层次的，在第二章已经有图表和阐释。

4. 王蕴智商代文字"字式"说

王蕴智在《试论商代文字的造字方式》一文中，"通过对殷商文字资料的分析考察，吸取'六书'说的合理成分，先总体上把商代文字的字式归纳为表意、假借和形声三种，再试归纳出字式的五种补充类型，并对其构字特征分别加以说明"③。认为："随着文字假借方式的广泛使用，商代文字中自然

---

① 于省吾：《释具有部分表音的独体象形字》，载于《甲骨文字释林》，中华书局，1979年，第435～443页。
② 黄天树：《殷墟甲骨文"有声字"的构造》，载于《黄天树古文字论集》，学苑出版社，2006年，第269～298页。
③ 王蕴智：《试论商代文字的造字方式》，载于《字学论集》，河南美术出版社，2004年，第49～50页。

也孕育了一种比较优越的造字方式——形声字。作为一种后起的字式，形声字既吸收了表意字以形体表示意向的长处，又总结了假借字以形记音的特点，表意和标音的功能兼而有之。这种具有意音化特征的形声字在商代文字里如异军突起，在数量上不断增加，预示着文字发展的主流趋势。到了商代晚期，形声字（包括一部分介乎表意字和形声字之间的准形声字）在当时的可释字目中所占比例已达32%，不少原来的表意字和假借字逐渐被新起的形声字所取代。"[1]

对于商代形声字的分类，他分了会意兼声、假借字加形符、表意字加注声符和形声相合四大类，会意兼声中又分原创会意兼声和后起会意兼声字，形声相合又分独体形声字与合体形声字。可见，在商代形声字中，存在原始会意兼声字和独体形声字，这印证了于省吾的分析有一定道理。

5."右文说"及形声字声旁表意研究

对于汉字形声字的声符，自古就有学者关注其标音之外的作用，许慎在《说文解字》中有"亦声"一类，以"从某，从某，某亦声"的形式标明，意思是几个字符组合表意，其中一个字符兼标示读音。这样的形声字，标音的字符无疑也有表意的作用。至晋代杨泉《物理论》中有"在金曰坚，在草木曰紧，在人曰贤"之说，关注到形声字的声符一般在右边，并且表示一定的意义。到宋代王圣美正式提出"右文说"，关注形声字声旁表意，一直是许多大家研究中的一部分。黄侃在《文字声韵训诂笔记》中说："凡形声字以声兼义者为正例，以声不兼义者为变例。"[2] 在其分析中，注意到"声与义同一"、"声之取义"为引申义、"声与义不相应"[3] 三类，实际上反映了形声字作为分化字，表示的是原来分化之前的字的本义、引申义或者假借义。

对于"右文说"进一步研究的还有沈兼士，他在《右文说在训诂学上之沿革及其推阐》一文中，总结出右文分化的七条规律：右文之一般公式、本义分化式、引申义分化式、借音分化式、本义与借音混合分化式、复式音符分化式和相反义分化式。[4] 这些规律已经显示了汉字形声字产生的途径。

对于汉字形声字的声旁表意作用，杨树达、王力、裘锡圭、王宁等文字学家都做了深入的研究。台湾学者黄永武著有《形声多兼会意考》，以形声多兼会意说略史、前人所创形声多兼会意说汇例、形声多兼会意说示例和结

---

[1] 王蕴智：《试论商代文字的造字方式》，载于《字学论集》，河南美术出版社，2004年，第57页。
[2] 黄侃述、黄焯编：《文字声韵训诂笔记》，上海古籍出版社，1983年，第79页。
[3] 同上注，第39～42页。
[4] 沈兼士：《右文说在训诂学上之沿革及其推阐》，载于《沈兼士学术论文集》，中华书局，1986年，第73～183页。

论四个部分进行论述①，唐兰认为："每一个形声字的声符在原则上总有它的意义，不过有些语言，因年代久远，意义茫昧，所以，有些形声字的声符也不好解释了。"②这些论述为我们研究形声字的声符提供了翔实的研究资料和理论。

曾昭聪《形声字声符示源功能述论》更是从实证性、总结性和理论性方面，对形声字的声符示源功能做了全面的研究。

二、古汉字形声字的来源与产生途径研究

由于形声字在汉字中所占的比例为绝大多数，研究汉文字学的先贤们都不会回避对于形声字的探究，不少文字学家站在历时的角度，把脉汉字发展的全过程，对汉字形声字的起源、产生途径等都做出了精辟的分析。也有学者专攻形声字的义符系统或者声符系统，为汉字形声字的深入研究提供充足的理论和材料基础。

1. 顾实的形声源于假借说

顾实在《中国文字学》中认为："形声者，又与假借同源也，相先后也，未加偏旁之前为假借，即加偏旁之后为形声，其源远矣。"③古汉语中存在不少的假借现象，在文字上，有大量的假借字，当然在假借字基础上分化汉字为形声是一种常见的方式。高明也持此观点："类似这种先假借，而后就其读音再进行创造的字体，在汉字中数量很多，各自的演变过程都很清楚。这些字例，虽不能说形声字即由它们开始形成；但是，它们却是最初汉字由表意转向表音的具体实例。由此可见，最初的形声字就是因此而诞生的。由于形声字最初是在同音假借字的基础上发展的，因而它必然是以音为主，以义为辅，从而使汉字开始解脱了表意的羁绊，转向表音的途径。"④

2. 唐兰的形声字来源研究

唐兰在《中国文字学》中论及文字的构成时，将"分化""引申"和"假借"视为文字史上的三条大路。"分化是属于形体的，引申是属于意义的，假借大都是属于声音的。"⑤论及形声字的来源，分三条途径：一是"合文"，举例"旹"字由"之日"两字的合文发展而来；二是"计数"，举例

---

① 曾昭聪:《形声字声符示源功能述论》，黄山书社，2002 年，第 173～182 页。
② 唐兰:《中国文字学》，上海古籍出版社，2005 年，第 85 页。
③ 转引自陈双新:《形声起源初探》，《河北大学学报（哲学社会科学版）》1995 年第 3 期，第 61～68 页。
④ 高明:《中国古文字学通论》，北京大学出版社，1996 年，第 40 页。
⑤ 唐兰:《中国文字学》，上海古籍出版社，2005 年，第 76 页。

"伍""什""驷"和"骖"等字;三是"声化",文中主要谈的是象意字的声化。

唐兰所言的形声字三个来源,"合文"的说法一般不受支持,因为许多专家学者认为,汉字中由合文变成的形声字寥寥无几,甚至由"计数"方法形成的形声字也是极少的。但在纳西东巴文形声字中,由字的组合演变为形声字,还是能找到一些字例的。象意字声化,的确是汉字形声字的一个来源,但是,汉字形声字,除了象意字声化,还有许多别的途径,如利用假借字形标音,再加注偏旁为形声字等。

3. 林澐论古汉字形声字产生的三条途径

林澐在《古文字研究简论》中专门有一章论述汉字记录汉语言的方式,其中汉字"兼及音义"的方式就是形声。认为"一个字只要是兼有义符和音符就可以划归形声字",形声字有三种产生途径:第一种是"在原有的表义字上加注音符而形成的形声字"。举"鸡(鷄)""藉"字为例,"鸡(鷄)"原为象形字,后来加记音符号"奚"而成形声字;"藉"字原为会意字,象人踩农具"耒"之形,后加音符"昔"为形声字。第二种是"在原有的记音字上加注区别词义的义符而形成的形声字"。第三种是"一开始就采用半音半义法所造的形声字"。① 另外,"在文字演进的过程中,在表义字上加义符,在记音字上再加音符,或在已经是形声字的字上再累加义符或音符的现象也是存在的"。②

林澐所言的三条途径中,前两种其实就是阐明形声字的来源,一是由表意字加注音符,一是由记音字加注义符,这里记音字应该包括假借字。

4. 梁东汉论汉字形声字的产生途径

梁东汉《汉字的结构及其流变》一书,共分五章:文字和语言、文字的起源、汉字的发展、汉字的性质和结构、汉字的新陈代谢及其规律。在汉字的发展一章,详细论述汉字由图画文字发展到形声文字的过程,对于形声字的产生途径,梁东汉先生归纳了九种途径:

1)两个象形字形似,在一个象形字的旁边加上一个表示语音的符号,成为形声字。

2)新词不断出现,新字也跟着不断出现。在表现共性的象形字上加一个表示语音的符号,成为形声字。

3)某一个象形字、会意字,或指事字,因为声音相同,被借来表达另外一个词,造成"一形多义""一义多形"的现象,为了区别同音字,在被

---

① 林澐:《古文字研究简论》,吉林大学出版社,1986年,第27~28页。
② 同上注,第29页。

借字或借字上加注一个义符，造成一个新字。

4）象形字的音读起了变化，加注音符。

5）形声字出现后存在着标音字和不标音字的矛盾，不标音的表意字转化为标音的形声字。

6）某一个形声字被借来表达另外一个词，在被借字上增加义符造成一个新的形声字。

7）社会生产力不断发展，某种用具的质料有了变化后，文字有时就把它反映出来。如"盂"——"釪"、"盤"——"鎜"。

8）借用一个音同或者音近的符号（不标音的或标音的）当作纯粹表音的音符，用增加义符的办法大量创造新字。

9）简化形声字的音符或义符造成新的简体形声字。如"膠"——"胶"、"襯"——"衬"、"懼"——"惧"、"擬"——"拟"等。①

实际上，梁东汉先生归纳的九种形声字产生途径可以简单归为：为辨别形似而加注音符的形声字、在假借字上加注意符造的形声字、改造象形字和表意字而成的形声字、简化造成的形声字四类。

5. 裘锡圭论形声字产生的途径

裘锡圭在《文字学概要》中专门有一章论及形声字，认为："最早的形声字不是直接用意符和音符组成，而是通过在假借字上加注意符或在表意字上加注音符而产生的。……大部分形声字是从已有的表意字和形声字分化出来的，或是由表意字改造而成的。"② 形声字产生的途径包括四种：1）在表意字上加注音符：鷄、裘、齒、耤、棊；2）把表意字字形的一部分改换成音符：囿、罝、圄、何、膩、羞、弦；3）在已有的文字上加注意符：加注意符是为了明确字义，这种途径的形声字最多；4）改换形声字偏旁。③

裘锡圭认为形声字产生的最初形式是在假借字上加注意符或在表意字上加注音符而成。形声字产生的根源在于文字需要以字形别义，并且还有标音的需要，也就是文字整体声化的需要，这两类形声字在纳西东巴文中也都存在。

6. 其他关于形声字起源的研究

另外还有不少文章论述形声字的起源或产生途径。黄德宽《形声起源之探索》中总结前人关于形声起源的主要观点，用纳西东巴文为例，分析出形

---

① 梁东汉：《汉字的结构及其流变》，上海教育出版社，1959年，第36～40页。
② 裘锡圭：《文字学概要》，商务印书馆，2004年，第151页。
③ 同上注，第151～156页。

声字大致存在三种类型：注形形声字、形声同取形声字和注音形声字，而注形形声字产生最早，"注形形声字与早期会意字个别构形部位的经常性游动有渊源关系"。①

蔡永贵《论形声字的形成过程》一文认为："经考察现有的一些重要的古文字资料，我们认为，从表意字到形声字中间主要经历了'改造假借字的阶段'，'母文加上事类符号（类属标志）分化新字的阶段'，以及'在表意字上注音的阶段'；然后才改变了最初的无意识、不自觉的状态，发展到了有意识、自觉地创造真正的形声字的阶段。"②

万业馨在《形声化——汉字结构方式的简化》一文中，认为形声使得汉字的结构方式极大简化，而且，"除了结构方式，形声化对整个汉字体系简化所起的作用以及在形声字中层次上的变化更具意义。首先，由于形声字的形旁和声旁大多来自已有的表意字形体，这些原来有音有义的表意字，在形声字中已不再是形音义的结合体，而是仅取读音或仅取义类的字符（借音符、意符）……在形声结构中，完成了由文字符号向字符的转换"。"其次，形声结构为汉字符号的进一步抽象与简化提供了条件。由于形声结构中，表音的部分表示个性，而形旁仅是对音符起补充和限定作用的类名，对形旁的个性要求也就随之降低，一些原有的象形符号被书写更为简便的同类事物的符号所替代"。③

李海霞在《形声字造字类型的消长——从甲骨文到〈说文〉小篆》一文中，对早期形声字产生的途径做出归纳：形声字在产生之初，有加形字、加声字、形声直接结合的字、讹变改造字，这四种途径产生的形声字是有消长的。④

陈双新《形声起源初探》一文，归纳前贤对形声起源的说法，分析出自己的结论："汉字中的形声结构起源于象形字上加音符，而音符的产生是假借字的经常运用，假借字上加意符而形成的形声字稍晚于前者。""从形声字的发展情况来看，从它们各自的形（意）符、音符本身来看，象形字加注音符有更多的原始性，而假借字的意符一般都是从有具体意义的象形字虚化、

---

① 黄德宽：《形声起源之探索》，《安徽教育学院学报（社会科学版）》1986年第3期，第79～84页。
② 蔡永贵：《论形声字的形成过程》，《宁夏大学学报（人文社会科学版）》2006年第3期，第16～27页。
③ 万业馨：《形声化——汉字结构方式的简化》，《语文建设》1996年第11期，第24～26页。
④ 李海霞：《形声字造字类型的消长——从甲骨文到〈说文〉小篆》，《古汉语研究》1999年第1期，第65～69页。

类化而来,从思维发展的角度来看,这也是需要一个过程的。"①

三、古汉字形声字的断代研究

1. 西周金文形声字研究

关于西周金文形声字,师玉梅在《西周金文形声字的形成及构形特点考察》一文中,通过对西周金文形声字进行全面考察,得出了西周金文形声字的主要形成方式有增加义符、增加声符、形声相益、变形声化四种。谈到西周金文形声字的构形方面的特点,存在声符、义符位置不固定、形体不固定、数量不固定等特点。②

在分析金文形声字的四种形成方式时,增加义符类又分本字增加义符和假借字增加义符两类;增加声符分本字增加声符和假借字增加声符两类。得出的结论是:"从西周金文形声字的构成历程来看,早期的形声造字中许多还不是有意识地利用这种造字法构成新字,而是被动形成的,即不是直接通过形声相益构成,而是逐步增加表义和标音成分。"其分析结论认为,西周金文"形声字中有相当一部分是本字增加义符所形成的,声符即本字,这类声符理所当然具有表义功能。其中又有两种情况,一种是为本义增加义符,增加后仍表示本义,另一种是本字所表达的意义有所引申或分化,为引申或分化义增加义符,则声符表达的仅是引申或分化的意义所从"。③

从师玉梅的研究结果来看,西周金文形声字的形符已经是类化的义符,跟后来的小篆形声字相比,不足的是构形方面存在形符、声符位置不稳定,形符、声符形体不稳定等特点,这些不稳定,也显示了西周金文形声字的相对不成熟性。

2. 小篆形声字研究

小篆形声字的研究,对于汉字形声字的研究有承前启后的作用,许慎在《说文解字·序》中对"六书"做出简单的阐述,"形声者,以事为名,取譬相成,江河是也",并将形声字以"从某,某声"的形式界定。

清代说文研究大家朱骏声在《说文通训定声》中,对说文中的9353个字进行分类统计,得出形声字共7706个,占了《说文解字》字数的绝大部分。杨树达在《积微居金文说》中认为"形声字之构成固当不止一途",归纳出"古人选字之次第,不可确知,然余观象形字变为形声者,往往由加旁

---

① 陈双新:《形声起源初探》,《河北大学学报(哲学社会科学版)》1995年第3期,第61～68页。
② 师玉梅:《西周金文形声字的形成及构形特点考察》,《华夏考古》2007年第2期,第128～134页。
③ 同上。

而来"。① 文中举"裘"由象形字加"又"而成形声为例。关于汉字形声字产生途径的研究中，加注偏旁成形声，为多家学者所认同。

李国英的系统性著作《小篆形声字研究》可以说是对小篆形声字的全面研究，全书分五章：1）小篆形声字的来源与界定；2）小篆形声字的个体字符分析与系统描写；3）小篆形声字的构件功能；4）小篆形声字的义符系统；5）小篆形声字的声符系统。书中根据形声字产生的动因，分成"强化形声字"和"分化形声字"。②从构形上将小篆中的形声字分为"正体形声字"和"省体形声字"。其中"正体形声字是指具有完整的义符（或区别符号）和声符，并能体现生成阶段的构形理据的形声字。这类形声字可以分成义符为成字构件与义符为非字构件两种"。"省体形声字是指在构字过程中，由于书写的简化，义符或声符的形体有所减省，因而使原初的构形理据无法直接体现的形声字。这类形声字又可以分为构件全部成字与部分构件不成字两种。"③

李国英认为《说文解字》中的形声字必须具备三个条件：1.必须是复合造字，"必须具有两个以上的构件，并保证其中一个是成字部件"。2."至少有一个构件是具有示音功能的构件。这一点可将形声字与象形造字区别开来。"3."以源字为核心，以累加符为辅助构成的。个别情况下累加符为声符，源字转化为特殊的义符；多数情况下，累加符为义符，源字转化为声符，则声符为核心。"④

在书中，他提出"声符的示源功能"，认为早期形声字一般是在源字的基础上增加义符造出分化字，后期的形声字才多由义符和声符拼合而成。"小篆字系的形声字已经形成了比较完备的义符系统。完备的标志在于：首先，义符系统满足了表达汉语词义系统的需要，义符系统的语义分布与汉语词的分类义场有很大程度的一致性；义符系统的形体体系与表意功能系统实现了一定程度上的系统对应关系，形成了比较完备的形义系统。其次，义符系统内部义近义符的示意功能呈互补分工，具有内部分工严密化的趋势。最后，义符系统具有较高的类化程度，在总计8233个形声字中，共使用了378个义符，平均构字量为21.78个，特别是72个高频义符，平均构字量已高达

---

① 转引自黄德宽:《形声起源之探索》,《安徽教育学院学报（社会科学版）》1986年第3期，第79～84页。
② 强化形声字:"指增加意义或声音信息以强化它的标词功能的形声字。"分化形声字:"是以区别为目的，在源字上累加义符或改换义符而成的。"见李国英:《小篆形声字研究》，北京师范大学出版社，1996年，第11～14页。
③ 李国英:《小篆形声字研究》，北京师范大学出版社，1996年，第14～15页。
④ 同上注，第16页。

99.32个。"①

通过对汉字形声字的断代研究,李国英得出的结论是:"汉字形声化的过程不是音化过程,而是为了满足语词分化需要和强化表义功能需要而产生的意化过程,是由形义脱节到在新的基础上实现形义关系再度统一的表意回归过程。"其研究表明,小篆中的形声字已经是十分成熟的形声字,其产生动因、构形特点都展示出其成为汉字构形最主要方式的必然性。

四、对汉字形声字的分析

1. 王凤阳论形声

王凤阳认为形声是一种写词法,形声字是为求区别而产生的字,"使象声的假借字定形化是促使形声字产生的最主要动力之一"。②"形声化是单音节词占优势的词根孤立语的共同趋势。"③为论述汉字形声化,以纳西东巴文为例,"纳西语属于汉藏语系彝语支,其特征也是语法关系通过语序表示,词中单音节的居多数,同音词众多"。④汉字的"形声字不是天造地设的,是被文字发展的特定阶段的求区别的要求逼出来的",并且认为,文字的发展要"形似求别,形混求别,同音求别,同源求别","造形声字是古人经过多方摸索、试验之后才找到的道路"。⑤

王凤阳从来源的角度,将形声字分为三类:同形(或形近)分化形声字、音同(或音近)分化形声字、同源分化形声字。同形(或形近)分化形声字是为了区别形似和形混,如"颐"的左边与"臣"易混,就加"页"变成"颐","从"和"比"易混,就加"辵"变成"從"。音同(或音近)分化形声字是指在假借同音字或音近字上加注范畴符号之后形成的形声字,如"因"——"茵"、"父"——"斧"、"叟"——"搜"、"齐"——"荠"等;同源分化形声字是指因为词义的引申而分化,在母字的基础上加范畴符号形成的形声字,如"止"——"趾"、"印"——"抑"等。⑥

王凤阳认为形声字的发生是伴随着字的记号化的,"形声字对象形字的破坏作用可以分成两个方面:第一,它促进象形文字的蜕化;第二,它促使

---

① 李国英:《小篆形声字研究》,北京师范大学出版社,1996年,第80页。
② 王凤阳:《汉字学》,吉林文史出版社,1989年,第426页。
③ 同上注,第430页。
④ 同上注,第431页。
⑤ 同上注,第434页。
⑥ 同上注,第437~439页。

人们把字看成与事物无关的记号"。①

形声作为写词法，还有不少学者专家有此观点，李圃在《甲骨文文字学》中为区分概念，将形声表词法称作"意音表词法"。"从甲骨文的结构方面观察，意音表词方式的字大都由义素和义素兼音素两个字素（包括活性字素）构成的，其表层结构关系是义素与义素兼音素的结合。在一个甲骨文字中，两个字素交融，共同担负着该字的整体意义和整体表音的职能。"②

2. 形声字形符研究

对于形声字的形符，研究也很深入，延续许慎《说文解字》中的540部首分类，王力先生《古代汉语》在部首举例中将97个部首分为21类，1. 口部之类，2. 心部，3. 目部之类，4. 页部之类，5. 肉部之类，6. 手部之类，7. 足部之类，8. 人部之类，9. 大部之类，10. 土部、女部、子部、男部，11. 鬼部之类，12. 示部，13. 广部，14. 天文方面，15. 地理方面，16. 宫室方面，17. 衣服器用方面，18. 金玉财宝方面，19. 水部、火部，20. 植物之类，21. 动物之类。③

李国英在《小篆形声字研究》中归纳出小篆形声字的378个义符，并对这些义符的构字频率以及义符与声符之间的关系作了系统的分析。

刘志基在《试论汉字表意字素的意义变异》一文中详细分析了字素意义变异的类型和原因，对于原因分析，关注"作用于人们观念意识的种种物质文化现象"和语言文字的内在运动规律，"首先，由于文字的交际职能的客观要求，作为构字基本单位的字素总须有一定的数量及笔画限制。而字素意义变异，从共时的角度看，无异于字素的兼职表意"。"其次，汉字形义联系的宽容性特点，也对表意字素的意义变异发生直接的影响。汉字的字形取象（或曰字形直观意义）与其最初所表达的词义（或曰本义）的联系有两种不同的情况：一种是两者完全一致的直接联系，另一种则是两者具有种种差异的间接联系"。④

陈枫《汉字义符研究》一书更是系统分析汉字中的义符，全书分六章：绪论、汉字义符、汉字义符系统、义符的表意作用、义符构形过程中的认知模式、汉字义符例说。书中认为："义符是字义结构中的主体义素，表示行

---

① 王凤阳：《汉字学》，吉林文史出版社，1989年，第478页。
② 李圃：《甲骨文文字学》，学林出版社，1995年，第143～145页。"字素"是由李圃先生提出的概念："汉字的字素是作为构成汉字的结构要素被提出来的。"
③ 王力：《古代汉语》，中华书局，1981年，第629～670页。
④ 刘志基：《试论汉字表意字素的意义变异》，载于《铁砚斋学字杂缀》，中华书局，2006年，第95～104页。

为动作的施事者。施事者是动作过程中的一部分，规定着动作运行的轨迹，义符所表示的是构成字重要的语义特征。但动作的施事者并不能反映动作的全部过程，因而义符表示的并不是字义的核心内容。"①

梁东汉认为："形声字经过四千年的发展，因为形体的变化，同音的借用，绝大部分字的义符都失去了表示类属的作用，而古今音变又使得音符不能正确地表音。"②

郭常艳在《十年来〈说文解字〉形声研究述评》一文中，总结已有的研究形声字形符的文章，认为一些学者研究的主要观点是："形符是形声字的类聚标志；形符取义比较宽泛，形符与它所表示的义类之间可以没有什么直接的联系；形旁表意不明主要是由形声字的形旁记号化以及词义的不断引申假借引起的；形符表意具有交叉相通的特点；每个形符的构字能力存在很大的差异，它们在形符系统中的地位并不相同。"③

五、古汉字形声字的种类、产生途径及形符和声符的特点

综合专家学者的研究成果，我们不妨对古汉字形声字的种类及形符和声符的特点进行归纳。从古汉字形声字的种类来看，的确存在着独体形声字、会意兼声字、加注音符的形声字、加注形符的形声字、改换表意字部分字形而成的形声字以及由形符和声符直接合成的形声字几种。

其中加注音符的形声字和加注形符的形声字又包括在假借字上加注形符，在表意字上加注音符或形符几类。

古汉字形声字，究竟哪一种是最先产生的，或者说所有的种类会是怎样的发展轨迹？如果能清晰地勾勒出其发展的轨迹，对我们了解和研究意音文字的发展规律是能提供有力的证明的。

古汉字形声字的种类中，大家一致认为：在象形字上加注音符，或在会意字上加注音符，是一种经过探索而采用的形声造字途径，而在假借字上加注意符，跟前者相比，产生的时间相对要晚一点。

古汉字形声字的形符系统，大多已经达到类化的程度，表示的是形声字的义类范畴，而形声字的声符是基于汉字中存在大量的同音词或者音近词。声符除了标音功能以外，大部分形声字的声符是有一定的表意作用的，声符表示的是语源义。古汉字形声字的形符和声符都是比较成熟的系统，不存在

---

① 陈枫：《汉字义符研究》，中国社会科学出版社，2006年，第130页。
② 梁东汉：《汉字的结构及其流变》，上海教育出版社，1959年，第40页。
③ 郭常艳：《十年来〈说文解字〉形声研究述评》，《汉字文化》2005年第1期，第38～40页。

一个相对独立的形符或者声符系统，充当汉字形符或者声符的字符是相对灵活的，即一个字符可能在这个形声字中充当形符，而在另一个形声字中却可以充当声符。因为古汉字的方块外形，以及古汉语的单音节语词居多，故形符和声符的搭配相对灵活。

古汉字形声字的产生途径，主要有：1）在象形字或其他表意字上加注声符；2）以会意字中的一个字符兼标示读音，成为会意兼声字；3）在假借字上加注形符；4）改换表意字的部分字符为声符；5）在表意字或者假借字上加注形符，使原来的字成为标音符号；6）改换原形声字的声符为新的形声字；7）直接以形符和声符合成一个形声字。

第二节　古汉字形声字与纳西东巴文形声字的异同

纳西东巴文字跟古汉字相比，无论是在字符体态还是在记录语言的精确度方面，都比古汉字显得原始得多，拿古汉字现存最早的成体系文字甲骨文相比，纳西东巴文字更具有图画性。从文字的成熟度来看，古汉字较纳西东巴文字成熟得多。虽然纳西东巴文字产生的年代比甲骨文出现的年代要近很多，但是这不影响其文字性质的原始特征。

纳西东巴文形声字与古汉字形声字，从字的结构类型来看，其形符和声符系统都值得分析。从记录语言的方式来看，都是以字形记录意音的，因此二者具有可比性。两种文字发展阶段的差异，使得两种文字中的形声字也必然存在着差异。

一、古汉字形声字与纳西东巴文形声字的相同之处

1. 存在相同的类型且字形表意痕迹十分明显

从古汉字形声字的种类和纳西东巴文形声字的种类来看，二者存在着一定的共性。无论纳西东巴文还是古汉字，都存在一定数量的会意兼声字，也存在一形一声的单音节形声字，存在着多形或者多声的形声字、省形或者省声的形声字。

甲骨文形声字一般已经是一形一声的单音节形声字，纳西东巴文形声字中，有一百多个单音节、一形一声的形声字。对于多形多声的形声字，古汉字中的字例极少，但杨树达先生在《中国文字学概要》中举出了字例：

（1）多形字

𠂆，疾也。从止，从又，又，手也。屮声。（二形）

[碧]，石之青美者。从玉、石，白声。（二形）
[嗣]，诸侯嗣国也。从册，从口，司声。（二形）
[宝]，珍也。从宀，从玉，从贝，缶声。① （三形）

（2）多声字

[窃]，盗自中出曰窃。从穴，从米，卨廿皆声。②

纳西东巴文中的多形字和多声字详见第二章，在此不再赘述。

古汉字形声字中省形和省声的情况不少，省形一般是在形符和声符的搭配组合中，涉及具体文字格局的需要，形符省去一部分。纳西东巴文形声字中省形也是一样。如：[羛]为"义（義）"的甲骨文字形，从羊省，我声。省[羊]为[羊]。纳西东巴文形声字省形字例，如：[图]，字典第755字，kv33mæ55，后裔后代也。由[○]及[禾]二字合成。从同胞[图]（tɕhy33）省形，尾[图]（mæ55）声。声符标示一个音节。

[图]，字谱第477字，y31phe33，又读作sər33ʂɿ31y21phe33，岳父也。从[天]省，[图]（y31，猴）、[图]（phe31，蘇布）声。

省声字在甲骨文中一般为将声符的字形省写一部分，如：[图]为汉字"膏"的甲骨文字形，从肉（月），高省声。在甲骨文中，也有写作[图]，不省声。

纳西东巴文形声字省声字，如：[图]，字谱第585字，lu31，游也。从人，[图]（lʏ55，覆）省声。[图]，字典第1523字，ŋɯ31，划板也。从屋[图]（dʑi31），从[图]（gɯ31，裂）省声。

纳西东巴文的会意兼声字一般字形表意十分形象，甲骨文中的会意兼声字也是如此。如：[图]，汉字"雇"，从[图]（隹）在[图]（户）上，同时[图]（户）兼标音。意思是鸟停在"户"上回头看，字形表意是形象的。

对于古汉字形声字来说，虽然形符已经类化，但是形符与声符组合，字形与纳西东巴文形声字一样，还是具有较强的以形表意特征。如：汉字"降"甲骨文字形写作[图]，从[图]（阜），从[图]（夅），夅亦标音。从字形上看，两只脚一前一后地自陡峭的山崖上向下，表示降的意思。字形依然十分形象，写成楷书"降"之后，符号化了，表意的痕迹嵌入了符号而已。再如汉字"凤"甲骨文字形写作[图]或者[图]，第一种写法为象形字，第二种写法为形声字，从[图]，[图]（凡）声，这个字的形符谈不上类化，还是十分形象的。

由此看来，纳西东巴文形声字与古汉字形声字存在着一些共性。裘锡

---

① 杨树达：《杨树达文集之九·中国文字学概要》，上海古籍出版社，1988年，第239～240页。
② 同上注，第240页。

圭先生认为："能够代表商代文字的整体的是金文，甲骨文实际上是当时的一种俗体文字。在文字发展史上，俗体的发展往往有超前性。"[①] 黄天树先生认为正是因为甲骨文为商代的一种俗体文字，因此，"甲骨文结构复杂多变，普遍存在省形和省声等现象"。[②] 纳西东巴文字作为记录纳西东巴经文的一种文字，同样具有更为复杂多变的字形结构，原始性与先进性并存。

2. 形声字产生的动因方面

对于古汉字中形声字的地位，李国英先生《小篆形声字研究》中认为："就构形系统而言，汉字的发展经历了两个重要阶段：第一阶段是以象形字为主体的阶段；第二阶段是以形声字为主体的阶段。在第二阶段，汉字系统实质上就是形声系统。形声字是汉字中后起的一种文字结构，形声字的产生代表了表意汉字发展的最高阶段。"[③] 形声字的产生标志汉字进入了一个新的发展阶段。由于早期形声字主要是在源字的基础上增加义符或声符构成的，构字方式简便灵活，能产性极强，使汉字能够准确地记录汉语，成为成熟的文字体系。

对于其他意音文字来说，形声字的出现是否也意味着其发展到最高阶段了呢？纳西东巴文字中有一定数量的形声字，而且其形声字的种类十分丰富，但这种文字至今依然还是处于意音文字的童年阶段，这是什么原因呢？纳西东巴文形声字产生的动因与汉字形声字产生的动因是否完全一致呢？

从纳西东巴文形声字来看，形声字的产生，是纳西东巴文整体声化的趋势所推动的，而直接的产生动因是假借现象的频繁，使得文字分化别义的需求在字的不同写法中流露出痕迹，导致其采纳用字形记录词义及词音的形声表词方式，作为文字，就成了形声字。

古汉字形声字的产生，无疑也是源于文字的进一步符号化、声化的需求，直接动因也有因为假借字的频繁使用，导致文字分化，于是出现形声字。也就是说，二者在产生的动因方面，有着一致性。因此，在形声字产生途径上，也有相同之处。有的在假借字上加注标音的声符或表义的形符。如"祐"甲骨文本借 ㇇ 表示，㇇ 就是"又"，表示右手，后来在 ㇇ 这个字符旁边增加表义的形符，写作 ㇇，就成了"祐"。[④] 有的在象形字或者会意字上加注标

---

① 裘锡圭：《从文字学角度看殷墟甲骨文的复杂性》，《中国学研究》第十辑（韩国淑明女子大学校中国学研究所），1996年，第143页。
② 黄天树：《殷墟甲骨文"有声字"的构造》，载于《黄天树古文字论集》，学苑出版社，2006年，第269～295页。
③ 李国英：《小篆形声字研究·引言》，北京师范大学出版社，1996年，第1页。
④ 权东五：《甲骨文形声字研究》，复旦大学出版社，2015年，第39页。

音的声符。如,"灾(灾)"甲骨文写作 ![] 或 ![],象形字,表示洪水,后加表音符号,写作 ![],成为形声字。再如"齿"甲骨文就是象形字,写作 ![] ![],后加表音的声符"止",写作 ![] ![],成为形声字。有的将会意字的部分字符改换成标音的声符。如"何"甲骨文字形为 ![],象一个人肩上扛着农具之形,为会意字,小篆字形写作 ![]①,从人,可声,变成了形声字。有的以会意字中的部分字符标音。如"企"甲骨文写作 ![]②,从人从止,字符"止"同时标音。有的直接以形符和声符组合成形声字。如"旁",金文字形写作 ![],小篆字形写作 ![]③,为意符加声符的形声字。可见,古汉字形声字和纳西东巴文形声字的产生都是有这些途径的。

纳西东巴文形声字系统存在着明显的发展痕迹,有原始形声字、准会意兼声字、准形声字,也有标音完全的和标音不完全的会意兼声字,标音完全的形声字和标音不完全的形声字。古汉字形声字的种类中,我们很难看到标音不完全的会意兼声字和标音不完全的形声字,也没有像纳西东巴文形声字系统中的准会意兼声字和准形声字。但在甲骨文阶段,根据于省吾先生、黄天树先生等的研究,甲骨文形声字中存在独体形声、附化因声指事字,到小篆阶段,还有多形字、多声字。由此我们可以推测,古汉字形声字的发展,是否也曾经历过与纳西东巴文形声字一样的发展阶段呢?无论如何,两种文字中形声字的产生,都是文字声化的必然结果。

3. 形声字都已经成为一个系统

纳西东巴文形声字和古汉字形声字都已经成为系统,都有相对稳定的形符系统、声符系统以及相应的形符和声符的搭配规律。

古汉字形声字系统已经显示出其成熟,纳西东巴文字形声字系统还透着早期形声字的发展气息,如形符还大都没有类化,声符大都为假借的符号标音。古汉字形声字的声符除标音外,还承载着一定的表示语源义的职能。古汉字形声字的形符,已经达到类化的程度。古汉字形声字形符的类化,从甲骨文、金文到小篆,形符的类化进程是明显的。甲金文形声字的形符跟小篆字形相比,还是具有象形性的,只不过甲骨文形声字中已经出现了一部分较固定的形符。纳西东巴文形声字系统中体现出的形声结构种类的多样性、形符的象形性、声符借用的随意性以及形符和声符关系的不均衡性,都显现了纳西东巴文形声字系统的原始性。可以说,纳西东巴文形声字系统与甲骨文

---

① 臧克和、王平校订:《说文解字新订》,中华书局,2002 年,第 524 页。
② 同上注,第 518 页。
③ 同上注,第 3 页。

形声字系统还是存在许多方面的一致性的。

黄天树就将殷墟甲骨文中的"有声字"分为三个层级十种构造。[①] 说明甲骨文形声字系统存在着跟纳西东巴文形声字系统类似的复杂特征，不少学者因为捕捉到纳西东巴文字与古汉字之间的文字学原理方面的一致性，于是将这两种文字进行多角度的比较研究。董作宾《从麽些文看甲骨文》（1951）一文中论述"从麽些文反映甲骨文演进之久""从麽些文反映甲骨文来源之古""从麽些文对证造字时的地理环境""从麽些文对证造字时的社会背景""从麽些文可以看出造字时心理之同""从麽些文可以看到造字时印象之异"[②]，可以说已经开始了两种文字的不同角度的对比。

王元鹿的专著《汉古文字与纳西东巴文字比较研究》（1988）系统地对两种文字进行全方位的比较，得出纳西东巴文字是与古汉字不同源但同理的自源的表词-意音文字。王元鹿《纳西东巴文字与汉字不同源流说》（1991）、《纳西东巴文与汉形声字比较研究》（1987）、李静生《纳西东巴文与甲骨文的比较研究》（1983）、喻遂生《甲骨文、纳西东巴文的合文和形声字的起源》（1990）、《汉古文字、纳西东巴字注音式形声字比较研究》（1993）、《〈纳西东巴文与甲骨文的比较研究〉质疑》（1991）、和志武《试论纳西象形文字的特点——兼论原始图画字、象形文字和表意文字的区别》（1985）、刘又辛《纳西文字、汉字的形声字比较》（1993）、周有光《纳西文字中的"六书"——纪念语言学家傅懋勣》（1994）等文章都对纳西东巴文形声字和古汉字形声字进行了对比研究。能够对比，也说明两种文字的形声系统的确存在着共性。

二、古汉字与纳西东巴文形声字的差异

虽然纳西东巴文形声字与古汉字形声字有着一定的相似性，但二者之间的差异还是清晰存在的。首先，由于两种文字发展程度的不同，在文字的符号体态上有着鲜明的差异，古汉字形声字的形符和声符已经大部分是经过类化和简化的，而纳西东巴文字的原始性，使得其字符具有较汉字甲骨文更为象形的图画性质，而且，其形声字的形符和声符都还远远没有类化和简化。两种形声字系统中声符的来源也有着差异，产生途径方面也呈现出相异的面貌。当然，这些不同都源于两种形声字系统的发展阶段不同，使用的社会经

[①] 有声字："凡是含有声符的字统称为有声字。'有声字'可以把甲骨文中含有声符的字全部纳入其中。"参见黄天树：《殷墟甲骨文"有声字"的构造》，载于《黄天树古文字论集》，学苑出版社，2006年，第269～295页。

[②] 刘梦溪主编：《中国现代学术经典·董作宾卷》，河北教育出版社，1996年，第581～610页。

济文化背景、范围等也不同。

1. 形符方面的差异

纳西东巴文形声字中的形符与古汉字形声字的形符有着明显的差异，虽然都以字形表意为主，但纳西东巴文形声字的形符大部分没有类化，形符中字符类化的痕迹是有的，但是跟古汉字形声字的形符相比，还处在非常原始的见形知义阶段，纳西东巴文形声字的形符图画性很强。古汉字形声字的形符已经类化，而纳西东巴文形声字的形符还远未达到类化程度。

据统计，方国瑜、和志武《纳西象形文字谱》中形声字形符中与"人"有关的形符就有7个，李霖灿《纳西族象形标音文字字典》中形声字构字频率在5次以上的形符中就有11个形符与"人"有关。纳西东巴文形声字形符类化的进程还远远比不上古汉字。字谱中象形的形符有94个。字典中象形的形符有135个。象形的形符占了大部分。

我们可以选取古汉字和纳西东巴文字中的同义词来进行比较，通过比较，两种文字的形声字形符的类化程度差异就会一目了然。如：

甲骨文字中有 ![](）（牧），为会意字，从人手执棒赶牛。另有一写法为 ![](），加上表意的形符 ![](）（彳）。纳西东巴文字中表示"放牧"义写作 或 ![](），lv55，一种为会意结构，从人执棍赶牛，一种为形声结构，从人执棍，"石"标音。这个词在古汉字和纳西东巴文字中的写法体现不同民族的造字思维存在共性，都以牛作为代表性的动物，选取人手执棍形象。但是，纳西东巴字形跟甲骨文字形相比，甲骨文字比纳西东巴文抽象得多，字符"牛"为简单勾勒的牛头部的线条，人手执棒也是简单的线条，而纳西东巴文字形则更具图画性。

甲金文形声字的形符相对于小篆形声字的形符来说，类化程度还不算高，到小篆字形，形声字形符基本上已经线条化了，而纳西东巴文形声字的形符还始终保持着图画性。正是由于纳西东巴文形声字形符的图画性，使得纳西东巴文形声字在整体上给我们的感觉是：字形还是以表意为主的，形符总是占据整个字形的大部分或显要位置，声符只是借来标音的或者兼职标音的，其在字形中往往只占据小小的一隅，或者配合形符搭配。甲骨文形声字跟纳西东巴文形声字相比，形符已经类化了，因此，尽管甲骨文形声字的形符还是具有一定程度的象形性，但是我们看形与声的大小比例，已经可以看出两种形声字中形符存在的差异。

纳西东巴文形声字形符一般比声符写得大，如： ，字谱第901字，khua55，小碗。从碗 （khua55）， （khua55，坏）声。 ，字谱第901字，pa33，大碗。从碗 （khua55）， （pa33，蛙）声。两个形声字中的声符都写在形符"碗"中间，形符形象性表意，声符标音，配合形符的字形。古汉字中，特别是甲金文形声字中，形符如果也是形象性表意的，声符也会跟纳西东巴文形声字的声符一样，处于相对次要的地位。如前文介绍的"鳳"写作 ，形符就是一个象形字，声符居于右上角小小的一隅。

相对而言，古汉字形声字的形符一般都已经类化，因此，在形符与声符的布局上面，往往是声符更占篇幅，或者形与声对峙。如果形符还不够类化，则体现出与纳西东巴文形声字形符一样的特点。如："福"字的金文字形可以写作 ，左边为形符"礻"，右边为声符"畐"，由于形符为类化的表义字符，"礻"一般与祭祀有关，声符在整个字中显得更大；汉字"膏"甲骨文字形写作 ，中间的 示肉，声符"高"占据明显的地位。纳西东巴文形声字的形符中已经出现类化端倪，但是基本上都是抽象的线条或者点，抽象化的形符跟声符组合在一起，往往是声符占据更大的篇幅。如： ，字典第 613 字，hɯ33，去，去啦之"去"。形声，从路， （hɯ33，牙）声。这里，形符为一抽象的线条，于是，声符就写得更大。

古汉字形声字从甲金文到小篆阶段，形符类化程度越来越高，尤其到小篆阶段，一般都是形符所占比例小于等于声符所占比例，少数字在演变过程中还是声占一角。如： （室）、 （蒿）、 （柳）等字，形符都比声符所占篇幅少。

一个古汉字形声字的形符与声符比例，随着形符类化程度的高低不同，在布局中所占的比例也会随之改变。这反映随着意音文字的发展，字从字形表意为主，发展到加注标音符号，再发展到形符和声符半分江山，甚至声符占据更多的篇幅，这是汉字字形类化、简化和声化的必然结果。

如：鹏的甲骨文字形写作 ，从 （鸟），从 （朋）， （朋）亦表声。甲骨文字形中，因为形符还是象形字，没有类化，故形符和标音的声符相比，在整个字的布局中，形符所占的篇幅远远大于声符，而声符只是在形符的上方占极少的比例。而楷体"鹏"，形符较声符所占的比例要小一些，因为在楷体字写法中，形符"鸟"已经成为一个类化的形符了。

纳西东巴文字一直保持着浓厚的象形意味，其字符的类化程度很低，使得形声字形符在整个形声字中常常占据重要的地位，声符一般为假借来标音的字符，或者由部分表意字符兼标示字音，声符一般处于相对次要的地位。只有少数形符抽象化的形声字，声符才显得更突出。这意味着纳西东巴文形声字在发展的初期，还是依赖于字形表意的作用，虽然语言的发展对文字提出声化的要求，但是纳西东巴文字在形声结构出现的同时，还是保持着字形的图画性特征，无论是形象表意的形符，还是假借来标音的声符，基本上都采用原来的象形字，声符往往在形声结构中起到提示字音的作用。

古汉字形声字的形符与声符则明显不同，尽管甲金文形声字中还有些形符存在明显的图画性，但小篆形声字中的形符，基本上已经是线条化了，形符和声符的关系越来越对等。小篆形声字的形符，只要是已经类化的，一般在字的布局中所占比例不会超过声符。如《说文解字》第一卷中"礻"部字，形声字有61个，形符所占比例不会大于声符。汉字发展到楷书阶段，更明显的是，在汉字的方块构形中，类化的形符占的比例更小了，如"提""但""笔""瑜""湖"等字。

2. 声符方面的差异

（1）古汉字形声字的声符往往有表示语源义的功能，而纳西东巴文形声字的声符却还没有发展到表示语源义的阶段。

纳西东巴文形声字中，原始形声字、准会意兼声字以及会意兼声字中的标音符号都是有表意性质的，而一形一声、多形一声、多形多声、一形多声等类型的形声字声符一般只是标音，或者字形配合表意。因为纳西东巴文形声字的声符一般是假借字符标音的，而且随着地域的差异、东巴们对文字使用的认同感差异，同样的语词，在不同地域，所借用的标音的声符存在着随意性较大的特点。如：▨，字谱第90—16字，bə33ʂɿ31，又读作bə33kɣ33bə33ʂɿ33lɯ33，在丽江白沙。从地，▨（bə33，脚板）、▨（ʂɿ31，肉）声；注释第1387字写作▨，bə33ʂɯ31，白沙乡。从地，▨（bə33，普米族）、▨（ʂɿ31，金）声。同样一个地名，两个形声字中用了不同的声符标音，这显示纳西东巴文形声字发展的不稳定，也显示了使用声符的随意性。同样的字例还有，▨，字谱第90—14字，lɑ33pə31lɑ55zɿ33，在丽江宝山果洛乡。从地，▨（lɑ33，虎）、▨（zɿ33，草）声。注释第1389字写作▨，lɑ55zɿ33，果洛村，宝山乡公所在地。从地，▨（zɿ33，青稞）、▨（lɑ55，打）声。

古汉字形声字的声符在标音的同时，大部分都还兼表语源义，这是因为古汉字的阶段从甲骨文、金文一直到小篆，经历了较长的发展过程，甲金文形声字中的声符跟小篆形声字的声符相比，还是存在着不小的差异。在小篆形声字中，声符大都显示语源义，这是很多文字学家研究出来的成果。而古汉字形声字声符具有示源功能的原因与古汉字形声字产生的途径有关。曾昭聪认为："形声字与词义的关系主要是靠声符所显示的该形声字所记录的词的源义素来体现的。声符为什么具有示源功能？这可以从形声字的产生途径来进行讨论。"① 书中认为形声字主要是通过在母字的基础上加注形符而产生的，李国英认为："形声字产生的另一种途径是由母字加声符，但通过这种方式产生的形声字数量极少，属于个别情况。"②

曾昭聪在书中举例说明，声符为"非"的形声字都有"隐蔽"之义：

扉，《说文·厂部》："扉，隐也。"

腓，《广雅·释诂三》："腓，避也。"

悱，《说文新附·心部》："悱，口悱悱也。""悱"义为隐于心而未能发于言，非声示隐义素。

篚，《说文·竹部》："篚，车笒也。"朱骏声通训定声："车前后蔽也。"即车前后遮蔽物。③

我们能看到的是，古汉字形声字中的声符示源功能，多为后来人将一组一组同声符的形声字进行归纳总结出来的，而造字之初，第一个有此声符的形声字，未必在造字思维中已经具备将一个语源义附着在这个声符之上的意识，只是随着汉字形声字的进一步发展，当初因为同音或者音近而借来的声符，承担了表示语言中的一个意义的职能。后来的形声字，尤其是选择同一声符的形声字，才可能有意选择具有同一示源功能的声符。"由于形声化的趋势已经形成，所以后期主要是形符和声符拼合而造出新形声字，但声符的选择也并非任意的，很多是在音义关系基础上挑选具有示源功能的声符。"④

晋代开始，人们注意到"右文"现象，到宋代正式提出，再到清代小学家们的倾力研究，对于古汉字形声字的声中有义现象，我们现在都有强烈的认同感。但是，放眼甲骨文、金文中的形声字，声符是否已经具备这样的示源功能呢？李圃在《甲骨文文字学》中揭示甲骨文辞的用字现象为"四多"："多用初文，多用异体，多用借形字，多用本义。"⑤我们不妨选取甲骨文中同声符的几个字：𠬶（侵）、寑（寝）、帚——婦（妇）：

侵，《说文·人部》："侵，渐进也。从人又持帚，若埽之进又手也。"

寝，《说文·宀部》："寝，卧也。从宀，侵声。"

婦（妇），《说文·女部》："婦（妇），服也。从女持帚，洒扫也。"

可见，在甲骨文字形中，以"帚"为声符的这三个形声字已经存在着一个共同的意义，就是持帚洒扫。看来，甲骨文形声字的声符在构字时，已经

---

① 曾昭聪：《形声字声符示源功能述论》，黄山书社，2002年，第17页。
② 李国英：《论形声字》，《语文建设》1996年第3期。
③ 曾昭聪：《形声字声符示源功能述论》，黄山书社，2002年，第27～28页。
④ 同上注，第22页。
⑤ 李圃：《甲骨文文字学》，学林出版社，1995年，第165页。

考虑到声与义的关系。

而纳西东巴文形声字的声符,除了会意兼声字和原始形声字中的标音字符外,一般看不出声符揭示的语源义,因为其发展还处在更为初级的阶段。假借现象尽管频繁,但是在借用哪个字符为声符时,随意性很大,而且,纳西东巴文形声字声符的构字能力也不高。根据统计,李霖灿先生的《纳西族象形标音文字字典》中有声符 266 个,其中有 102 个声符都存在兼表意的职能。方国瑜、和志武先生《纳西象形文字谱》中有声符 203 个,其中兼表意职能的声符有 93 个。由此可以看出,纳西东巴文形声字的声符也是有兼表意职能的,只不过我们很难从相同声符的形声字中看出声符的示源功能,这是因为在纳西东巴文形声字中,不存在为了分化母字的引申义而造的形声字,即便是在假借字上加注形符,我们也只能说,如果假借字单用表示假借义,这个假借义和在假借字上加注形符以后的形声字声符,表示的意义是一致的。如 ,tsho31,在纳西东巴文中为象形字,意思是大象,但常常借用指"人;人类",在纳西东巴经中,又常见 ,这是一个在假借字上加注形符"人",而且形符省去部分字形的后起形声字。对于这个形声字的声符来说,其意义与假借来表示"人;人类"的 意义是一致的。

(2)古汉字形声字一般只有一个声符,而纳西东巴文形声字可以有多个声符,一个声符标示一个音节。

对于古汉字形声字中的多声字,很多前贤都有自己的分析。如《说文·韭部》:" , ,坠也。从韭,次、宋皆声。"认同有多声字的还有杨树达,他在《中国文字学概要》中专门列了一条"多声",举了《说文》中的两个字例。黄天树认为甲骨文中也存在多声字。①

裘锡圭曾经在《文字学概要》中专门讲到二声字:"真正的二声字是极少的,大概是由于在形声字上加注音符而形成的。"②

古汉字中的多声字总的来说,数量极少,到了小篆阶段,基本上都是一个声符,或者说,古汉字形声字形成了主要为一形一声的格局。纳西东巴文形声字中,方国瑜、和志武先生《纳西象形文字谱》中一形一声有 112 个,李霖灿先生《纳西族象形标音文字字典》中一形一声有 188 个,都占全部形声字的大部分,而且多以单音节形声字为主。纳西东巴文形声字跟古汉字形声字相比,在声符方面的另一不同之处在于,纳西东巴文形声字存在多声符

---

① 黄天树:《殷墟甲骨文"有声字"的构造》,载于《黄天树古文字论集》,学苑出版社,2006 年,第 285 页。
② 裘锡圭:《文字学概要》,商务印书馆,2004 年,第 157 页。

的现象，一个形声字中有两个、三个或者四个、五个声符的情况在东巴经中是能找到的，一般来说，多声符的形声字往往记录的是专名。

如：✦，字典第 2076 字，phv33dʑu33ndɑ33kʌ31，神名。✦神之长子也。以 ✧、✧、✧ 注其名。形声，从 ✦（twɑ33kʌ31，神名），✧（phv33，雄性）、✧（dʑu33，木通科植物）、✧（ndɑ33khʌ31，大皮鼓）声，一形三声。

✦，字典第 1989 字，sɑ13rv33ɕi31mɑ31no55，龙王名。中央之龙王也，女性。以旁边之五字，注其名之音。从 ✦（ʂv31，龙王），✧（sɑ31，气）、✧（rv33，石）、✧（ɕi31，稻）、✧（mɑ31，酥油）、✧（no55，畜神）声，一形五声。

（3）两种形声字系统的声符来源不同，相对来说，古汉字形声字的声符一般比较稳定，而纳西东巴文形声字的声符不太稳定。

跟古汉字形声字声符来源相比，纳西东巴文形声字的声符有不一样的来源。纳西东巴文形声字声符可以由纳西象形文字、会意字充当，也可能是假借藏文音字、汉字或者哥巴文字符充当。

如：✦，字典第 1553 字，dɛ33，藏语音之"七"也。中字一"七"字，外加一圈以示其有特殊性质。从 ✦（dɛ33，藏语音之"七"），以圈示意。字符"七"标音。这里标音的字符用了藏语音。

✦，字谱第 553 字，ŋə31，我也。又作 ✦。从我 ✦，✦（ŋə31，五）藏音声。

✦，字典第 700 字，ɕʌ31，休息也，空闲也。画一"鸡"✦ 而于中间加一"下"字，此盖为一音字，以之注明此鸡不读 æ31，读与"下"字相近之 ɕʌ31 也，借此音遂可作"空闲"及"占卜"解。从鸡 ✦，✦（ɕə13，哥巴字）声，ɕə13 为藏音。

古汉字形声字的声符一般只是来自汉字字符本身，由独体或者合体汉字充当。这种差异体现了两种文字成熟的程度不同，古汉字随着自身的发展，逐渐走上形声化的道路，这是语言、政治、经济文化发展的结果，而纳西东巴文化，一方面保持着自身的特点。另一方面，又长期受到藏文化和汉文化的影响，加之所处山区经济发展的相对滞后性，记录宗教教义为主的宗旨等，都会影响到纳西东巴文字的发展进程。纳西东巴文形声字声符的多来源，显示了其发展的不成熟和不稳定，也显示了这种文字走向声化的智慧。在形声结构中，利用假借同音或音近的字符的方法，融入其他民族的文字风格，这是一种进步。

当然，由于两种形声字系统发展的成熟度不同，古汉字形声字的声符一般比较稳定，随着汉语词义的发展，后起形声字中，往往形成很多同声符的形声字。纳西东巴文形声字的声符一般还不太稳定，一个形声字中的某个声符，在另一种异体写法中，可能换用另一个完全不同的声符。而且，在东巴经中，记录一个词时，可能这个词已经具备形声写法，但是不同的东巴却未必采用形声写法，也许还是用假借字在东巴经中去记录。这都显示纳西东巴文形声字系统还远远没有发展成熟。另外，采用假借字也许还能使得所记录的东巴经保持一定的神秘性。

根据统计，方国瑜、和志武《纳西象形文字谱》和李霖灿《纳西族象形标音文字字典》中的形声字声符都较形符多，这也反映纳西东巴文形声字中的声符系统还不稳定，借用的声符因为带有随意性，所以在构字方面，不易有规律。

3. 形声字产生途径方面的差异反映出二者发展的阶段性差异

如果说纳西东巴文形声字与古汉字形声字发展阶段的差异在字符体态、形符与声符特点方面已经有所反映，那么在二者形声字系统的比较中，形声字产生途径方面存在的差异更能折射出两种形声字系统在文字发展史中所处的阶段。

古汉字形声字的产生途径，在本章第一节中已经做出一些归纳，主要有：1）在象形字或其他表意字上加注声符；2）以会意字中的一个字符兼标示读音，成为会意兼声字；3）在假借字上加注形符；4）改换表意字的部分字符为声符；5）在表意字或者假借字上加注形符，使原来的字成为标音符号；6）改换原形声字的声符为新的形声字；7）直接以形符和声符合成一个形声字。

古汉字形声字的发展，从甲金文到小篆阶段，经过汉语言发展的时间考验，逐渐成为最主要的汉字结构方式。字形通过记录语言中的意音，分化出大量的形声字。古汉字形声字的数量在春秋战国时代激增，因为当时的社会经济、文化发展迅猛，新词不断出现，相对应地需要找到相关的文字去记录。在甲金文时代，假借已经为人们熟练使用，但假借的频繁，解决了记录语言中的词的问题，却带来了文字的负担，一个字承载的记义职能太多，会带来文字使用的混乱，于是，分化文字的表义职能就成为必然的选择，形声字是文字分化现象的产物。对于一种以单音节为主，又多同音词的语言来说，一向以字形表意为主的表意文字走向形声化，也是区别字形、精确记词的最理想的选择。

对应古汉字形声字的产生途径，纳西东巴文形声字的产生途径大同小异。相比之下，纳西东巴文形声字的产生途径比古汉字形声字产生途径更多样，但是目的却要单纯得多。纳西东巴文形声字的产生，是这种文字声化的需要，可以在独体表意字上加注一些字缀，成为原始形声字，这在殷商甲骨文中也有字例，但纳西东巴文中的原始形声字较古汉字多。这种结构的形声字能产性太差，因此，在纳西东巴文中也不多，只有20多个。纳西东巴文形声字可以从准会意兼声字和准形声字变化而来，这在古汉字形声字的产生途径中不是主流。唐兰先生、王元鹿先生都赞同形声字的一个起源是来自"合文"，但很多学者不认同，因为古汉字形声字中，由合文而来的非常少。但是，纳西东巴文形声字中，的确有一部分来自准会意兼声字和准形声字，这部分来源的形声字，显露出纳西东巴文形声字作为早期意音文字的发展痕迹。纳西东巴文在声化过程中，一直是留恋字形的表意信息的，不会轻易丢掉字形的作用。从图画文字走向象形的表意文字，再走向初级的意音文字，通过准会意兼声结构和准形声结构来记录语词是很正常的。在对纳西东巴文字进行统计时我们发现，纳西东巴文中有一定数量的准会意兼声字和准形声字，这部分字是纳西东巴文字声化过程中十分独特的部分。古汉字形声字的发展进程，有没有类似纳西东巴文形声字这样的发展轨迹？我们无法求证，但是甲骨文中出现的合文现象告诉我们，从理论上，这种演变是有可能性的，虽然古汉字未必走这条形声化之路。

纳西东巴文形声字产生途径中跟古汉字形声字产生途径中体现出来的另一差异是：古汉字形声字可能为分化原字的引申义而在原字上加注形符，这样产生的后起形声字在纳西东巴文形声字中，目前还没有找到字例。这说明纳西东巴文字本身还处在不够发达的文字阶段。纳西东巴文字作为一种主要用来记录宗教教义——东巴经的文字，其使用范围相对狭窄，尽管纳西东巴文书写的应用性文献已经有不少，但远远没有古汉字那样的发展历程。纳西东巴文字的发展，体现在充分利用语言中的同音或音近现象，广泛运用假借字，而且使用义借等方面。在分化字的职能时，往往只是在假借字上加注表意的形符，而且加注的形符一般又是没有类化的形符。

古汉字形声字在出现以后，起到分化原字的某些表意职能的作用。比如："它"在甲骨文中为象形字，意指"蛇"，但小篆中出现形声字"蛇"，是因为"它"可能在语言中借去作代词，表示除人之外的第三方。"蛇"的出现，分化"它"的本义，即"蛇"专表示"它"原来的本义，而"它"就不再表示蛇的意义了，对于汉字来说，这两个字成为各自专司其职的文字了。而纳西东巴文形声字却不同，因为假借现象的频繁，为了区别字形，也会采取形声结构分化文字，如🐘，tsho31，在纳西东巴文中为象形字，意思是大象，但常常借用指"人；人类"，在纳西东巴经中，又常见🌸，这是一个在假借字上加注形符"人",而且形符省去部分字形的后起形声字。[图],tsho31,在纳西东巴文中,不会因为[图]的出现而不再表示假借义了,这样,[图]的出现只能让我们清晰地知道,这个字的意义是"人;人类",但[图]依然还是本义、假借义兼用。

纳西东巴文形声字系统跟古汉字形声字系统相比,从某种程度来说,应该细分古汉字的阶段来进行比较。因为纳西东巴文形声字体现出来的种种特征,跟甲骨文、金文中的形声字的特征有着更为接近的特性,而小篆形声字,已经是非常成熟的形声字系统,纳西东巴文形声字跟小篆形声字系统相比,就像刚刚出土的幼苗。但对纳西东巴文形声字的详尽分析,可以让我们一窥较古汉字更为原始的意音文字发展的脉络。也许,其他早期意音文字也曾有过与纳西东巴文形声字一样的发展轨迹吧。

第七章　纳西东巴文形声字发展轨迹分析

第一节　从历时的角度看纳西东巴文形声字的发展

现在我们看到的纳西东巴文字，是经过历时发展的文字。对于不同东巴经中的形声字，要有历时审视的眼光。同样，方国瑜、和志武《纳西象形文字谱》和李霖灿《纳西族象形标音文字字典》中收录的文字，都是选自不同年代的东巴经，因此，其中的形声字，应该是有历时层次的，如果所用的东巴经都是选自同时代的，那么，其中显示的形声字，具有共时的特点。通过前文的具体统计和分析，我们从已经收录的形声字中，找寻纳西东巴文形声字发展的一些轨迹。

一、根据纳西族迁徙路线看不同地域的形声字发展情况

对于纳西东巴文的研究，不少学者从不同的角度展开了深入的研究。"方国瑜先生所主张的纳西族先民迁徙路线，实际上是由河湟地区南下至岷江流域，又西到大渡河流域，顺这一流域南下，再才到雅砻江和金沙江流域。"[①] 李霖灿曾经考察纳西族的迁徙路线，并审视其文字的发展阶段。一般认为，若喀地域的纳西东巴文是比较早期的文字，其中形声字的数量和种类，以及形声字形与声的特点，较能反映纳西东巴文形声字早期的特点。杨正文认为纳西东巴文的发展经历了三个时期：幼稚时期、成熟时期和变异时期。[②] 而幼稚时期是"东巴象形字的产生并形成一定规模的时期，这一时期以'若喀'地区为中心，以'若喀'字为代表，以'若喀'经卷及其宗教活动为主要表现形式"。[③] 成熟时期"就是李先生所说的'发扬光大'时期，包括东坝文化、白地文化和丽江早期文化（剌宝文化）三个部分，以白地地区为中

---

① 赵心愚：《纳西族先民的迁徙路线及特点》，《西南民族大学学报（人文社会科学版）》2004年第2期，第17页。
② 杨正文：《最后的原始崇拜——白地东巴文化》，云南人民出版社，1999年，第22页。
③ 同上。

心，以白地字为代表，以白地经卷及宗教活动为其主要表现形式"。[①]变异时期"包括丽江文化的后期文化、鲁甸文化、维西文化三个部分，文字代表是音字和形字的变异体。"[②]王元鹿先生认为："纳西东巴文字流播到鲁甸，形声造字法已发展到了一个较高的水平上。"[③]

1. 若喀地域的形声字

我们对李霖灿先生《纳西族象形标音文字字典》中第十三类"若喀字类"从第1629字到第1678字，共50个字进行分析，只有两个准会意兼声字：

▨，字典第1659字，mi33mæ33，火尾也。指火烟有烟火之形状。从▨（mi31，火），从▨（mæ55，尾）省部分字形，两字符各标示一个音节。

▨，字典第1663字，ŋv31phur31mi33thv31tʂɯ55，白银火把也。以▨注银，第一音，以▨注火，第三音，画作火把之形。从▨（ŋv31phur31，白银），从▨▨▨（mi31，火），两字符皆标音。thv31 tʂɯ55无字符表示。

可见，若喀地域的纳西东巴文形声字数量不多，而且，成熟的形声字种类也不多。在《纳西族象形标音文字字典》的其他分类中，还找到表明"若喀地域"的形声字如下：

▨，字典第63字，khv55kɯ31，长庚星也。金星之出现于西方者，此亦若喀地域内所见之字，意为"晚星"。以▨字注其音也。从日，从▨（khv33）割禾苗之"割"，省部分字形。

▨，字典第604字，thɯ31，饮也。画人张口饮水之形，此字见于若喀地域。或读dʑi31thɯ31，饮水也。各处皆如此读法。从▨（thɯ31，喝）省形，从▨（dʑi31，水）。准会意兼声。此字注释第273字写作▨，dʑi31thɯ31，喝水。译注第185字写作▨，dʑi31thɯ31，喝水。从▨（thɯ31，喝）省形，从▨（dʑi31，水）。

▨，字典第990字，bv33dzʅ33，桃也。以"锅"字注其首音。bv33kha33在若喀地域内如此读。从桃树，▨（bv33，锅）声。一形一声。dzʅ33无字符表示。此字在注释第1050字写作▨，bv33dzʅ33，桃。译注第660字写作▨，bv33dzʅ33，桃。

▨，字典第64字，kɯ31ɯ33，好星宿或星宿好也。此字由▨字及▨字合成，▨字常作"好"解，故合此二字可作好星宿及星宿好解

---

① 杨正文：《最后的原始崇拜——白地东巴文化》，云南人民出版社，1999年，第29页。
② 同上注，第32页。
③ 王元鹿：《由若喀字与鲁甸字看纳西东巴文字流播中的发展》，《华东师范大学学报（哲学社会科学版）》2001年第9期，第29～34页。

也，此字见于若喀地域。会意兼声，从 ☼（kɯ31，星），省部分字形，从 ㄅ（ɯ33，好、善），两字符各标示一个音节。两字符合为一体。此字注释第 1253 字写作 ☼ㄅ，kɯ31ɯ33，吉星。译注第 899 字写作 ㄅ，kɯ31ɯ33，吉星。这个写法与字典中一致。

　　⚘，字典第 170 字，rv33hɯ31，此若喀字之一。云象石上生草之形。看病书中有之，云使之如石上生草一样使疮出脓而痊愈也。会意兼声，从 ◠（rv33，石），从草，字符"石"标示一个音节。

　　🜨，字典第 1154 字，dzɯ33，悬垂也。此字见于若喀地域内。会意兼声，从"门"，从 ⸮（dzɯ33，垂滴），字符"垂滴"标音。

　　⊕，字典第 26 字，ȵi33mɛ33nɑ31，黑道日也，不吉之日也。见于占卜经中，永宁附近之若喀字中亦有之，于太阳中加入黑点四，注其音 nɑ31，又示其意黑也。从日从黑，准会意兼声。

　　在李霖灿先生的《纳西族象形标音文字字典》中找到的若喀地域的形声字另有 7 个，其中一个为形声，其他都为会意兼声字。可见，采取会意兼声结构，使原来纯粹表意为主的字走向兼表意音，是一种比较常见的方式。而且，若喀地域的形声字，很少有发达的形态，还处于不能脱离字符表意的阶段，只是在字符组合表意的同时，让部分字符兼记字音。"较早期的若喀字很可能是一个纯以表意法记词的文字系统，至少它比一般的东巴文更带有表意成分。若喀字中的指事字在其记意写词方式中占相当大的优势，尤其以纯抽象性符号构成的指事字占优势。"[1]

2. 鲁甸地域的形声字

　　相对来说，到鲁甸一带，东巴经中的形声字数量增多了，李霖灿先生的《纳西族象形标音文字字典》中明确表明"鲁甸"地域的形声字有 54 个。这 54 个形声字，根据字的形符与声符、标音是否完整、字的结构，分为如下几类：

（1）准形声字

　　🐾，字典第 785 字，hɯ55lɛ31，黄鼠狼也。以其耳及大尾为特征。腹中有一 ◠ 字，注其名之第一音，此字得之于鲁甸。从 🐾（lɛ31，獐），◠（hɯ33，海）声。

　　𖤐，字典第 123 字，tʂɯ33lY55gv33，地之中央也。中画一地，上一矛杆注第二音，有向四方引申之双线乃指示方位之意，与天地中央一字之

---

[1] 王元鹿：《由若喀字与鲁甸字看纳西东巴文字流播中的发展》，《华东师范大学学报（哲学社会科学版）》2001 年第 9 期，第 29～34 页。

四方圆圈相同，此字见于若喀地域之内。形声，从"地"（dy31），⚒（ly33，长矛）声，线条示方位。二形一声，一形符和声符各标示一个音节。音节 gv33 无字符表示。

🦎，字典第 1612 字，phur31dzɯ33，山药也。以 下 字注前一音，以 👁 字注后一音。此字见于鲁甸。从山药，卉（phər31，解）声，👁（dzɯ33，木通科的一种植物，见字典 1057）声。

🐛，字典第 903 字，bY33di31kho33ro33，昆虫也。泛指一切虫类。画一虫及一团面粉之形，以虫象形，以"面粉"👁注音。或写作 👁👁，双头者常见于鲁甸，一头者通见于丽江其他一带。形声，从虫（bY33di31），👁（bY33，面粉）声，形符、声符各自标音。

（2）标音完全的会意兼声字

𠂇，字典第 1131 字，tur55，以绳穿木而便拖引也。此字见于鲁甸打米杵（地名）之一部经典中，盖借用此音注神人之名也。会意兼声，从 ⭕（tur55，结扣）穿木板，字符"结扣"标音。

𠂇，字典第 1611 字，phur31，解开也。此字见于鲁甸，盖取解绳之形，以 下 字注其音，盖东巴自渡过金沙江后，已失传其 下 字字源，至其下游又造此字，竟重复解绳之意，可见古今东巴同具此心，亦大有趣之现象也。若与 🪢 字同观，尤增意趣。会意兼声，从 〰（绳），下（phur31，解开），字符"解开"标音。

（3）标音完全的形声字

1）一形一声的单音节形声字

灬，字典第 1719 字，ɯ55，灰尘也。以点点示意，以 卍 字注音，见于丽江鲁甸一带。形声，从灰，卍（ɯ33）声。

㚖，字典第 464 字，bY31，外人也。与上一字相对待，其造字方法相同，以人示意，以👁注音，👁原画麦粉以之借音作内外之"外"，或读为 bY31ɕi33，意仍相同。在鲁甸一带亦可作"女婴儿"解，当地之东巴云，因女婴儿长大嫁与"外"人，故三岁以下之男婴儿称之为"内"🧍，三岁以下之女婴儿称之曰"外"，言男儿在家内，女儿须出外也。从人，👁（by31，面粉）声。

㚖，字典第 1806 字，tshɯ31，细也，狭也。以木板示意，以鬼字注音。此字见于鲁甸。从 ▭（tho33，板），㚖（tshŋ31，鬼）声。

⚖，字典第 331 字，mbo31，担也。画人肩挑石头之形，此字得之于鲁甸。会意兼声，从人挑石 ◠（ly33），字符"石"标示一个音节。这个字在字谱、注释、译注中都读作 bu31，与"石"音近。

234

, 字典第 996 字, zi33, 美丽也。鲁甸写法。从花 , （zi33, 草）声。形符、声符标音相同。

, 字典第 380 字, tʂwɑ31, 已婚后之男子也。此种写法见于鲁甸, 以 示意, 以 注声, 乃床也, 其音与婚后男子同, 故以之作音符用。从人, （tsuɑ31, 床）声。

, 字典第 593 字, nv55, 口也。此鲁甸一带之写法, 画一动物之口部, 又以 （黄豆）注其音也。从嘴巴, （nv55, 黄豆）声。

, 字典第 466 字, tɯ55, 泡茶之"泡", 冲泡也。画一水碗以示冲泡之意, 上有一作"起立"状之人, 以此字注本字之音也, 因"起立"与"冲泡"同音。此字见于鲁甸。从容器装水, （tɯ33, 起）声。

, 字典第 623 字, sɯ55, 拾东西之"拾"也。画一手捡拾一物之状, 此示其意, 拾得之物 , 乃纳西人家神竹箩, 以家神注此字之音也。此种写法见于鲁甸。从手, （sʅ55, 家神）声。

, 字典第 1214 字, tʂhʌ31, 这里也。由 tʂhuɯ33, 及 tʂhʌ55 二字拼音而成, 此非严格之拼音法, 只由切读而成所需之音。此字仅见于鲁甸。从 （tʂɯ33, 吊挂, 借作"这"）, （tʂhʌ55, 秽气）声。

, 字典第 1515 字, n̩i55, 空房子也。以"二" 字注其音, 表明此为空房。此字见于鲁甸一带。从 （dzi31, 房屋）, （n̩i31, 二）声。

, 字典第 338 字, dæ31, 地基也。以 象形, 以 注音, 此字见之于鲁甸一带。

, 字典第 1444 字, io55, 玉也。鲁甸一带之写法如此。外象宝玉之形, 内以 字注玉之音, 为一音字, 读作"io"。

, 字典第 838 字, dY33, 牛犊也。画牛之形, 以 注其音, 原读 tY33, 在此变为 dY33。此字见于鲁甸。

, 字典第 737 字, ʂo55, 鸡冠也。画鸡冠之形 , 恐人不喻, 又于下加一"铁"字, 以注其音, 原象斧头之形, 常作"铁"字用, 在此又以"铁"字之音, 以注鸡冠。此种写法, 仅见于鲁甸一带, 盖原画作 , 不易识别, 至此为之加一音符。

, 字典第 364 字, kʌ33, 镜子也。外象镜子之形, 内注镜子之音, 为鹰, 借其音用也。此字得之于鲁甸打米杵村之经典中。形声, 从镜子, （kʌ33, 鹰）声, 形符声符标音相同。

, 字典第 453 字, kɯ33, 恭维而求人也。与前 字意相同而造字法不同, 乃象形, 此为借音字。画人手捧一"胆" 之形, 以胆字注其音也。此字见于鲁甸。形声, 从 （kɯ33, 聪明）, 省部分字形,

（kɯ33，胆）声，形符声符标音相同。

🝳，字典第 460 字，o33，自己也。画一人反身自谓之形，又以🝳字注其音，此字亦见于鲁甸。此字或读为 o33to33o33。从人反手自指，🝳（o33，神名）声。

🝳，字典第 461 字，ȵi33，要也。画一人，又写一字以注其音。原为数目之"二"字，因其音与"要"字同，故而借用也。口中出一气线者，示问人要不要之意也。此字见于鲁甸。从人口中出气，▬ ▬（ȵi33，二）声。

🝳，字典第 462 字，pɯ55，出来也，出现也。示一人形下有动线以明出现之意，头上画一蒿艾以注其音，因"艾"与"出现"音相同也。他处多以艾借音本字用。此鲁甸之写法也。从人走动，🝳（pɯ55，艾蒿）声。

🝳，字典第 465 字，ɯ31，捧起也，围抱也。画人由下捧抱之形，手上有一"🝳"字，以之注音也。此字见于鲁甸。从人抱之形，🝳（ɯ31，好）声。

🝳，字典第 582 字，nʌ55，沾染污渍也，经点点示意，以🝳字注其音。此字见于鲁甸。从点示沾染之意，🝳（nʌ55，目）声。

🝳，字典第 586 字，lY31，看也。画看🝳物之形，恐与"见"字混，故以🝳（矛）字注其音也。此鲁甸之写法。从🝳（lY31，看），🝳（lY31，矛）声，形符声符标音相同。

🝳，字典第 587 字，do33，羊毛卷也，以"羊毛"🝳示意，以"见"🝳注音，鲁甸之写法也。从🝳（ʂʅ33，羊毛），🝳（do33，见）声。

🝳，字典第 631 字，ho31，赶一群牲口也。当地汉语曰"邀"。画以"棍"／以示赶吆牲口之意，下画一肋骨🝳以注其音，此亦一较古之音。此字见之于鲁甸，亦可读 ho33，作"拦截"解。从棍，🝳（ho31，肋骨）声。

🝳，字典第 680 字，khɯ33，垂直的刺砸开也。以🝳示意，以🝳注音。此字多见于鲁甸。于东巴法仪中用此字，在超度死人时，东巴以法杖之铁尖，刺砸木碗以占兆也。从🝳，🝳（khɯ33，脚）声。

🝳，字典第 681 字，khɯ31，线也。以🝳示线之形，恐不易识，又以🝳字注其音也。此种写法见于鲁甸一带。从"线"🝳，🝳（khɯ33，脚）声。

🝳，字典第 718 字，hwɑ55，锈也。以🝳示意，以🝳注音。此种写法见于鲁甸一带，他处多以白鹇本字🝳借音而用。从🝳（锈），🝳（hwɑ55，白鹇）声。

![字形], 字典第 721 字，ndzæ31，泥也。画泥![字形]之形，以"雀"![字形]注音。花斑色也，杂色也。以![字形]示花斑色之意，以雀注其音。此字见于鲁甸，可有泥及花斑色两种解说，因其图意皆可通释，又其读音，完全相同。从![字形]示泥点，![字形]（ndzæ31，雀）声。

![字形]，字典第 742 字，ndv33，翅也。以![字形]象形，以![字形]注音。![字形]为"毒花"，其音与"翅"相同，遂借用，作为音符，此种写法见于鲁甸，他处未曾发现。从![字形]（ndv33，翅），![字形]（ndv33，毒花）声，形符声符标音相同。

![字形]，字典第 963 字，tshɛ55，拆毁也。画一"矛"![字形]以见意，以树叶注其音，如拆毁房屋等便用此字。此字见之于鲁甸一带。从![字形]（矛），![字形]（tshɛ55，叶）声。

![字形]，字典第 1100 字，ŋgo33，分开也，离别也。以![字形]示意，以![字形]注音。此字见于鲁甸。从![字形]示意分开，![字形]（ŋgo33，仓库）声。此字形符为抽象符号。

![字形]，字典第 1450 字，tʂho55，插也。以![字形]示意。以![字形]注音。此字见于鲁甸。从![字形]示意，![字形]（tʂho31，珠）声。

![字形]，字典第 1532 字，dzY33，攘挤也，人多拥挤。以![字形]示其多，以![字形]字注其音，音近而假借也。亦可作"小土岗"解。此字见于鲁甸。从![字形]示其多，![字形]（dzY33，村庄）声。

![字形]，字典第 1617 字，ʂʌ55，说也。以口中出气象形，以![字形]字注音合成![字形]之写法。此字见于鲁甸。从口中出气象形，![字形]（ʂʌ55，"说"音字）声。

![字形]，或![字形]，字典第 1619 字，tʂɯ33，土也。下画土地，上有一音字之"止"以注音。音字之"止"，由其读音上一见受汉语之影响。音字与形字之合体字，多见于鲁甸及丽江之一部分。从土，![字形]（tʂɯ33，"止"音字）声。

![字形]，字典第 1818 字，tʌr31，封阻道路也。以路![字形]示意，以![字形]注音。此字见于鲁甸。从![字形]（路）示意，![字形]（tʌr31，鬼名）声。

2）二形一声的单音节形声字

![字形]，字典第 130 字，mbo33，田埂也。以"地"![字形]及"石"![字形]示意，以![字形]注其意也，概![字形]（坡）与田埂同音（不同调），故以之使人易于联想也。此字见于鲁甸一带。从田、石，![字形]（bu33，坡）声。

![字形]，字典第 204 字，ko33，水泡田也。象水泡稻谷之形，![字形]为水，![字形]为谷，根下有点点者，示水泡之意，旁画一"针"![字形]，乃注其音也，此字见于鲁甸。从![字形]（谷），从"水"（dʑi31），![字形]（ko33，针）声。

![字形]，字典第 1517 字，thv31，盖房子，建造房也。画一房屋，上以

一斧头示意，下以一 󰀀 字注音。造屋盖板，皆须用斧头也。纳西人以木造屋。故斧头成为盖屋之主要工具。此字见于鲁甸。从 󰀀（dʑi31，房屋），从 󰀀，󰀀（thv33桶）声。

󰀀，字典第1518字，zæ31，修房子也。画人修屋之形，又于室中加 󰀀（笑）字以注音。此字见于鲁甸。

󰀀，字典第456字，ʂɯ55，剥皮也。画人拿一皮子之形，皮子中有一 󰀀 字，原画肉块，在此以之标"剥"字之音。此字见于鲁甸。从人执皮，󰀀（ʂɯ55，肉）声。

3）三形一声的多音节形声字

󰀀，字典第1005字，hwɑ55hwɑ33，掺合也，配合也。画两朵药花合在一碗以见意，中有一 󰀀 字以注音。盖由于药多掺合配成之故。此字见于鲁甸。形声，从两朵药花在碗中，󰀀（hwɑ31，一股水之"股"，见字典213字）声，三形一声，声符标音。

（4）标音不完全的形声字

󰀀，字典第686字，v55zi33，鸟也。画鸟之形，于其头上加一字以󰀀注末一音，󰀀原象花朵美丽之形，美丽与鸟末一音相同，故借用于此。此字见于鲁甸。从鸟，󰀀（zi33，美）声，一形一声。音节v55无字符表示。

󰀀，字典第112字，mi33ɕi55dʑi31thɯ31，虹也。意为火舌饮水，故画作一物两端有口吸水之形。此动物为何名，未有人识，意者或东巴由火舌饮水而造出此形。此种写法，只见于鲁甸一带，此字见于打米杵之经典中。或读为mɯ33ɕi55dʑi31thɯ31，乃"天舌饮水"之意。意仍为虹，因虹之形状，上晒于天下饮于地，故亦甚似天舌下垂而饮水也。从虹，󰀀（dʑi31，水）声。一形一声。mɯ33ɕi55意为"天舌"，thɯ31意为"吸"。

󰀀，字典第734字，ko31tsʌ33rʌr31，鸟名。高山上有之，其第一音即有高山草场之意在内。画一鸟形，以 󰀀 字注其第一音，以 󰀀 字注其第二音。此鲁甸一带常见之音字也。从鸟，󰀀（ko31，针）、󰀀（tsʌ33，哥巴字）声，一形二声，声符各标示一个音节，rʌr31无字符表示。

󰀀，字典第923字，zʐu31rv33，神座也。纳西东巴昔日作法时，以羊毛披毡铺于桌上以作神座，󰀀 即羊毛披毡也，以此示神座之意象，蛇以注其名之第一音。此字见于鲁甸。从羊毛披毡，󰀀（zʐu31，蛇）声。一形一声，声符标示一个音节。

󰀀，字典第1012字，ʂʌ55dɑ31，青刺名。画青刺之形，以 󰀀 字注其音。󰀀 原由音字之"上"变来，此音常作"说" 󰀀 解，因附以"说"

之形状，遂成为 ▢。此种写法唯见于鲁甸一带。形声，从青刺树，▢ 声，声符为一形声字。

跟若喀地域的形声字相比，鲁甸地域的形声字成熟的程度比较高，因为除了 4 个准形声字以外，只有 2 个会意兼声字，剩下的 48 个都是标音完全的形声字，而且多为一形一声的结构。这显示鲁甸地域的形声字是比较晚才产生的形声字，只不过形符的表意性还是以形象化为主，而声符，一般为假借声符，或者借东巴文同音字，或者借哥巴文字符，如 ▢，字典第 734 字，或者借汉字标音，如 ▢，字典第 1617 字，▢，或 ▢，字典第 1619 字。

形符方面，一般为形象表意的字符。鲁甸地域的形声字，也出现了一部分形符为抽象符号的字。如 ▢，字典第 631 字，▢，字典第 1818 字，▢，字典第 1100 字，▢，字典第 680 字，▢，字典第 681 字，▢，字典第 718 字。这些抽象的形符跟大量的纳西东巴文形声字中的形象化的形符相比，是先产生还是后来才类化的呢？我们无法做出孰先孰后的判断，正如郭沫若在《古代文字之辩证的发展》一文中论证的那样："根据种种地下资料、现存民俗和文献记载等参证起来看，中国文字的起源应当归纳为指事与象形两个系统，指事系统应当发生于象形系统之前。至于会意、形声、假借、转注等，是更在其后的。……指事先于象形也就是随意刻划先于图画；从书法点来说，也就是草书先于正书。"① 纳西东巴文也一样，虽然早期的东巴文属于图画文字，但并不影响在图画文字中同时出现抽象的符号。不过，从大多数纳西东巴文形声字来看，形符没有类化的居多，这样，少数的以抽象符号为形符的形声字就显得更为符号化了。这在若喀地域没有出现。

鲁甸的形声字还有更为先进的现象出现，那就是形声字中有复杂的形声字。所谓复杂的形声字，是指对形声字的结构进行切分时，发现形符或者声符不是一个单一的字符，而是由合体字充当形符或者声符，在由合体字充当声符的现象中，还存在以形声字作为声符的情形。如，字典第 462 字 ▢，pɯ55，出来也，出现也。其形符为 ▢，从人在路上行走之形，这是一个合体字充当形声字形符的字例。

字典第 838 字 ▢，dY33，牛犊也。画牛之形，以 ▢ 注其音，▢ 原读 tY33，在此变为 dY33。此字的声符为 ▢，是一个合体字。

字典第 338 字 ▢，dæ31，地基也。以 ▢ 象形，以 ▢ 注音。▢ 为会意兼声字，这个形声字的声符由一个会意兼声字充当。

---

① 郭沫若：《古代文字之辩证的发展》，见《奴隶制时代》，人民出版社，1973 年，第 256 页。

字典第 1012 字 ◯，ṣʌ55dɑ31，青刺名。画青刺之形，以 ◯ 字注其音。声符 ◯ 为形声字，从口中出气象形，◯（ṣʌ55，"说"音字）声。

以上字例显示，鲁甸地域的形声字，较若喀地域，有了很大的发展，在形声字的种类、形符和声符的类型、形声字的成熟度方面都越来越接近汉字形声字的特点。

当然，考虑到东巴文不同地域的特点，还是存在一些值得分析的因素。比如，周有光统计《纳西象形文字谱》，得出的形声字（包括假借字）437 个（占字谱的 19%）。[①] 而巴克所收东巴文字中，形声字的比例与《纳西象形文字谱》中形声字比例相当，但不同的是，巴克所收的形声字中，不少字借哥巴文作为声符，这样的字有 44 个，反映巴克所用的东巴经书中就大量采用哥巴文来标音的现实。有学者认为这种状态下的形声字算不得严格意义上的形声字，因为在这些字里的哥巴文只是临时注音，并未与义符紧密结合。如 ◯（肉）、◯（弓）、◯（模）等。但实际上，即使借用哥巴文字符注音，从结构上来说，依然属于形声字。

从几部纳西东巴文字典中的收字情况，也能看出一些地域差异，有的地方还在用象形字，而另一地域已经使用形声结构。比如：

◯，字谱 463，lv33bv33，孙男也。形声，从子 ◯，侄（lv33，石）声。一形一声，形符不标音。音节 bv33 无字符表示。或写作 ◯。赵净修的"注释"第 68 字写作 ◯，从子 ◯，侄（lv33，石）、呋（bv33，锅）声。一形二声，形符不标音。而洛克的词典中第 303 条第 4 个字写作 ◯，从人，牛虱声。声符为假借标音。李霖灿字典则写成象形字，◯，rv33bv33，孙子。为鲁甸一带写法，以手向上要人扶持之形。不同的字数，反映东巴文使用地域的特征，也呈现出同一个字存在形声字与非形声字结构并存的情形。这类情形在对不同字数统计时，得到的数量还不少，这也是纳西东巴文字发展的现状的反映。

王元鹿在《由若喀字与鲁甸字看纳西东巴文字流播中的发展》一文中认为：李霖灿《纳西族象形标音文字字典》中所收的 50 个若喀字"代表东巴文的早期形态"[②]，而"鲁甸文的意音写词法并不是刚刚开始，而是花色多样，而且较为先进的两种构成形声字的方式——在原字上加上声符的标音和在原字上加上意符的标义，均已形成。此外，形声字在鲁甸文中所占的比例

[①] 周有光：《纳西文字中的"六书"》，《民族语文》1994 年第 6 期。
[②] 王元鹿：《由若喀字与鲁甸字看纳西东巴文字流播中的发展》，《华东师范大学学报（哲学社会科学版）》2001 年第 9 期，第 29～34 页。

之大，各式各样的形声字在鲁甸文中几乎全都具备，等等，均证实了鲁甸文当为东巴文发展的高峰"。[①] 应该说，鲁甸形声字在整个纳西东巴文形声字中的确发展到了相对成熟的水平，除了因词义引申而形成的形声字之外，别的种类几乎都具备。

从若喀地域到鲁甸，纳西东巴文形声字的发展变化是巨大的，当然这其中有历时的维度，无论如何，纳西东巴文字经历了不同的声化形式，假借、原始形声、准会意兼声、准形声、会意兼声、形声，纳西东巴文形声字的出现不是偶然的，是表意文字声化的必然结果。

二、从东巴经文献的不同版本看纳西东巴文形声字的发展

如果要详尽地了解纳西东巴文形声字的历时发展，最理想的办法是对现存的所有东巴经，根据从古至今的先后顺序，找出其中形声字的数量及其种类，那样，能真正展示纳西东巴文形声字的发展脉络。

本书仅仅选取记录人类起源的传说的两个不同版本——《古事记》和《崇般崇笮》进行比较，找出相对历时的形声字发展线索。《古事记》共184节，其中形声字共计176个，相比之下，更多的是假借字。在176个形声字中存在着原始形声字、准会意兼声字、会意兼声字、形声字、准形声。在形声字中，有一形一声、一形多声，也存在结构复杂的形声字。

《崇般崇笮》中的形声字增加到304个，其形声字的种类与《古事记》大致相同，只是形声字的数量增多了。黄思贤博士的《纳西东巴文献用字研究——以〈崇搬图〉和〈古事记〉为例》中统计出《崇搬图》中形声字有276个之多，可见，随着时间的延续，纳西东巴文在记录经书时，形声字的数量是递增的，这也说明这种象形文字向表意性文字，向意音文字发展的趋势。

《古事记》和《崇般崇笮》中的形声字体现出纳西东巴文形声字的一些特点，如：字符表意性还是很强；形符、声符不稳定，书写纳西东巴文经书时存在共用形符或者声符的现象（不仅存在共用形符，还存在共用声符的情况）；形声字的面貌呈现矛盾性（原始性与先进性并存，形象性与抽象性兼备）。这些特点的论述详见第四章。

《古事记》和《崇般崇笮》中的形声字特点，展示了纳西东巴文字形声字发展的现状，还处于十分不稳定的发展阶段，各种类型的形声字都存在，在东巴经的书写中，除了形声字，更多的是使用假借字，可见，纳西东巴文

---

① 王元鹿：《由若喀字与鲁甸字看纳西东巴文字流播中的发展》，《华东师范大学学报（哲学社会科学版）》2001年第9期，第34页。

形声字还没有达到像古汉字形声字那样的水平。但其中的矛盾性特征，复杂结构的形声字，说明这种文字走向形声化的趋势越来越明显。

参考写为《古事记》与《崇般崇竽》之间的《崇搬图》，以两本东巴经中所收的形声字来看，《崇搬图》中的形声字，增加形符或者声符的情况较《古事记》多得多。比如：

《古事记》第 2 节中的 ⿳, ȵdzi33，走路。在《崇搬图》中增加了一个标音符号，写作 ⿳，下面的部分读 ȵdzi33，本义表示围墙。

《古事记》第 32 节中有 ⿳, ku33y31，扔。为会意结构。《崇搬图》第 13 节中写作 ⿳，增加标音符号 ⿳, ku33，本义是大蒜。成为形声结构的字。

《古事记》第 69 节中有 ⿳, tṣo31，缝，为会意字。《崇搬图》第 32 节写作 ⿳，增加了形符，成为形声结构的字。

《古事记》第 21 节中有 ⿳, p'ɑ31，巫师，为假借字。《崇搬图》第 6 节写作 ⿳，增加了形符，成为形声结构的字。

在对《古事记》和《崇搬图》两本经书的对比中，我们能感受到，后来的版本《崇搬图》中的形声字产生途径方面，增加形符或声符，是常见的方式，也的确从东巴经中能看出纳西东巴文形声字的发展和增加。

另外我们可以参考傅懋勣先生《纳西族图画文字〈白蝙蝠取经记〉研究》和《纳西东巴古籍译注全集》中的第 40 卷《白蝙蝠取经记》，也能看出在两个版本的东巴经中的形声字面貌。

《白蝙蝠取经记》是东巴经书除秽类的代表，这部经书主要讲述了取经者白蝙蝠靠着自己的机智和勇敢，历经艰险，终于从女神盘孜沙美处成功取经除秽的故事。傅懋勣先生的《纳西族图画文字〈白蝙蝠取经记〉研究》于 1981 年在日本东京外国语大学亚非语言文化研究所出版，2011 年商务印书馆再版。依据的写本是傅懋勣先生 20 世纪 40 年代在云南纳西族地区收集的手抄本，当时请丽江的大东巴和芳先生通读和释义。傅先生的版本由此也保存了大东巴和芳家乡中和村（今云南省丽江市永胜县永北镇）的语音系统。

《纳西东巴古籍译注全集》第 40 卷收的《白蝙蝠取经记》，由鲁甸乡的大东巴和开祥释读，李英先生翻译，李静生先生校对。跟傅懋勣先生的版本不同的是，这个写本结尾有跋语，注明这是妥罗村东巴休松休短的经书，是东巴普支登所写，时年 26 岁。"普支登即大东巴和文质，这则跋语说明和文质书写的这个经书是抄自妥罗村东巴休松休短的。"①

---

① 邓章应：《从东巴经跋语看东巴教经典的传承》，《西北民族大学学报（哲学社会科学版）》2012 年第 6 期。

通过对比两个写本的《白蝙蝠取经记》，能清晰感受到纳西东巴文字的发展面貌。傅懋勣版本一共98节，全集中的版本一共135节。两本书的特点是，全集的经文总是比傅懋勣本详细。如，我们可以对比一部分内容：

傅懋勣的《白蝙蝠取经记》第2节：

《纳西东巴古籍译注全集》第40卷第10节的内容：

傅懋勣本用了7个字符，而全集用了13个字符，明显后者的记词准确率高于前者。这也真实反映纳西东巴文作为记录东巴经的主要文字，还存在记录语段的情形。

再搜索其中的形声字，我们会发现同为形声，可能形与声的位置关系会有不同。如，傅懋勣本第19节有 ，dzʌ2kho3，山凹处。上面的 读音为kho3，本义为门扇，在此标音。为上下结构，下形上声。在第112节中，同样是这个字，写作 ，成为了左右结构，左形右声。再看《纳西东巴古籍译注全集》第40卷第4节中的写法是 ，为外形内声。到第14节中又写作 ，虽为下形上声，但形的写法跟傅懋勣本还是有些不同。

傅懋勣本第185节有 ，看占卜经书卜。全集第40卷第26节，写作 ，增加了一个表意的形符，东巴卦师。这个字在方国瑜字谱第755字写作 ，so31，读也，会意，从目看书。又写作 ，会意兼声，从人，从 （so31），加形符，不标音。赵净修译注和注释分别写作 和 ，李霖灿字典第366字写作 。第586字写作 ，lY31，看也。画看 物之形，恐与"见"字混，故以 （矛）字注其音也。此鲁甸之写法。形声，从 （lY31，看）， （lY31，矛）声，一形一声，形符声符标音相同。可以看出，在傅懋勣版本中的这个字，已经是形声结构，其中 （矛）字假借注音。到《纳西东巴古籍译注全集》中，增加表意形符，成为会意兼声的形声字。

选取同样内容的，但不同时间、不同地域的写本的东巴经，进行纳西东巴文分析，能清晰地理出纳西东巴文字的发展线索。对于纳西东巴文形声字

243

研究,也是如此。本书选取《古事记》和《崇般崇笮》进行详尽的对比分析,只是证明这种分析的可行性与得出结论的相对可靠性。通过这两个版本的东巴经的对比分析,揭示纳西东巴文形声字在发展过程中展示的真实特征与规律。

第二节　从现状分析纳西东巴文形声字的发展轨迹

纳西东巴文形声字的发展显示了这种文字所存在的多面性。一方面,纳西东巴文形声字的形符还没有像汉字形声字的形符那样,达到类化的程度,声符也不稳定,声符标示的读音并非整个字的读音,存在多声符的情形;另一方面,纳西东巴文形声字也有很成熟的极端例子,如假借声符的范围很广,除了纳西东巴文同音表意字字符以外,还借用哥巴文字符、藏文字符,以及汉字来标音,这体现的是纳西东巴文形声字发展迅速的一面。纳西东巴文形声字中还有一些复杂的形声字。如以形声字作为形符或者声符,参与造字,这是十分先进的造字理念。

一、从纳西东巴文形声字的种类分析其发展轨迹

纳西东巴文形声字数量在纳西东巴文字总字数中所占的比例不算多,但是存在丰富的种类。从准形声字、准会意兼声字,到原始形声字,到不成熟的形声字,再到成熟的形声字,以及结构复杂的形声字,体现纳西东巴文形声字的发展是不均衡的。从普通文字学的眼光来看,纳西东巴文形声字处于刚萌芽的阶段,准形声字、准会意兼声字显示出纳西东巴文字符由表意走向标音的意识觉醒,但是还不能完全成为严格意义上的形声字。在发展的历程中,有一部分准形声字和准会意兼声字,其表意的字符标音痕迹逐渐丧失,成为真正的形声字。

如：⌂,字谱第 973 字,guɯ31dʑi31,板房也。以板覆屋,从屋⌂（dʑi31）,从 ⊔⊔（guɯ31,裂）。两字符各标示一个音节,从字符功能来看,屋 ⌂（dʑi31）是表意的,而字符 ⊔⊔（guɯ31,裂）仅仅是标示一个音节。这是一个准形声字。字典第 1523 字 ⌂ 读作 ŋguɯ31,划板也。从屋（dʑi31）, ⊔⊔（guɯ31,裂）声。可见,这个字在纳西东巴文中有两种读音,读一个音节时,就是一个形声字。而一个字形,有两种读音,意味着这个字正处于从准形声字走向真正的形声字的发展阶段。在纳西东巴文形声字中,准会意兼声字和准形声字有一定的数量,这绝不是偶然的,也无法仅仅用字

组简单将它们划出字的范畴。如果是字组，一般来说，不会演变为读一个音节的情况，而且，从读音演变的情况来看，最后读音脱落的，往往是原来表意的那个字符的读音脱落，保留仅仅标音的那个字符的读音。

对于准形声字，本书视为字，还有一种现象可以证明，在纳西东巴文中，一个词存在着象形字，也存在着准形声字的写法。可以看出，准形声字的写法只是在象形字上加注一个标示音节的符号，加注的符号仅仅起标音作用，这显示了纳西东巴文字在发展过程中，从象形，到以合体字形既表意又标音，这是该字声化的需求所致。

如：🐇，字谱第 401 字，tho33le33，兔也。从 🐇（le33），🌲（tho33，松）声。两字符各标示一个音节。字典第 789 字写作 🐇，以其须与其他动物相识别，为象形字。注释第 1141 字以及译注第 759 字都写作 🐇，也是象形字。对于字谱中的写法来说，应该是后起的，因为纳西语中"兔子"一词，读作 tho33le33，写一象形字足以记录，加注一个字符 🌲（tho33，松），只是加强注音的作用，这是一个准形声字。记录的词没有变化，只是字形结构上重视以形记意和记音的职能。准形声字体现纳西东巴文字寻求声化的步伐。

原始形声字，更是纳西东巴文字寻求字符标音方式的反映。由一个表意字加上字缀或者指事符号，原来的表意字兼标示字的读音或者是整个字读音中的部分音节，这样的字也不是严格意义上的形声字。结构似独体字，不易发展，不可能成为纳西东巴文以字符标音的主要途径。

在东巴经中，我们可以见到大量的假借字。假借，到目前为止，还是纳西东巴文记录东巴经的主要用字方式。以此方法能做到逐词记录东巴经中的语言。假借的频繁使用，显示的是纳西东巴文字符不足以记录东巴经中的语词，而且纳西语中普遍存在同音词的现象也使得假借成为可能。假借字已经使原来的表意字成为一个标音符号，这样会增添用字的混乱。文字记录语言的一个宗旨就是完整、准确、清晰地记录语言，也就是说，假借字的数量太多，必然带来文字的孳乳现象，文字孳乳又是有规律的。

于是，在假借字的基础上加注一个形符，使得新造字跟被借字相区别，成为形声字。在纳西东巴文形声字中，因为词义的引申而加注形符，造新的形声字的情形目前还不明显。从纳西东巴文的使用环境来看，在假借字上加注声符，造新的形声字的情形还不存在。因为跟古汉字中的甲骨文字相比，甲骨文字已经相当成熟，在造字环节已经具备考虑音近义通的原则，而纳西东巴文字的原始属性，使之还不具备为词义引申造分化字的条件，或者说为词义引申造分化字的条件远远不如甲骨文字成熟。

将表意字的部分字符进行改换，变成形声字，这是纳西东巴文形声字产生的一种途径。这体现纳西东巴文字声化的需要，从纯粹表意的文字，发展为一部分字符表意，另一部分字符标音的形声字。在形符没有类化的情况下，声符还有从布局上配合表意的作用。如：■，字典第 205 字，tɯ55，泡茶之"泡"。故画一碗，内中有物，上端来一水示冲泡之意。会意。字典第 466 字写作■，tɯ55，泡茶之"泡"，冲泡也。画一水碗以示冲泡之意，上有一作"起立"状之人，以此字注本字之音也，因"起立"与"冲泡"同音。此字见于鲁甸。形声，从容器装水，■（tɯ33，起）声。第二种写法是将会意字中的一个字符"水"换成标音的■（tɯ33，起），而且这个人形跳的形象置于冲泡的容器内，起到配合表意的作用。纳西东巴文形声字由表意字改换字符而来，一方面显示了形声字的发展，另一方面也流露出其处于形声字早期阶段的特点，因为形与声的位置关系往往还会跟记录的词义相关连，还没有真正符号化。

再如：■，字典第 365 字，ɛ55rv33mi31rv33，此若喀区域之镜子写法也。外无光耀，内无人形，依地域及器形看，可能较■、■二形，为时较早也。读音亦不相同。象形字。字典第 364 字写作■，kʌ33，镜子也。外象镜子之形，内注镜子之音，■为鹰，借其音用也。此字得之于鲁甸打米杵村之经典中。从镜子，■（kʌ33，鹰）声。字典第 363 字、字谱第 837 字都写作■，kʌ33，镜也。画明镜之形，四周有光彩外射之线，中央有一人形，示镜子能照人也。也读 kʌ33wɑ31，镜子也。会意字。可见，在纳西语中，"镜子"一词出现了三种写法，一是象形字，二是会意字，三是形声字。根据李霖灿先生的分析，也从文字学发展的规律来看，象形字应该是出现最早的一种写法，符合纳西东巴文字的性质，展示的是"镜子"的背面，有钮。而会意字的造字取象思维在于，这种写法展示的是"镜子"的正面，所以为了清楚地表意，加上人形于镜中，示意镜子可以照人。但第三种写法则不同，将镜子中的人形换成■（kʌ33，鹰），这是为了记音的需要。从这个词来说，记录这个词的纳西东巴文字已经发展到以字形记录其意音的程度。声符为假借来标音的，而且置于镜中，同样从布局上配合表意。

在象形字上加注标音符号，成为形声字。再举一例：■，字典第 741 字，ndv33，翅也。画鸟翅之形，或写作■及■。象形。字谱第 275 字写作■，又作■、■。而字典第 742 字写作■，ndv33，翅也。以■象形，以■注音。■为"毒花"，其音与"翅"相同，遂借用，作为音符，此种写法见于鲁甸，他处未曾发现。从■（ndv33，翅），■（ndv33，毒花）声。这个字的形声写法，表明纳西东巴文字记意音的需要。"翅"的象形字已经读作 ndv33，可为了加强字的记音功能，在象形

的翅膀上加注一个 ![字符]（ndv33，毒花）标音。两个字符标示一样的读音，而原来的象形字专门标示字义，加注的声符专职标音。

纳西东巴文形声字的发展轨迹表明，不仅仅是由于假借现象的频繁才催生形声结构的出现。其实，在文字假借的同时，纳西东巴文字已经在从不同角度做出声化的努力，纳西东巴文形声字的发展轨迹体现于象形字、指事字的原始声化；体现于准会意兼声结构、准形声结构的出现；体现于会意兼声字的出现；体现于在表意字上加注声符的形声声化；体现于在假借字上加注形符的形声声化；体现于改换表意字部分字符为声符的形声声化；体现于直接以形符和声符组合成的形声化。

在纳西东巴文中，表示天文、地理、人名、鬼怪名、神名、传说中古人名等，一般都用形声字。这也反映形声结构的出现，对于记录语言中某些专有名词来说，可能出现得比较早。这类字在东巴经中一般变化较小，使用的环境相对稳定，而一些基本的名词、形容词或者动词，则在纳西语中由于使用环境的经常变更，其文字结构也容易发生变异。从普通文字学的角度看，这是符合文字发展的规律的。古汉字从甲骨金文发展到六国文字，我们能发现，六国文字存在许多异体字。有时一个字在同一个诸侯国就存在几个不同的写法，这是因为文字记录语言的频繁所致。六国时代，无论政治还是经济都急剧发展，语言中产生大量的新词语，这些新词语需要文字记录，就使得新的文字不断创造，而那些基本词、专名的变化是不大的。至今，在汉字的形声字中，那些声符能准确标示整个字读音的形声字往往是那些在语言中不太常用的生僻字，这说明这些字从产生之后，使用的环境相对单调，于是变化的机会也就小得多。

二、从纳西东巴文形声字的形符和声符关系看其发展轨迹

纳西东巴文形声字形符与声符的关系在第五章中已有论述，在此，要强调的是，我们从纳西东巴文形声字形符和声符的关系能判断纳西东巴文形声字发展轨迹中的特征。

纳西东巴文形声字的形符和声符系统都是相对的，能作为形符的字符从理论上都能作为声符出现。而纳西东巴文形声字的形符和声符体现出来的典型特征是远远没有达到类化的程度。也就是说，形符的形象性表意十分明显。声符尽管主要是标音职能，但假借的字符原本也多是象形字，这样，整个形声字给人的视觉效果依然是形象性的。这说明，纳西东巴文形声字还处于萌芽阶段，只有少数的形符为抽象的线条，大部分的形符还是给人极强的形象化视觉效果。如：

🝆，字谱第 447 字，ɕi33，人也。从🝆（ɕi33，人），🝅（ɕi33，稻）声。这个字的形符就是一个人的形象，声符是"稻"的象形字，在此虽然只是借用其读音，但写在形符之上，还有装饰的效果。

🝇，字典第 731 字，ɾɯ55tshɛ33，绶带鸟也。以其尾为特征，又以🝇 🝈 二字注其名，🝇 为牛虫（虱），注其名之首音，🝈 为盐，注其名之末音。从绶带鸟，🝈（tshɛ33，盐块）、🝇（lɯ55，牛虱）声。形符就是象形字，声符也分别是由两个象形字充当，这个形声字的整体视觉具有很强的图画性。

可见，纳西东巴文形声字还处于发展的初期，这也是跟纳西东巴文字符的符号化、简化进程直接相关的。在纳西东巴文字字符的符号化、简化还没有达到很高程度的阶段，其形声结构的发展也必然是不够尽善尽美的，正如古汉字中甲骨文形声字的形符一样也有很多是形象性表意的，也具有图画性。

纳西东巴文形声字跟古汉字不同的是，形声字的形符常常与声符共用部分字形，这也是其发展不够成熟的表现。

🝉，字谱第 455 字，y31，又读作sŋ33bv̩33y31，祖先也。形声，从神主🝉，🝊（y31，猴）声。一形一声，形符不标音，且形符与声符共用部分字形。字典第 1786 字写作🝉，io31，祖先也。死人之已超度者。此字还有一种会意结构，注释第 1638 字写作🝉，y31，祖先也，长辈老人死后已变（辨）超度法事者，即升入祖先之行列。会意字，从男性老人和女性老人同坐。

🝋，字谱第 169 字，by31，又读作 by31ty55 或 mu31ty55，外也。从人，🝌（by31，面粉）声。一形一声，形符和声符共用部分字形。当然，此字还有形符与声符分开写的异体字。字典第 464 字写作🝋，在鲁甸一带，当地之东巴云，因女婴儿长大嫁与"外"人，故三岁以下之男婴儿称之为"内"🝋，三岁以下之女婴儿称之曰"外"，言男儿在家内，女儿须出外也。

纳西东巴文形符一般处于强势地位，声符假借标音，同时也起到装饰整个字体的作用。有时，声符存在羡余现象。这些都体现纳西东巴文形声字在早期发展过程中的不成熟和不稳定。

一个纳西东巴文形声字中形符和声符比例的关系也反映形声字的特征。早期形声字虽然为声化趋势所催生，但整个字形的图画性依然保持，或尽量保留，形符的强大表意功能十分明显，而声符主要起到标音的作用。纳西东巴文形声字中，那些以抽象线条为形符的形声字，形符与声符所占的比例截然相反，往往是声符占更多篇幅。看古汉字形声字，我们也能感受到同样的发展规律。在古汉字形声字中，甲骨金文形声字，只要形符还没有完全类化或者简化的，形符在字中所占的篇幅会大于声符，而已经类化或简化的形符，在形声字中所占的比例或者小于声符，或者跟声符所占比例一样大。到小篆形声字，形符已经进一步类化和简化，形符与声符在字中所占的比例基本相当，或者声符更大。这也反映形声字在发展过程中，声符的地位是随着形声化的进一步发展而逐渐占据更为重要的地位的。古汉字形声字的声符除了标音职能外，还有表示语源义的职能，这就是形声字发展成熟的必然结果，声符承载的不仅仅是文字的标音符号，还承载着表达语言的语源义的职能，这才是形声字为什么会成为汉字最主要的结构方式的原因。不仅仅因为一个合体字中有形符也有声符，就使得形声字成为必然的结构方式。

纳西东巴文形声字的形符与声符的关系，让我们看到纳西东巴文形声字发展的萌芽阶段特征。形声字的出现，对于整个纳西东巴文字系统来说，是一个进步，但是，形声字的出现，却不必然会带来纳西东巴文字走向成熟的意音文字阶段，因为走向成熟，还需要诸多因素的配合。这个问题将在第三节中详细描述。

三、从形声字种类描绘纳西东巴文形声字的发展轨迹

1. 从纳西东巴文字符标音的需求看纳西东巴文由表意走向声化的趋势

纳西东巴文字经历了语段文字阶段，逐渐发展到象形文字阶段，再到意音文字阶段。其文字记录纳西东巴经的精确度在提高，而且，字符由图画性很强发展到相对简化，甚至是抽象化，假借字的频繁使用，一方面固然是缘于语言中存在着众多同音词或者音近词，但更意味着这种文字已经无法满足记录语言的需要。于是在假借字之外，出现了文字的孳乳，即各种有着形声字痕迹的，反映纳西东巴文字声化趋势的广义的形声字。具体体现在以下几个方面：

（1）原始形声字——由原象形字或指事字加注抽象符号，原象形字或指事字标音，这是纳西东巴文字走向声化的一种原始方式。

这类形声字虽然算不上严格意义上的形声字，但的确在字形中，除却表意字符之外，还出现了具有标音职能的字符，这对于纯粹的象形字来说，是声化的表现，只是由于这种方式的造字能力不强，故后来不会产生大批这种类型的原始形声字。

（2）用准会意兼声、准形声方式是纳西东巴文字声化的特殊表现。

纳西东巴文字在记录纳西语时有一种十分特殊的现象，那就是有一定数量的准会意兼声字和准形声字。这些准会意兼声字和准形声字中，有一部分会演变为会意兼声字或者形声字，主要方式是其中表意的部分字符读音

逐渐脱落。准会意兼声和准形声结构的存在，本身就意味着纳西东巴文字在尝试字形兼记音义的方式，是纳西东巴文字声化的特殊表现。这种声化方式也成为纳西东巴文形声字产生的途径之一。如：🐍，字谱第 390 字，çy55khɯ33，又读作 pha21khɯ33，狼也。象形字，似犬黑嘴。译注第 760 字写作🐕🐍，çy55khɯ33，狼。从犬🐍（khɯ33），🌿（çy55，柏）。两字符各标示一个音节，成为准形声结构。从象形字变为准形声结构，为的是更准确地标音，这是声化的一种表现。

（3）由会意字中的部分字符兼标音，这是一种很经济的声化模式。

纳西东巴文会意兼声字占一定数量。方国瑜先生《纳西象形文字谱》中有 50 个，李霖灿先生《纳西族象形标音文字字典》中有 56 个。说明早期形声字系统中，利用会意字中的部分字符兼标音，是一种十分经济的声化方式。这样的声化一方面能继续保持字形表意的职能，另一方面，又能让部分表意的字符担负记音的职能。会意兼声字在古汉字形声字系统中也是存在的，《说文》中明确以"亦声"表示的有 223 个。可见，会意兼声是走向形声化的一种重要方式，这种方式展示了表意文字声化过程中的痕迹。如：👤，字谱第 644 字，mɑ33，涂也。会意兼声，从人以油 ⊙（mɑ33）擦面。字符"油"标音。

（4）改换会意字的字符为声符，字的结构或为会意兼声，或为形声，这体现了纳西东巴文字声化的需求。

改换会意字中的部分字符为声符，使字的结构或为会意兼声，或为形声，这是纳西东巴文形声字形成的途径之一，这种声化模式是意音文字发展的自然和必经之路。从表意文字发展成意音文字，字形表意为主到字形标音，这个发展过程中要经历标音的字符本身所承担的表意职能逐渐剥离的阶段。纳西东巴文形声字中这类形声字转化的方式，体现的正是这个阶段，这也符合纳西东巴文字声化的需求，是纳西东巴文形声字发展的体现。

例如：

🍳，字谱第 912 字，tɯ31，又读作 go31，煨也。会意，从锅在灶上。

🍳，字典第 467 字，tɯ31，安锅灶也。形声，从锅，⚱（tɯ31，起）声。

这个字的不同写法，体现的正是纳西东巴文字声化的需要，将原本会意的字，改换其中一个表意符号为声符，形成形声字。

再如：

👁，字谱第 914 字，dzər33，煎也。会意，从锅煎油。

👑，字典第 1318 字，ndzʌr33，煎也。形声，从锅，🦌（dzər31，

惊）声。

"ㄇ"，字典第 1319 字，ndzʌr33，煎也，化也。形声，以曲折闪线示其溶化之意，ㄇ（ndzər31，威灵）声。

纳西东巴文字"煎"存在的三种写法同样体现这样的特点。本为会意的字，可以将其中的一个表意字符更换为兼标示读音的字符，整个字还是会意兼声结构，而第三种写法则变为形声，这是文字发展过程中体现出的进步，整个字形越来越向相对成熟的意音文字迈进。这三种写法中，我们从文字发展的规律来看，会意似乎是先出现的，会意兼声和形声字写法则可能同时出现。

（5）在象形字、会意字上加注声符，形成注音式形声字，这种声化模式是形声字产生的一种重要途径。

纳西东巴文形声字的产生，有一种非常重要的途径，就是在象形字、会意字上加注声符，形成注音式形声字。这类形声字产生的条件是：文字系统中存在能标示读音的同音或音近字，而且在文字使用过程中，假借现象十分频繁。这些条件，对于纳西东巴文字来说，都是切实存在的，这样，在文字声化过程中，出现注音式形声字就顺理成章了。这种形声字符合纳西东巴文字发展的现状，注音式形声字并不是形声字发展的高级阶段，而是初级阶段。在每一种意音文字发展的初期，注音式形声字都会存在。梁东汉先生在《文字》一书中认为："形声制度是一切表意类型的文字从象形向更高一个阶段发展的方向。"① 早期意音文字的发展，注音式形声字是一种比较容易生成的模式。古埃及圣书字中也有注音式形声字，如"锄"在古埃及圣书字中可以读 mer，写作 ㄓ；也可以读 hen，写作 ㄓ。这两种写法中，ㄓ 为"锄"的象形符号，而 ◯ 在第一个字中标示读音 mer，ㄥ 在第二个字中标示读音 hen。也就是说，这两种写法都是注音式形声字。在古埃及圣书字中，以 ㄓ 为声符，也可以形成别的注音式形声字，如：

眼：mer， ㄓ　　　　　箱：mer， ㄓ
蛇：mer， ㄓ　　　　　受苦：mer， ㄓ ②

除了古埃及圣书字中有注音式形声字外，玛雅文字中也存在注音式形声字，如：玛雅文字中"切金"写作 ㄓ，其中 ◯ 指"太阳"，在此是表义符号，而 ㄓ 原象紧握的手腕，在此为借音符，标示"切"的读音，这是一个形声字。

---

① 梁东汉：《文字》，上海教育出版社，1958 年，第 43 页。
② 同上注，第 44 页。

在纳西东巴文形声字中，有不少加注声符的形声字。如：[图]，字谱第 307 字，lɯ55tshe33，绶带鸟也，尾羽长，栖山林。为象形字。而字典第 731 字写作[图]，增加了标音符号[图]（tshe33，盐块）、[图]（lɯ55，牛虱）。这个例子说明，在纳西东巴文形声字的形成途径中，注音式形声字是为了更清晰地标示字的读音而出现的，这也是文字声化的反映。

再如：[图]，注释第 1034 字，bi33，森林。会意字，从杉树、松树和竹。译注第 653 字写作[图]，从杉树、松树和竹。字典第 932 字写作[图]，画森林之形，以[图]（搓）字注其音。从林[图]（ɕi31 或 bi31）、[图]（bi31，搓）声。形声结构就是将会意字中部分字符改换成一个纯粹标音的声符，这种变化就是标音的需要。

（6）在假借字上加注形符，使字符由纯粹的假借标音演变为形声模式，这种声化是形声字产生的主要方式。

在假借字上加注形符，使字符由纯粹的假借标音演变为半形半声模式，这是纳西东巴文形声字产生的又一主要途径。在纳西东巴文字的使用中，假借是一种十分频繁的现象，因假借而催生的形声字也就成为必然。古汉字形声字中，由假借字加注形符也是形声字产生的一种非常重要的途径。这是在利用假借这种声化模式之后，文字进一步发展的合理选择，也是声化的表现。

（7）由表意的字符与标音的字符合成形声字，或者以合体的会意字或形声字为形符，加注新的声符，变为结构复杂的形声字，这是后起的声化模式。

纳西东巴文形声字中，有由表意的字符与标音的字符合成形声字。还有些形声字是后起的，如以合体的会意字或形声字为形符，加注新的声符，变为结构复杂的形声字。根据人类表意文字形声化发展的规律，这类形声字应该是出于以字形标音的需要而分化孳乳的。后起的形声字对于纳西东巴文形声字的发展来说，是经过漫长使用过程检验之后的声化选择模式。

2. 形声产生的动因及影响其发展的因素

形声结构产生的最根本动因是象形文字声化的需要，直接动因是假借现象的频繁，但其发展又受制于纳西东巴文字本身的性质。

纳西东巴文形声字的种类之丰富，反映出一个信息，那就是这种文字仅仅依赖强烈的图画性表意，不足以记录纳西东巴经中的语言或者纳西语中的语词，于是走向假借同音字或音近字的方式。再不足以记录，就进一步走向整个文字系统的声化。从图画文字到表意文字，再到早期形声化，这是文字配合语言发展的需求所致，也是表意文字走向意音文字的必经阶段。

纳西东巴文形声字的出现不是偶然的，但形声化并不意味着这种文字已经达到意音文字的发展高峰，因为其发展还要受到许多因素的限制。这里首先要考虑的是纳西东巴文字字符体态自身的特点。纳西东巴文字的字符给人强烈的图画性特征。其字符抽象化，也就是文字的进一步符号化进程十分缓慢，在纳西东巴文中，我们极少见到以抽象的符号表意的字例，如果有，也仅仅是抽象的线条、点、圆圈等，大部分字符都是以字形直接形象表意的。这类字符充当纳西东巴文形声字的形符或者声符，都会直接影响到其形声字的特征以及发展。由于形符表意未类化，声符也多是借用象形字、会意字等表意字充当，加之形符声符的构字频率都不高，在纳西东巴经文的书写中，东巴们有可随语句语境的需要，调配形符声符的大小比例以及书写位置，使得形声结构在经文中有时显得十分松散。

我们所见的纳西东巴文形声字，在字典中出现的形态，在经文中未必不会改变形与声的位置搭配，这也说明，纳西东巴文形声字还远未成熟。

3.描绘纳西东巴文形声字发展的轨迹

根据前文的分析，我们可以对纳西东巴文形声字的发展轨迹做出合理的描绘，通过图表展示其以往的发展轨迹。具体内容见下图及说明。

纳西东巴文字形声字发展轨迹

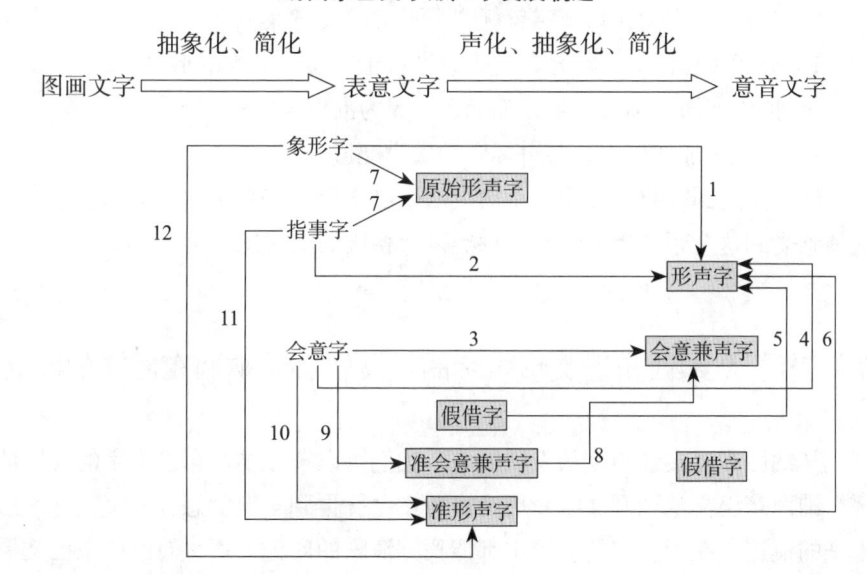

图画文字 ──抽象化、简化──▶ 表意文字 ──声化、抽象化、简化──▶ 意音文字

（图示：象形字、指事字→原始形声字→形声字；会意字→会意兼声字；假借字；准会意兼声字→准形声字；标号1—12示意各发展路径）

纳西东巴文字从图画文字走向表意文字，再走向早期意音文字，其间由于声化、抽象化、简化的需要，整个文字系统一直在发展。具体来说，从表意文字向意音文字发展的过程中，假借、准形声字、准会意兼声以及原始形声，这都是文字符号化以及声化的轨迹。出现会意兼声和形声，是进一步声化、简化和抽象化的成果。

纳西东巴文作为早期意音文字，我们能看到作为过渡阶段的假借字、原始形声字、准会意兼声字以及准形声字；作为意音文字标志的会意兼声字、形声字；从纳西东巴文字的现状来看，是依然包含着一定量的象形字、指事字、会意字、记号字，同时既包含过渡阶段有声化痕迹的字（假借字、准会意兼声字、原始形声字、准形声字），也存在会意兼声、形声结构的字，这说明这种文字系统还远未发展成熟，呈现在我们面前的是一个杂糅的系统。

上图一共列出 12 条线索，具体演变途径解释如下：

1 象形字加注声符成为形声字；

2 指事字加注声符成为形声字；

3 会意字的部分字符标示读音，成为会意兼声字；

4 会意字加注声符或形符，或改换部分为声符，成为形声字；

5 假借字加注形符为形声字；

6 准形声字中形符读音脱落，成为形声字；

7 象形字或指事字加注部分字缀，原字标音，为原始形声字；

8 准会意兼声字部分字符读音脱落，成为会意兼声字；

9 字符组合表意，每个字符标音，形成准会意兼声字；

10 会意字加注标音符号，且表意字符也标音，成为准形声字；

11 指事字加注标音符号，都标音，成为准形声字；

12 象形字加注声符，各自标音，成为准形声字。

这张轨迹图，再结合第二章对纳西东巴文形声字系统的构拟图表，我们就能感受到这个系统中的形声字种类以及相应的层次感。

第三节　从纳西东巴文形声字的发展轨迹看纳西东巴文的发展

从纳西东巴文形声字的发展轨迹，我们可以窥见纳西东巴文字的发展情况。纳西东巴文从图画文字发展为表意文字，再到早期的意音文字，这一路走来的痕迹，在形声字的发展中都能找到清晰的印记。通过对纳西东巴文形声字进行分析，我们可以看到纳西东巴文发展的线索。作为纳西族的一种源于记录东巴教教义的宗教文字，纳西东巴文字随着时间的延续，经济文化的发展，所受到的藏族和汉族文化的影响，其文字的使用范围在逐渐扩大。目前，已经能找到不少除用纳西东巴文记录的东巴经之外的纳西东巴文应用性文献，喻遂生先生曾撰文《纳西东巴文应用性文献的语言文字考察》，其中将纳西东巴文应用性文献分为"医书、账本、契约、谱牒、歌本、规程、书信、日记、文书、对联、墓铭"等类。① 纳西东巴文字在发展的历史中，一直有一个大的趋势，那就是记录语言的需要，使得纳西东巴文字在不断地声化。无论从独体的象形字、指事字走向原始形声字，还是在独体表意字上加注标音的声符，或者是将会意字变成准会意兼声，或者将会意字变成会意兼声字，再或者采用准形声字的方式，或者是充分利用假借字的方式，或者在假借字上加注区别字形、字义的形符，或者是改换原来表意字的部分字符为标音的声符，或者是直接以表意的形符和标音的声符组合成形声字，或者是用不完全标音的会意兼声字或者形声字的方式等，都处处体现出纳西东巴文字声化的痕迹。

形声结构的出现，只是纳西东巴文字走向声化的一种选择和表现。从纳西东巴经和纳西东巴文字应用性文献来看，假借字的使用频率非常高，形声远远没有成为记录纳西东巴经和应用性文献的主要结构模式。这是因为纳西东巴文字所处的阶段还相当原始，纳西东巴文形声字还处于早期发展阶段。

而纳西东巴文形声字形符与声符的特点，也显示了纳西东巴文字发展中的矛盾性。形象性与抽象性兼备，原始性与先进性并存。

一、纳西东巴文形声字的发展反映纳西东巴文字已经从纯粹的表意文字走向早期的意音文字，并且出现发展不平衡的现象

纳西东巴文形声字的出现，是纳西东巴文字发展到一定阶段的必然产物，是纳西东巴文字从图画文字走向表意文字，再走向声化的合理选择。从纳西东巴文字中大量存在的假借字，以及不同种类的形声字可以看出，以字形兼记音义的各种结构在纳西东巴文形声字发展的历程中都有所体现。原始形声字、准会意兼声字、准形声字、会意兼声字、形声字，字形的表意性依然十分明显，而标音符号的职能，在发展初期，就存在两种情形，一是假借标音，一是在标音的同时还配合形符表意。纳西东巴文形声字处于萌芽阶段，故不像汉字形声字那样达到一形一声，且形符充分类化。我们还是能看到纳西东巴文字的发展，字符逐渐出现抽象化的痕迹，假借字的来源不仅仅限于纳西东巴文字，还借藏音和汉字，更借哥巴文标音。即使是形声结构，也存在着发展不平衡的现象。

，字典第 255 字，za31，下也。会意，从人自上而下行。注释第 227 字，译注第 156 字，都写作会意字。字谱第 636—3 字写作 ，za31，

---

① 喻遂生：《纳西东巴文应用性文献的语言文字考察》，载于《纳西东巴文研究丛稿》，巴蜀书社，2003 年，第 252～282 页。

降也。形声，人行走之形 ✗（za31），✓（za31，星名）声。形符声符标音相同。字典中还有一种写法为 ✓，形声，人行走之形 ✗（za31）省形，✓（za31，星名）声。

从这个字的三种不同写法，我们看到纳西东巴文字从表意字到形声字的发展。"下；降"，取人从高处向下走之形，字形表意，而在道路之下加上标示读音的 ✓（za31，星名），这是清晰标音的需要。省去人形，保留自上而下的道路，✓（za31，星名）声，这是更为成熟的形声字写法。这个字的变化让我们感受到纳西东巴文字的声化轨迹，在发展过程中，从形符占主要地位到声符占主要地位，这符合意音文字未来的发展趋势。在纳西东巴文形声字中，能体现这样的发展趋势的字并不多，大部分还是以形符的形象表意为主的，甚至假借标音的声符也都是借用原来的象形字充当。

今天我们看到的纳西东巴文字是经过历时发展的文字，其体现出来的各种特征，杂糅了不同时代的印记，而且受到藏文化和汉文化的深刻影响，其文字字符表意的形象性与抽象性兼备，原始性与先进性并存。

二、纳西东巴文形声字的出现，并不意味着纳西东巴文字发展到了最高的阶段，这种文字的现状以及未来的走势受到不少因素的限制

纳西东巴文字中出现了不同种类的形声字，这是意音文字发展史中的必然。对于纳西东巴文字而言，形声字的出现，并不意味着这种文字就能像古汉字那样发展得更为成熟。纳西东巴文字的使用环境，决定了这种文字的字符体态变化会缓慢。纳西东巴文字主要为东巴们用于记录东巴教教义，作为宗教经书，一方面要记音准确，另一方面又要保持相对的神秘性。纳西东巴文字始终保持着字形的图画性较强的面貌。即使是抽象化，也不会像古汉字那样全部线条化，在纳西东巴文中，已经出现抽象化的痕迹，但仅仅限于用抽象的线条或点、圆圈等来表义，而且这样的字符在纳西东巴文字中极少。

假借在纳西东巴文中的地位影响着形声字的发展，也影响着这种文字的未来走势。目前，我们看到的东巴经和应用性文献，假借字依然是纳西东巴文字在记录东巴经时的主要用字方式。虽然已经有一定数量的形声字，但这些形声字远没有发展成熟，形符大多还没有类化。有的字即使已经出现形声结构，可能出于东巴书写的习惯或者文字观，还会弃形声字不用，而继续用假借字。因此，纳西东巴文形声字的进一步发展必然会延缓。纳西东巴文字中已经存在的同音字和音近字，还有哥巴文、藏文、汉文等，导致假借字的来源相当广泛。借来的文字在使用中足以逐词记录东巴经语言，传统的习惯又会使东巴经具有无须逐词记录的惯性，只要东巴们看到所写，能口诵出全

部经文读音就行。因此，从目前的使用环境来看，形声字并没有成为纳西东巴文字的主流。

从未来的发展趋势看，形声字也不必然会成为纳西东巴文字发展的主流。原因之一在于，纳西族除了使用纳西东巴文字外，还有另一套标音文字——哥巴文。纳西东巴文字的字符体态抽象化缓慢，加之纳西族并非人人都使用这种文字，这些都不利于纳西东巴文字进一步向成熟的意音文字发展。古埃及圣书字、玛雅文字也曾经使用形声结构，但这两种文字最后都没有延续发展，而只有古汉字的形声结构，成为汉字的主要结构。这说明，意音文字的发展，除了出现形声结构的字以外，还有其他决定性因素影响其发展的进程。社会经济、政治、文化的发展，会推动语言本身的发展。语言的发展会使得词汇迅猛增长，当词义出现引申义、假借义或者本义都集于同一字形时，分化该字就成为迫切需要，而分化出来的字很可能为形声字。古汉字形声字的声符除标音之外，还有揭示语源义的功能，这也许是古汉字采纳形声字结构之后，向成熟意音文字发展的主要原因之一。这个推测还有待对古汉字形声字作系统的分析才能去真正证实。

纳西东巴文字要进一步发展为成熟的意音文字，还需要一个形声字发展的高潮，也就是出现犹如古汉字形声字数量激增那样的阶段。这是跟语言的迅猛发展直接相关的，如果没有这种条件，要走向更为成熟的意音文字恐怕不那么容易。我们试看古埃及文字，在早期，也曾有形声结构，为何最终没有走上如汉字这样的意音文字之路呢？古埃及文字中的形声字声符也是起到标音作用。玛雅文字中的形声字声符也仅仅是标音符号。这样看来，形声结构的字在早期意音文字中出现，并不代表这种文字发展到高峰，其进一步发展，还受到许多因素的制约。

附录一：纳西东巴文形声字形符统计表

（1）方国瑜、和志武《纳西象形文字谱》形声字形符统计表
（2）李霖灿《纳西族象形标音文字字典》形声字形符统计表

（1）方国瑜字谱形符分析

序号	形符	意义	序号	形符	意义
1	ba31	日光	16	dzy31na55ʂɿ55lo33	神座
2	fv55	鼠	17	bu31	坡
3	zy31	星省形	18	æ31	岩
4	he33	月	19	ɣɯ55	灰
5	gæ33miə31	闪电	20	tshe33	表示"盐块"
6	dy31	地	21	ɕi33	人
7	he33dʑi31	寺庙	22	dʑi31	屋
8	sɿ55	草	23	i33bi31	江
9	dər31	泡沫	24	dzər31	树
10	mi33	火	25	gv33dv31	核桃树
11	æ33	五谷	26		荞
12		指示雷电霹雳	27	ba31	花
13	mɯ55khɯ31	烟	28	no33	乳汁
14	dzy31	山	29	lɯ33	杉
15		指示"波浪"	30		香椿树
			31		白杨

附录一：纳西东巴文形声字形符统计表

（续表）

序号	形符	意义	序号	形符	意义
32	nv31	黄豆	54	nɑ31	黑；大
33	æ31	鸡	55	u31	男奴
34	kə55	白头翁	56	bv33；y31	羊
35	tsi55li33	鹊鸰	57	lɑ31	手
36	绿翠鸟		58	ŋə31	我
37	龙王之神鸟		59	ɳv33	神主
38	ɣɯ33	鸟	60	kho31	母族
39	gu33tʂhu31 phi33thɣ33	马生疮	61	çi33	人
			62	nv55	嘴
40	dv33	翅	63	hu31	夜
41	tʂɿ31	爪	64	tsa55	锄
42	gu33；ʐua33	马	65	iə33thɯ31	吸烟
43	di31；bi33di31	虫	66	khɯ33dzər33	跛脚
44	dzɿ33	男人坐	67	phv33	祖父
45	dzɿ33	女人坐	68	dzɿ33	祖母
46	mi55	女	69	py31	东巴
47	dzɿ33	官	70	dzu33	男女二人相随
48	çi33	人			
49	dzi33	衣服	71	tʂhər33	洗
50	dzʌ31	跑；走	72	ʂə55	说
51	ŋæ31	夹	73	i55	卧
52	ly33	矛	74	dzər33	唱
53		示"多数"；示物	75	zɿ33ʂər31	长寿
			76	dzər33	唱

259

（续表）

序号	形符	意义	序号	形符	意义
77	sər55	肝	100	ga33	方旗；胜
78	bə33	脚板	101	to55	柱子
79		道路	102	lv33	石
80	nɯ33	心	103	dzo33	挂架
81	tho33pv55	布	104	dzər31kə55dər33lɑ31	树枝
82	ku33mu31	帽	105	mu31	簸
83	be31	铁冠	106	tər31	俎；砧板
84	lɑ31pɣ55	戒指	107		示"鼓槌"
85	dze33	麦	108	bɣ31dɯ33	经书；书
86	ʂɿ31	肉	109	sæ33læ31	桌子
87	khua55	碗	110		代表"木筏"
88		束柴	111	dʑi33	水
89	dʑi31gɣ33	水缸	112	kv33	蛋
90	tshe55kho33tʂ33miə31	羊圈	113		示"罩子"
91	ho33	碗内有汤	114	to33	板
92	bər31	绳	115		示"抽形"
93	bɣ33	锅	116		示"招形"
94	tʂhua33	米	117		示"圆"
95		肉块	118	tshe31	十
96	bæ33phər31	代表"糖"	119	tshɿ31	鬼
97	tse55be33	斧	120		门神石
98	çy55	柏树；柏叶	121	mɯ55	竹
99	khu33	门	122		毡

附录一：纳西东巴文形声字形符统计表

（续表）

序号	形符	意义	序号	形符	意义
123		台；火盆	130	by31	面粉
124	pɯ33	蒿	131	tər31	鬼
125	phiə31	瓢	132		示"降福"
126	æ31	岩	133	bi31	搓
127	dzʌ33ɑ31	左啊人	134		衬恒阿滋天神
128	he31	恒神			
129	tɤ31	幡柱	135	se31	女神

（2）李霖灿字典形符分析

序号	形符	意义	序号	形符	意义
1		矢	13	kɯ31	以糌粑示"星"
2	hɛ33mɛ33	月	14		两颗星
3	ȵi33mɛ33	日	15	kɯ31	星
4		人	16		土块
5		示"动荡光明"	17	rv33	石
6	miʌ31	目；眼睛	18	dY31	大地
7	hɯ31	雨	19	dza33	发芽
8	rɯ33	土地	20	ʂur31	沙；示"多"
9	bɑ31	花	21	mi33	火
10	mbɛ33	雪；雪花	22	ndʐo31	山
11		示"相接"	23	hɯ55	海
12	bɑ31	日光	24	zʌ31	莎草

261

（续表）

序号	形符	意义	序号	形符	意义
25	pɯ33	艾；蒿	46	lY33	矛
26	ʂə31	河沙	47	kʌ33	镜
27		水槽	48		人牵线
28	dʐi31	水	49	tsho31kv55	锄头
29	dzɛ33	麦	50		示"河岸"
30		地有深陷之形	51		人执杖跛脚
			52		示"商量"
31	æ31	岩	53	dzʌ33ɑ31	久阿人
32	i33tʂɯ33mɯ31	南方	54	thɛ33ɯ33	书
33		示与行动有关	55	ndzʌ31	树
			56	v31zɯ33	侍候人的人；帮忙打杂的人
34	lo31	山谷			
35		湖泊下有漏洞	57	ɯ33	皮
			58	ŋʌ31	我
36	mi55	女人	59	zɑ31	人行走
37	ɕi33	人	60	ʂə55	说
38	ŋgæ31	夹	61	ku33	恭维
39	ɕi33	人	62	ndY55	赶
40	sər33	木	63	ndzɯ33	官
41	bu31	担	64	bʌ33	普米人
42	lv31	抬；举	65	ŋgo31	病
43		人	66	ndzu31	坐
44		人执杖	67	khwa55	碗
45	nv55	嘴	68		地基

（续表）

序号	形符	意义	序号	形符	意义
69	bv33	锅	93	ʂʌ31	示"污渍"
70	mi33	听见	94	bv31	示"蛋"所放之地
71		人戴帽	95	kv33	蛋
72	kho33gv33dʐur31phur31	口水	96		示罩盖之物
73		脚步轻快	97	v55zi33	鸟
74	tʂwa31	已婚男子	98		示蛋有胚
75	o55	神名	99		示蛋流出的水
76	la31pur55	戒指	100		示鸡窝
77	lY31	看	101	æ31	鸡
78	sɿ33	羊毛卷	102	kwɑ33	鹤
79		示赶吆牲口	103	ndv33	翅膀
80		示"筋"	104		示生锈
81	ʂɯ33	肉	105		示"泥"
82		示"分开"	106	ʂo55	鸡冠
83		示"线"	107	tɕi55ʂʌ33	喜鹊
84		木盆	108	rwɑ33mæ31	鸟名；云雀
85	tʂʌr55	骨节	109	ɯ33	牛
86	sʌ55	肝	110	rwɑ33gʌ31	崖牛
87	pɛ31	吐	111	io31	羊
88	nɯ33	心	112	bi33di31	小虫
89	ʂv33rv33	想	113	to33	板
90	nv55	动物之口	114	ʂɯ33	羊毛披毡
91	lɑ31	手			
92		火把，火焰			

(续表)

序号	形符	意义	序号	形符	意义
115	khv55	鼠；借指"年"	138	æ31	崖
116		示"抽动"	139	kho33	门
117		荞树	140		示"喜欢"
118	ȵi33mɛ33ta31ba31	向日葵	141		示"抛掷"
119	tʂhʌr33	药水	142	thɛ33	旗
120		蓑草	143	tʂɯ33	吊挂
121	ndzʌ33	唱	144	ʂɯ33	死
122	ʂʌ55da31	青刺	145		示"推开"
123	ɕi33	百	146	ha33	饭
124		萝卜	147		锅中有炒物
125	rɯ33	冷杉	148	iʌ33thɯ31	吸烟
126	mɯ55	竹	149	pY33	升
127	bY31	面粉	150		示"粉末"
128	la33kha33	小叶白杨	151		示"溶化"
129	bv33dzy33	桃	152	kv33	头发
130	sɛ33pi31	香樟木	153		示"水点"
131	tsho31hɛ33	仙人掌	154		示"盐块"
132	phɯ55	断	155	mi33ndʐɯ33	火燃
133		示槽中物	156	tər21	俎板
134		示筏子	157	tɯ31	安灶安锅
135	tɕi31	秤	158		肉块
136		示熏烤物	159	tʂhua33	米
137	so33	大秤	160	tha31	酒罐
			161		示"酒"

（续表）

序号	形符	意义	序号	形符	意义
162		示"融化"	182	dʑi31	房子
163		示火上热气	183	kʌ33	鹰
164		示饭上冒气	184		示其多
165		示"锥穿之物"	185		口中出气之形
166		示"锥穿之物"	186	tʂɯ33	土
167		示"锥穿之物"	187	kv55dʑi31	帐篷
			188		覆盖物
			189		示"圆"
168	nɑ21	黑；大	190		指示范围
169	sɯ33	披毡	191		鼓槌
170	tho55	以桩打地	192		划裂之木杈
171	kv33mo31	帽子	193	iʌ55lo33	神之面偶
172	io55	玉	194	ndo31	哑鬼
173		羊皮披被	195		火盆
174		示"锤打之物"	196	ço31	柏叶
			197		一手板上有火
175	ŋgæ31	刀	198		吊狗支架
176	tsɛ55thɑ55	斧头	199		毡子
177	lY33	颗粒	200	phiʌ31	水瓢
178	tshʌ55	割开	201	ɯ55	示"灰尘"
179	ʂo33	铸铁	202	ŋv33khɯ33	木偶之脚
180	tur55	结	203		示"招回"
181	nur33	乳汁			

265

（续表）

序号	形符	意义	序号	形符	意义
204	ço31	香；香条	220		新婚夫妇
205	tɣ21	幡柱	221	/ / ʂv31	龙王
206		示"降福"	222		打鬼竹片
207	ʐu31	蛇	223	/ pY31	东巴诵经
208		示"阴魂"	224	phɑ31	巫
209	dv31	鬼名	225	tʂʌr33	献药水
210	tshɯ31	鬼	226	ndv33	毒花
211	khɯ31	线	227	ro31	神名（男神）
212		女鬼	228	bɛ33	铁冠
213	mi33mɑ31sɛ33dɛ33	中央鬼王	229	ɖo31	神名（人类之远祖）
214	tshɯ55	跪	230	/ sɛ33	女神
215	ʐu33	路	231	ɛ33dzɯ33	祖母
216		示"跌倒"	232	twɑ33kʌ31	神名
217		鸟头鬼王	233		九头大神
218	ʂv31	鬼名（有尾）	234	hɛ33	神名
219	/ to33mbɑ31	东巴			

附录二：纳西东巴文形声字声符统计表

（1）方国瑜、和志武《纳西象形文字谱》形声字声符统计表
（2）李霖灿《纳西族象形标音文字字典》形声字声符统计表
说明：A 这里选取的形声字与形符统计表中所选范围一致；
　　　B "标音次数"中所填数字表示该声符的构字频率。

（1）方国瑜字谱声符分析

序号	声符	意义	标音次数	序号	声符	意义	标音次数
1	so33	大秤	3	15	dʑi33	水	8
2	khv55	割	4	16	dzər31	树	4
3	ɣɯ33	好、善	6	17	şər55	"沙"，借指"满"	1
4	iə31	烟	8	18	zɿ33	草	1
5	pe33	闩	1	19	dzy31	山	1
6	sa55	气	2	20	ŋv33	银子	1
7	ua33	五	3	21	lv33	石	13
8	miə33	眼	1	22	ba31	花	2
9	da33	刀；砍	3	23	ʂɿ55lo33	什罗	1
10	dæ31	旗手	3	24	ko33	针	3
11	me33	雌性	7	25	to55	板	3
12	lu33	地	3	26	dzy33	花椒	1
13	tha55	塔	2	27	æ31	鸡	1
14	dzæ31	城	1				

（续表）

序号	声符	意义	标音次数	序号	声符	意义	标音次数
28	tshe33	十	1	52	uə33	寨子	3
29	dzi55	酒药	2	53	ȵi33	鱼	1
30	mi33	火	5	54	nɑ55	黑，哥巴字	1
31	khv31	口弦	2	55	o33	神名	1
32	by31	面粉	3	56	tso33	壁虎	1
33	i33	漏	1	57	dʐy33	蔓菁	1
34	ho55	八	1	58	ty55	千	2
35	sɿ33	羊毛	1	59	tɕər55	胫	1
36	lo31	山谷	2	60	i33	山骡	1
37	o31	玉	1	61	tʂhɿ33	悬	1
38	lo55	黑麂	1	62	ə33	呵	4
39	bər33	绳	1	63	mɑ31	油	5
40	dər33	骡	1	64	tshe55	叶	1
41	lɑ33	虎	5	65	hər33	风	1
42	zɿ33	草	5	66	gv33	九	2
43	kv33	蛋	5	67	thy55	奶渣	2
44	bə33	脚板	2	68	æ31	岩	1
45	ʂɿ31	肉	3	69	khɑ33	苦	3
46	gu31	仓	2	70	guɯ31	饱	2
47	be33	做	2	71	tho33	犁铧	4
48	dzɿ33	时	1	72	tshŋ31	说	1
49	by31	驼背	1	73	ʂə55	哥巴字	1
50	tshe33	盐	3	74	kə33	匣	1
51	tɕi33	云	1				

（续表）

序号	声符	意义	标音次数	序号	声符	意义	标音次数
75	tɑ33	白；解	5	99	ty33	击	2
76	phər31	尾	1	100	be31	铁冠	1
77	mæ33	胆	1	101	ŋə31	我	1
78	kɯ31	哥巴字	1	102	nɯ31	你	1
79	çə13	系	1	103	dʑy31	镯	1
80	tsʅ55	哥巴字	1	104	sʅ33	骰子	2
81	tʂə31	美	1	105	thɯ33	喝	2
82	zi33	剪	5	106	çi33	稻	1
83	tçi55	哥巴字	2	107	lly55	覆	3
84	ʂʅ33	犁轭	3	108	he33	月	1
85	lo33	尾	2	109	gu33	熊	1
86	mæ55	傻	2	110	dze33	麦	2
87	do31	写	1	111	y31	猴	3
88	pər55	马	2	112	tʂhər44	药	2
89	gu33; zua33	黑；大	5	113	kho31	栅	1
90	nɑ31	鼠	1	114	di31	蕨	2
91	fy55	犁铧	4	115	tsho31	象	3
92	tçy31	叫	1	116	zʅ31	蛇	1
93	ʂə31	河沙	1	117	sər33	木	5
94	thy33	桶	1	118	tçhy33	钻	1
95	gɑ33	胜	1	119	tshɑ31	咬	1
96	mi55	女	1	120	mu55	牛蝇	1
97	dʑi21	屋	4	121	u31; tçi55	饭	2
98	pɯ55dʑɿ31	工匠	1	122	ky55	蒜	2

(续表)

序号	声符	意义	标音次数	序号	声符	意义	标音次数
123	tʂhə55	秽	1	147	khɯ33	犬	1
124	hɯ31	牙	3	148	pi33li31	笛子	1
125	zŋ31	山柳	1	149	tʂhər33	代	3
126	me31	树名	2	150	zɑ31	星名	1
127	ho31	肋	4	151	ku31	姜	1
128	sŋ55	茅	1	152	tɕhi55	刺	5
129	nɣ31	黄豆	1	153	dɯ33	大	1
130	bɣ33	锅	1	154	dzə31	秤锤	1
131	ɲi33	二	1	155	kho33	洞	1
132	phe31	蔴布	2	156	so31	读	1
133	lɑ31	手	5	157	hy31	红	2
134	sy55	锡	1	158	no33	乳	1
135	dzŋ31	坐	2	159	ku33mu31	帽	1
136	zŋ33	青稞	1	160	sŋ55kv33	镰刀	1
137	hæ31	金	1	161	tər31	俎；砧板	1
138	dzuɑ33kho31	棒	1	162	zuɑ31	量粟	1
139	dy31	犁	1	163	ɣɯ33	牛	2
140	tsŋ55	拴	1	164	pɑ33	蛙	3
141	o55	倒	1	165	khɯ33	门	2
142	i55	卧	1	166	ʂər55	七	1
143	dzi33tshe55	木轮车	1	167	tʂhu31	珠	2
144	gæ31	佩刀	1	168	tʂhuɑ55kho33	鹿角	1
145	khu33	足	2	169	ʂu33	铁，指"斧"	1
146	bər31	烧	1				

（续表）

序号	声符	意义	标音次数
170	dzo33	挂架	1
171	si33	贫；贫户	1
172	dʐu31lv33	飞石	2
173	dzɿ31	墙	1
174	pv55	甑	1
175	be33	雪、雪花	1
176	tər31	鬼	1
177	zər31	四（藏音）	1
178	hua55	鹇	1
179	phu33	开	1
180	da33khə31	鼓	1
181	lv33	矛	1
182	pha31	巫	1
183	lɯ31	船	1
184	tsa55phiə31	船桨	2
185	tv31	木桩直立	1
186	ʂər55	满	1
187	mɯ33	天	1

序号	声符	意义	标音次数
188	dʏ31	鬼名	1
189	bɯ31	绝育	1
190	khə55	篮	1
191	dzi55	烧	1
192	bæ31mæ33	贝	1
193	thi55lo33	替罗	1
194	ly31	看	1
195	dzy31na55sɿ55lo33	神山	1
196	ko33	鹤	1
197	no31	羽毛	1
198	ka33le31	干粉皮	1
199	mɯ33	天	1
200	sæ33	血	1
201	tʂhy55	树叶	1
202	tʂua33	架子	1
203	mu31	网	1

（2）李霖灿字典声符分析

序号	声符	意义	标音次数
1	mɯ33	天	9
2	na31	黑；大	10
3	ba31	日光	2

序号	声符	意义	标音次数
4	mɯ33	天	1
5	hæ33	风	2
6	dʏ31	大地	4

(续表)

序号	声符	意义	标音次数	序号	声符	意义	标音次数
7	so33	大秤	9	29	ko31	针	7
8	ndɑ31	镰刀	1	30	ho55	八	1
9	tṣhv31	硝水；碱水	1	31	dzY33	花椒	1
				32	æ31	鸡	1
10	kho33	门	8	33	mi33	火	11
11	bo31	猪	5	34	hɯ55	海；湖	2
12	to55	板	5	35	hɯ55	牙	2
13	mɑ55	油；酥油	8	36	tshY55	黍	4
14	ṣwɑ31	高	1	37	khɯ33	足，脚	9
15	kwɑ33	角	4	38	mɛ33	雌性	2
16	hY31	红	3	39	o31	神名	2
17	pY33	升	1	40	tɑ33	马（藏音）	1
18	pɑ33	蛙	7	41	tY33	捶打；打铁	2
19	rɯ33	土地	2				
20	tsɛ31	鬼名	3	42	dæ31	旗；旗手	1
21	zʌ31	莎草	1	43	hɑ33pɑ31	汉族	1
22	ndʐo31	山	1	44	tho31	松	3
23	ŋv33	银	1	45	ŋæ31	刀	2
24	tṣɯ33	土	1	46	zɯ33	青稞	1
25	dzi31	水	7	47	miʌ31ŋwɑ33	眼盲	1
26	dɯr31	水沫；浪花；泡沫	2	48	so21	读	1
				49	khɑ33	苦	4
27	rv33	石	11	50	zuɑ31	量粟	1
28	mbo33	坡	1	51	kv33	蛋	8

附录二：纳西东巴文形声字声符统计表

（续表）

序号	声符	意义	标音次数	序号	声符	意义	标音次数
52	ŋgæ31tha55	快刀	1	74	ʂʌ55	说	2
53	nɯ33	心	1	75	kʌ33	鹰	5
54	phv55	撒	2	76	kɯ33	胆	3
55	lY31	看	2	77	bY31	面粉	3
56	dʑi33o33	水桶及水	1	78	kho31	栏栅	1
57	dʑi33tshɛ55	木轮车	2	79	ndi31	蕨	2
58	khɯ33	狗；犬	4	80	zv55	杨柳	3
59	pi33li31	笛	1	81	mɛ31	五倍子	2
60	kho33khv31	口弦	2	82	ho31	肋	5
61	ndɯ31	坐	1	83	ʂv55	茅	1
62	ʐwa33	马	1	84	iʌ31	烟草	10
63	be33	做	1	85	bʌ33	脚掌	1
64	tsho31	象	7	86	nv31	黄豆	5
65	tshɯ33	吊死鬼	1	87	ŋgo31	仓库	5
66	tɕi55	剪；借指"小"	3	88	ko31	姜	1
67	ʑu33	酒	1	89	dʑɯ31	大	2
68	ʑu31	蛇	4	90	io31	猴	3
69	ʂv31	骰子	7	91	ndʑi33	酒药	3
70	ʂɯ33	肉	2	92	dzʌ31	砝码	7
71	ɕi33	稻	3	93	tɕhi33	刺	6
72	ŋʌ31/ wa33	五（ŋʌ31为藏音）		94	tY31	击	6
73	za31	行星	2	95	zo31	酒瓮	1
				96	tʂwa33	床	4
				97	mbæ33	蜜蜂	1

（续表）

序号	声符	意义	标音次数
98	pho55	只（像一只眼睛）	1
99	tʂʌr55	骨节	1
100	tɯ33	起立	2
101	dæ31	能干	1
102	o33	谷堆	1
103	ȵi33	二	5
104	pɯ31	艾，蒿	2
105	ɯ31	好，吉祥	6
106	mæ33	尾	2
107	sʌ33	柴	5
108	zɯ33	草	4
109	gv31	熊	1
110	dzɛ33	麦	2
111	sɑ33	气	9
112	phur31	白；解	7
113	zɛ31	鬼名（会飞）	3
114	phɛ31	麻布	3
115	tur55	结	3
116	ɯ33	牛	1
117	tsɯ33	拴；束；绑；塞	4
118	tshɛ33	盐块	6
119	lɑ31	手	5
120	lY33	矛	3
121	lY31	看	1
122	gv33	炒锅	1
123	pɛ31	吐	4
124	nur33	乳汁	2
125	sɯ55	家神	1
126	ȵʌ31	目（古音）	1
127	bv33	锅	6
128	ndv33	毒花	3
129	hwɑ55	白鹇	2
130	ndzæ31	雀	1
131	ɕʌ55	占卜打卦	1
132	tsŋ55	系	1
133	tsʌ31	哥巴字	1
134	ʂo31	铁	3
135	zi33	美	2
136	rwɑ33	犁轭	3
137	tsʌ33	哥巴字	1
138	dv33	犁架	1
139	ʂur31	沙；示"多"	1
140	tv31	千	1
141	ndzɯ33	豹	2

（续表）

序号	声符	意义	标音次数	序号	声符	意义	标音次数
142	lo31	黑鹿	3	165	tshɯ55	山羊	1
143	mo31	簸箕	10	166	ɯ31	妖怪	1
144	tʂhʌ55	秽气	4	167	hɛ33	耳朵	1
145	so55/ sɯ33	三（藏音）	3	168	ndɑ31/ sŋ55kɣ33	镰刀	1
146	ʂə31	河沙	1	169	dzo33	槽	1
147	phi31	肩胛骨	1	170	tsɑ55phiʌ31	桨	1
148	ɕo31	柏叶	4	171	ʂo55	熏	1
149	thv33	桶	3	172	khʌ55	篮子	4
150	io31	羊	3	173	dzɯ33	木通科植物	3
151	ɣɯ33	蕨菜	1	174	bæ31	木牌	1
152	khv55	示"弯曲"	1	175	zər31	四（藏音）	1
153	ndzʌ31	树	2	176	gʌ31	上面	4
154	tʂhʌr33	药水	3	177	hɑ33	饭	4
155	tshɛ55/phiʌ55	叶	2	178	dɛ33/ ʂʌr55	七（藏音）	3
156	hwa31	一股水之"股"	1	179	kv55	蒜	4
157	bi31	搓	1	180	ndzʌr31	威灵（哥巴字）	1
158	tʂhʌr55	世代	3	181	tshɛ31	十	2
159	ʂʌ55	说	2	182	khuɑ55	坏	1
160	dzɯ33	村庄	2	183	tʂho33	珠	2
161	nur31	羽毛	1	184	ndzur33	虫名	1
162	ŋgɯ33	嚼	1				
163	sɛ33	哥巴字	2				
164	pi31	牛胶	1				

（续表）

序号	声符	意义	标音次数	序号	声符	意义	标音次数
185	tʂhwa55khwa33	鹿角	1	205	mbv33	烧肉	2
186	tʂo55	锥子	1	206	tshɯ33	犁头	3
187	za33	靴子	1	207	kwa33	鹤	1
188	mbɛ31	雪花、雪	2	208	ka33lɛ33	干粉皮	1
189	ta55	箱子；匣子	3	209	mbɯ31	绝嗣	1
190	io55	哥巴字	2	210	tʌr31	鬼名（无头鬼）	2
191	io55/ hæ31	玉；借指"绿"	2	211	ndʐu33	鬼名（秽鬼之一种）	1
192	bər21	绳	1	212	tʂʌ55tshɯ31	鬼名（秽鬼之一种）	1
193	wɛ33	村子	3	213	mi33tshɯ31	火鬼	1
194	dzo33	挂架	1	214	mbɯ31	绝后鬼	2
195	zY31	星	1	215	ŋv31	哭	1
196	nda55	砍	3	216	lɛ33	獐	1
197	zwa31	量	1	217	tshɯ31	鬼	2
198	zæ31	笑	1	218	wa33	骨	1
199	kʌ55	哥巴字	1	219	ndo31	哑鬼	2
200	tʂɯ33	哥巴字	1	220	la33	虎	1
201	ŋgɯ33	裂	1	221	sɛ31	崖羊	4
202	ka55	好,善（哥巴字）	2	222	thv55	奶渣	1
203	nda33khʌ31	大皮鼓	1	223	ȵi33	鱼	1
204	ndzi55	烧	1	224	dzi33	人；人类	1
				225	ma55i33	孔雀	1

附录二：纳西东巴文形声字声符统计表

（续表）

序号	声符	意义	标音次数	序号	声符	意义	标音次数
226	ço33rwa31	珊瑚	1	243	mʌ33	不	3
227	tha31	塔	5	244	sɛ33	女神	1
228	no55	畜神	2	245	na55	藏文	1
229	rɯ55	牛虫，牛虱	3	246	pY31	箭猪	1
				247	pY31	祭木	1
230	tho33	嵌铺石子或石板	2	248	pha31	巫师	1
				249	ha55	晚上	1
231	ba31	花	1	250	rʌr31	喊叫	2
232	phv33	雄性	2	251	ŋgæ31	夹	1
233	dv31	鬼名	1	252	bɛ33	铁冠	1
234	sŋ33	羊毛卷	1	253	ndzɯ33	吃	1
235	tçi33	云	2	254	mbv33	弯腰	1
236	i33	漏	4	255	tʂʌ33	水鸟	1
237	mba33	大脖子；甲状腺肿	2	256	tsha31	咬，吞咬	1
				257	tçho33	戳，穿	1
238	tʂhu33	悬挂	2	258	nda33 khʌ31	大皮鼓	1
239	tha55	酒罐	1	259	tsa33	纳西人的剜具	1
240	ndzwa33	打桩	1				
241	pv55	瓢子	1	260	khwa33	蹄	1
242	tço31	啼，鸡鸣	1	261	ta33	马（藏音）	1

附录三：纳西东巴文形声字统计表（部分）

以《纳西象形文字谱》和《纳西族象形标音文字字典》为主，补充赵净修先生的《东巴象形文常用字词译注》《纳西象形文实用字词注释》中的文字材料。

1. ◯（◯）字谱 9，khɯ55ɤɯ33 参星，形声，从星 ◯ 省形，◯（khv33）割禾苗之"割"，◯ ɤɯ33 声。一形二声，形符不标音。

◯注释 1258，khv55ɯ33　　◯译注 904，khv55kɯ31
◯字典 63，khv55kɯ31

2. ◯字谱 85，lɯ33bu33，田埂也。形声，从田，◯（bu33，坡）声，一形一声，各标示一个音节。

◯注释 1290，bu33　　◯译注 923，bu33
◯字典 130，mbo33

3. ◯字谱 93，to55，岗也。形声，全包围结构，从坡 ◯，◯（to55，板）声，一形一声，形符不标音。

◯注释 1297，to55　　◯译注 938，to55
◯字典 1129，to55

4. ◯字谱 95—1，ko31，深山也，草原也。形声，从山有草，◯（ko33，针）声。二形一声，形符不标音。

◯注释 1305，ko31　　◯译注 936，ko31
◯字典 162，ko31

5. ◯字谱 96，dzy33，岭也。形声，从山，◯（dzy33，花椒）声，一形一声，形符不标音。

◯注释 1303，dzy33　　◯译注 935，dzy33
◯字典 144，dzY33

6. ◯字谱 98，dzy31kv33，山顶也。形声，从山（dzy31），◯（gv31，蛋）声。一形一声，各标示一个音节。

◯注释 1294，dzy31kv33　　◯译注 933，dzy31kv33

字典 141，ndʐo31kv33

7. 字谱 99，dʐy31khɯ33，山麓也。会意兼声，从山（dʐy31），从（khɯ33，脚），两字符各标示一个音节。

  注释 1295，dʐy31khɯ33　　译注 934，dʐy21khɯ33

  字典 142，ndʐo31khɯ33

8. 字谱 105—1，æ31，岩壁，山崖。形声，从岩，（æ31，鸡）声。一形一声，形符不标音。又写作和。

  注释 1306，æ31　　译注 939，æ31

  字典 175，æ31

9. 字谱 106，æ31kho33，岩穴也。形声，从岩（æ31），（kho33，角）声。一形一声，形符声符各标示一个音节。形符本身也由形声字充当。

  注释 1307，æ31kho33　　译注 940，æ31kho33

  字典 178，æ31khwa33

10. 字谱 109—1，ŋv33lv33，雪山也。会意兼声，从山，从（ŋv33，银子）省，山白如银，意为银石。（lv33）为石，字符"山"不标音。

  注释 1298，nv33lv33　　译注 928，ŋv33lv33

  字典 140，ŋv33rv33

11. 字谱 111—7，ma55mi33pa33lo33dʐy31，玛米巴老山也，在木里县境。形声，从岩，（ma55，油）、（mi33，火）声。一形二声，pa33lo33dʐy31 意为"巴老山"。

  注释 1313，ma55mi33po33lo33dʐy31

  字典 161　　字典 182

12. 字谱 116，dʑi31mæ33，水尾也。会意兼声，从（dʑi31，水），从（mæ33，尾），两字符各标示一个音节。形符和声符共部分形。

  注释 1335，dʑi33mæ33　　字典 200，dʑi31mæ33

13. 字谱 120，dər31 或 dʑi33dər31，泡沫也。会意兼声，从水（dʑi31）起泡沫，字符水或标音。

  注释 1329，dər31　　译注 958，dər31

  字典 208，dur31

14. 字谱 128，ɣɯ55，灰也。形声，从灰，（ɣɯ33）声。一形一声，形符读音也作ɣɯ55，与声符标音同。又写作，象形字，象灰堆。

  注释 1358，ɯ55　　译注 962，ɯ55

  字典 1719，ɯ55

15. ⊠字谱 133，tshe33，盐也。形声，从盐块，✗（tshe33，十）声。一形一声，形符不标音。

⊠注释 962，tshe33　　　　⊠译注 812，tshe33

⊠字典 1320，tshɛ33

16. 𑀝字谱 148，dʑi55，烧也。形声，从𑀝（mi33，火），◠（dʑi55，酒药）声。一形一声，形符不标音。又写作𑀝，为会意字，从火烧物。

𑀝注释 325，dʑi55　　　　𑀝译注 228，dʑi55

𑀝字典 1332，ndʑi55

17. ⦵字谱 169，by31，又读作 by31ty55 或 mu31ty55，外也。形声，从人，◉（by31，面粉）声。一形一声，形符和声符共用部分字形。形符不标音。或写作⌂，从屋，从门，◉（by31，面粉）声。二形一声，形符不标音。

⦵注释 548，by31　　　　⦵译注 414，by31

⦵字典 464，bY31

18. ⚘字谱 174，dzər31o33，树干也。会意兼声，从树⚘（dzər31），从⊸（o33，骨），两字符各标示一个音节。

⚘注释 1035，dzər31o33　　　　⚘译注 654，dzər31o33

⚘字典 956，ndzʌ31wɑ33

19. ❀字谱 179，bɑ31ly33，又读作 bɑ31ti55li33，蕾也。形声，从❀（bɑ31，花），✦（ly55，矛）声。一形一声，各标示一个音节。又写作❀。

❀注释 1081，bɑ31ly33　　　　❀译注 694，bɑ31ly33

❀字典 1008，bɑ3lY33

20. ❀字谱 189，by33，粗也。形声，从树，◉（by31，面粉）声。一形一声，形符不标音。

❀注释 507，by33　　　　❀译注 390，by33

◉字典 666，bY33　　　　❀字典 329，bY33

❀字典 961，bY33

21. ❀字谱 190，tʂʅ31，细也。形声，从树，𝼔（tʂʅ31，铧）声。一形一声，形符不标音。

❀注释 509，tʂʅ31，细、狭窄。形声，从▭（tho33，板），𝼔（tʂʅ31，鬼）声。一形一声，形符不标音。

❀译注 392，tʂʅ31　　　　❀字典 1806，tʂɯ31

22. ❀字谱 198，ʂə55，桧也。形声，从❀（lɯ33，杉），𝼔（ʂə55，说）声，声符省部分形。一形一声，形符不标音。又写作❀，为象形字。

注释 1043，ʂə55dzər31　　　译注 675，ʂə55dzər31
字典 982，ʂʌ55

23. 字谱 229，sŋ55，茅草也。形声，从草（sŋ55），（sŋ55，骰）声。一形一声，形符与声符音同。又写作。

注释 1065，ʂv55　　　译注 680，ʂv55
字典 1064，ʂv55

24. 字谱 249，mɯ31zŋ33，燕麦也。形声，从青稞（zŋ33），天（mɯ33）声。一形一声，各标示一个音节。

注释 990，mu31zŋ33　　　译注 617，mu31zŋ33
字典 1030，mɯ31zɯ33

25. 字谱 269—5，sɑ55，蔴也。形声，从蔴（sɑ55），（sɑ55，气）声。一形一声，形符声符标同一个音节。字谱 241 写作（sɑ55），为象形字。

注释 996，sɑ33　　　译注 623，sɑ33
字典 1009，sɑ55bɑ33　　　字典 1076，sɑ33

26. 字谱 285，bỵ31，抱蛋也。会意兼声，从母鸡抱蛋（kv33），字符"蛋"音接近 bỵ31。又写作或。

注释 1205，kv31khə55　　　字典 697，bv31
字典 698，bv31　　　字典 699，bv31

27. 字谱 292—2，ɕə13，鸡也。形声，从鸡，（ɕə13，哥巴字）声。ɕə13 为藏音。一形一声，形符不标音。写作，读作 æ31 或 æ31phər31，为象形字。

注释 1115，æ31　　　译注 710，æ31
字典 700，ɕʌ31

28. 字谱 301，tɕi55ʂə33，鹊也。形声，从鸟，（tɕi55，剪）、（ʂə33，哥巴字）声。一形二声，形符不标音。

注释 1172，tɕi55sə33　　　译注 730，tɕi55ʂə33
字典 732，tɕi55ʂʌ33

29. 字典 731，lɯ55tshe33，绶带鸟也。以其尾为特征，又以二字注其名，为牛虫（虱），注其名之首音，为盐，注其名之末音。形声，从绶带鸟，（tshe33，盐块）、（lɯ55，牛虱）声。一形二声，形符与二声符标音相同。

字谱 307，lɯ55tshe33　　　注释 1171，lɯ55tshe33
译注 729，lɯ55tshe33

30. [字符]字典728，rwɑ33mæ31，鸟名。有云为云雀也，大小似麻雀，灰色。画一鸟形，以[字符][字符]二字注其音，或简写作[字符]。或读为hɛ31i33rwɑ33mæ31phur31，于其尾上加一[字符]字，末一音也。形声。

[字符]字谱313，lo33mæ31　　　[字符]注释1180，lo33mæ31

31. [字符]字典725，tʂʌ55，水鸟名。画一鸟头上有二圆圈，此乃以鸟形示意，又以[字符]注其音，[字符]乃音字之 tʂʌ，以形字见意，又以音字注音，此例近日渐有出现，如[字符]、[字符]、[字符]等皆是也。形声，从鸟，嫡（tʂə31，哥巴字）声。一形一声，形符不标音。

[字符]字谱325，tʂə31　　　[字符]注释1189，mu33me33

32. [字符]字典929，bv̩33thv̩33，虾也。画一小虫之形，恐人不识，于其下画一"锅"[字符]以注第一音。亦有写作[字符]者，与上同例，唯以"桶"[字符]注其第二音。形声，从虫，[字符]（thv̩33，锅）声。一形一声，形符不标音，音节 bv̩33 无字符表示。

[字符]字谱433，bv̩33thv̩33　　　[字符]注释1230，bv̩33thv̩33

[字符]译注789，bv̩33thv̩33

33. [字符]字谱448，tsho31，人也。形声，从人[字符]，[字符]（tsho31，象）声。一形一声，形符不标音。

[字符]注释4，tsho31　　　[字符]译注81，tsho31

[字符]字典510，tsho31

34. [字符]字谱468，gɯ33zɿ33，弟也。形声，从子[字符]，[字符]（gɯ33，嚼）、[字符]（zɿ31，茅草）声。一形二声，形符不标音。

[字符]注释57，gɯ33zɿ31　　　[字符]译注24，gɯ33zɿ33

[字符]字典475，gɯ33zu33

35. [字符]字谱497，iə33ko31，家庭也。形声，从屋[字符]，[字符]（iə31，烟）、[字符]（ko31，针）声。一形二声，形符不标音。又写作[字符]。

[字符]注释155，iə33ko31　　　[字符]注释648，iɑ33ko31

[字符]译注457，iə33ko31　　　[字符]字典1520，iʌ33ko31，又写作[字符]

36. [字符]字谱530，zɿ21，仇敌也。形声，从人执矛[字符]，[字符]（zɿ21，山柳）声，一形一声，形符不标音。又写作[字符]。

[字符]注释89，zɿ21　　　[字符]译注54，zɿ21

[字符]字典449，zv̩31

37. [字符]字谱534，sɿ33，又读作 sɿ33sɿ33ɕi33，相识也，熟人也。形声，从二人（ɕi33），[字符]（sɿ33，骰）声。二形一声，形符不标音，或皆标音，声符标音两次。

附录三：纳西东巴文形声字统计表（部分）

注释 372，ʂv33　　　译注 284，ʂv33
字典 547，ʂv33

38. 字谱 535，na21ɕi33，纳西族也。形声，从人，●（na21，黑），（ɕi33，稻）声。二形一声，一形符和声符标音。

注释 29，na21ɕi33　　　译注 2，na31ɕi33
字典 489，na31ɕi33

39. 字典 369，tho31，靠也。画人依靠一松树之形。会意兼声，从人坐，从松树（tho31）。字符"松树"标音。

字谱 562，tho31me33lv33，又写作，读 tho31
注释 235，tho31　　　译注 215，tho31

40. 字谱 572，gu31，病也，痛也。形声，从人卧，井（gu31，仓）声。一形一声，形符不标音。又写作，形声，从人，井（gu31，仓）声、（tshe33，盐）省声。

注释 486，gu31　　　译注 362，gu31
字典 404，ŋgo31 又写作和
字典 403，ŋgo31

41. 字谱 590，ku55，又读作 phi55，弃也。形声，从人，（ku31，姜）声。一形一声，形符不标音。

注释 291，ku55　　　译注 208，ku55
字典 445，ko55

42. 字谱 592，hæ33，又读作 gæ31hæ33，佩也，佩剑也。会意兼声，从人腰间佩刀剑（gæ31），字符"剑"标示一个音节，或音近。

注释 603，hæ33　　　字典 355，hæ33

43. 字谱 599，tɕi55，冷也。形声，从人，（tɕhi55，刺）声，一形一声，形符不标音。

注释 602，tɕhi55　　　译注 346，tɕi55
注释 472，tɕhi55　　　字典 298，tɕhi55

44. 字典 1807，tshɯ55，跪。形声，从人跪，人（tshŋ55，犁铧）、鬼声。一形一声，声符标音。

注释 238，tshŋ55　　　译注 148，tshŋ55
字谱 565，tshŋ55，又读作 ma31kv31thŋ55

45. 字谱 636—2，dʑi33，行也。形声，从人自上而下行，（dʑi33，酒药）声。一形一声，形符不标音。

注释 219，dʑi33　　　译注 150，dʑi33

🖼字典 469，ndʑi33

46. 🖼字谱 636—4，dzə31，跑也。形声，人行走之形 🖼（za31），🖼（dzə31，秤锤）声。一形一声，形符不标音。

🖼注释 220，dziə31　　🖼译注 151，dziə31

🖼字典 447，dzʌ31

47. 🖼字谱 641，tsʅ55，塞也。会意兼声，从人张口，塞 🖼（tsʅ55，拴）。字符"拴"标音。又写作 🖼，从口塞 🖼（tsʅ55，拴）。

🖼注释 280，tsʅ55　　🖼译注 193，tsʅ55

🖼字典 321，tsɯ55　　🖼字典 608，tsɯ55，塞也

48. 🖼字谱 642，tʂhər33，洗也。形声，从人取水，🖼（tʂhər33，代）声。二形一声，形符不标音。

🖼注释 306，tʂhər33　　🖼译注 220，tʂhər33

🖼字典 569，tʂhʌr33

49. 🖼字谱 733，sər55，肝也。形声，从肝，🖼（sər55，树）声。一形一声，形符不标音。又写作 🖼。

🖼注释 178，sər55　　🖼译注 105，sər55

🖼字典 647，sʌ55

50. 🖼字谱 782—1，no33，觉也。形声，从心，🖼（no33，乳）声。一形一声，形符不标音。

🖼注释 491，nuo33　　🖼译注 367，no33

🖼字典 637，nur33

51. 🖼字谱 898，tər31，俎，切菜堆也。会意兼声，从肉在俎 🖼（tər31）上。字符"俎"标音。

🖼注释 804，dɑ55tər31　　🖼译注 582，ʂɯ33dɑ55tər3

🖼字典 660，ʂɯ33tur31　　🖼字典 661，ʂɯ33hæ55tur31

🖼字典 662，ʂɯ33ndɑ55tur31

52. 🖼字谱 901，pɑ33，大碗。形声，从碗 🖼（khuɑ55），🖼（pɑ33，蛙）声。一形一声，形符不标音。

🖼译注 571，pɑ55　　🖼字典 1263，pɑ55

🖼字典 1264，pɑ55

53. 🖼字典 467，tɯ31，安锅灶也。形声，从锅，🖼（tɯ33，起）声。一形一声，形符不标音。

🖼字谱 912，tɯ31，又读作 go31　　🖼注释 313，bv33tɯ31

🖼译注 231，tɯ31　　🖼字典 1290，tɯ31

54. ⛿字谱 925，iə55，给也。形声，从碗 ⛿（khuɑ55），⛿（iə31，烟）声。一形一声，形符不标音。

⛿字谱 1192，iə55　　　⛿注释 366，iə55
⛿译注 277，iə55　　　⛿字典 1067，iʌ55

55. ⛿字谱 928，tʂhuɑ33，米也。形声，从米在碗中，⛿（tʂhuɑ55kho33，鹿角）声。一形一声，形符不标音。又写作 ⛿ 或 ⛿，为象形字或会意字。

⛿注释 937，tshuɑ33　　　⛿译注 805，tsuɑ33
⛿字典 1287，tʂwa33

56. ⛿字谱 973，gɯ31dʑi31，板房也。以板覆屋，形声，从屋 ⛿（dʑi31），从 ⛿（gɯ31，裂）声。形符声符各标示一个音节。

⛿注释 625，gɯ31dʑi31　　　⛿译注 456，gɯ31dʑi31
⛿字典 1523，ŋgɯ31

57. ⛿字谱 976，tsho33，楼也。形声，从屋，⛿（tsho33，跳）声。一形一声，形符不标音。

⛿字谱 975，tsho33　　　⛿注释 628，tsho33
⛿译注 459，tsho33

58. ⛿字谱 988，be33，村落也。形声，从屋，⛿（be33，雪）声。一形一声，形符不标音。又写作 ⛿。

⛿注释 649，be33　　　⛿译注 467，be33

59. ⛿字谱 1007，tər55，关也。形声，从 ⛿（khu33，门），⛿（tər31，鬼）声。一形一声，形符不标音。

⛿注释 350，tər55　　　⛿译注 263，tər55
⛿字典 1150，tʌr55

60. ⛿字谱 1011，zər31，又读作 to55zər31，柱也。形声，从柱 ⛿（to55），⛿（zər31，四）藏音声。一形一声，形符不标音，或各标示一个音节。

⛿注释 581，679，zər31　　　⛿译注 437，zər31
⛿字典 1138，zʌr31

61. ⛿字谱 1013，mɯ33tv33，天柱也。形声，从天 ⛿（mɯ33），从柱 ⛿，⛿（tv33，千）声。二形一声，形符"天"和声符各标示一个音节。

⛿注释 680，mɯ33tv33　　　⛿字典 1490，mɯ33tv55ʂo31zʌr33

62. ⛿字典 1169，thɛ33ɯ33，书也。形声，从书，⛿（the33，旗）声。一形一声，声符标一个音节，形符也标音。

⛿字谱 1051，bɣ31dɯ33，又 the33ɣɯ33

注释809，thɯ33ɯ33　　　　　　注释808，bv31dɯ33

注释807，thɯ33ɯ33　　　　　　注释806，to33ba31tɕiə31

译注499，thɯ33ɯ33　　　　　　字典1173，thɛ33ɯ33

字典1170，thɛ33ɯ33

63. 字谱1160，hy31，低也。形声，从水流下，（hy31，红）声，一形一声，形符不标音。又写作，形声，从地，（hy31，红）声。

注释519，ɕy31　　　　　　　译注379，ɕy31

字典186，mɯ31　　　　　　　字典187，mɯ31

64. 字谱1173，pɑ31，宽也。形声，从板，（pɑ33，蛙）声。一形一声，形符不标音。

字谱508，pɑ31　　　　　　　译注391，pɑ31

字典914，pɑ31

65. 字谱1172，uə55ly33，圆也。形声，从圆体，（uə33，寨）声，一形一声，形符不标音。音节ly33无字符表示。

注释528，uə55uə33　　　　　译注388，uə55uə33

字典1529，wɛ55wɛ33

66. 字谱1174，ky55，又读作ly55，覆也，罩也。会意兼声，从罩，从蛋（gy31）。字符"蛋"音近。

字典756，kv55，罩起也。会意兼声，从鸡，从罩（ky55）。字符"罩"标音。

注释373，kv55　　　　　　　注释429，kv55

译注331，kv55　　　　　　　译注285，kv55

67. 字谱1176，dzər55，抽也。形声，从抽形，树（dzər55）声。一形一声，形符不标音。

注释418，dzər55　　　　　　译注318，dzər55

字典943，ndzʌ55

68. 字谱1235，ko55，祭米也。形声，从碗盛米，（ko33，鹤）声，一形一声，形符不标音。

字典1795，kwa55

69. 字谱1272，gu33lu31ka33le31，保佑也。形声，示降福，（ka33le31，干粉皮）声。一形一声，声符标示两个音节。音节gu33lu31无字符表示。

注释1623，gu33lu31ka33le31　　译注981，gu33lu31ka33le31

字典1725，gv33ro31ka33lɛ31

70. ☒字典 1911，to33mbɑ31ʂʌr55rʌr33，东巴教主（东巴什罗）也。以 ☒ 字注其第三音，音近而假借也，或将第三音读为 ʂʌr55，或写作☒、☒、☒。形声，从东巴 ☒（to33bɑ31），☒（ʂɿ33，肉）、☒（lo31，轭）声，一形二声，皆标音。

☒字谱 1274—1，ʂɿ55lo33，又读作 ti33bɑ33ʂɿ55lo33

☒注释 1632，ti33bɑ33ʂɯ55lo33

参考文献

一、著作

〔苏〕B.A.伊斯特林:《文字的产生和发展》,左少兴译,北京大学出版社,1987年。
曹念明:《文字哲学》,巴蜀书社,2006年。
陈枫:《汉字义符研究》,中国社会科学出版社,2006年。
陈烈:《东巴祭天文化》,云南人民出版社,2000年。
陈梦家:《中国文字学》,中华书局,2006年。
陈文敏:《汉字起源与原理——甲骨金文的六书"五步相生"造字程序及"记史功能"》,上海古籍出版社,2007年。
邓章应:《纳西东巴文分域与断代研究》,人民出版社,2013年。
傅懋勣:《丽江麽些象形文〈古事记〉研究》,武昌华中大学,1948年。
傅懋勣:《纳西族图画文字〈白蝙蝠取经记〉研究》,东京外国语大学亚非语言文化研究所,1981年。
郭大烈、和志武:《纳西族史》,四川民族出版社,1999年。
高明:《中国古文字学通论》,北京大学出版社,1996年。
何丹:《图画文字说与人类文字的起源:关于人类文字起源模式重构的研究》,中国社会科学出版社,2003年。
和即仁、姜竹仪编著:《纳西语简志》,民族出版社,1985年。
和志武编著:《纳西语基础语法》,云南民族出版社,1987年。
和志武:《纳西东巴文化》,吉林教育出版社,1989年。
胡朴安:《中国文字学史》,上海书店,1983年。
黄侃述、黄焯编:《文字声韵训诂笔记》,上海古籍出版社,1983年。
黄思贤:《纳西东巴文献用字研究——以〈崇搬图〉和〈古事记〉为例》,民族出版社,2010年。
蒋善国:《中国文字之原始及其构造》,武汉古籍书店影印,1987年。
经本植:《古汉语文字学知识》,四川教育出版社,1984年。
姜亮夫:《古文字学》,浙江人民出版社,1984年。
李国文:《东巴文化与纳西哲学》,云南人民出版社,1991年。
李国文:《人神之媒——东巴祭司面面观》,云南人民出版社,1993年。
李国英:《小篆形声字研究》,北京师范大学出版社,1996年。

李静生:《纳西东巴文字概论》,云南大学出版社,2016年。
李圃:《甲骨文文字学》,学林出版社,1995年。
梁东汉:《汉字的结构及其流变》,上海教育出版社,1959年。
梁东汉:《文字》,上海教育出版社,1958年。
林沄:《古文字研究简论》,吉林大学出版社,1986年。
刘梦溪主编:《中国现代学术经典·董作宾卷》,河北教育出版社,1996年。
裘锡圭:《文字学概要》,商务印书馆,1988年。
权东五:《甲骨文形声字研究》,复旦大学出版社,2015年。
〔瑞士〕索绪尔:《普通语言学教程》,商务印书馆,1999年。
唐兰:《古文字学导论》,齐鲁书社,1981年。
唐兰:《中国文字学》,上海古籍出版社,2005年。
王凤阳:《汉字学》,吉林文史出版社,1989年。
王力:《古代汉语》,中华书局,1981年。
王宁:《汉字构形学讲座》,上海教育出版社,2002年。
王霄冰:《玛雅文字之谜》,上海古籍出版社,2006年。
王元鹿:《汉古文字与纳西东巴文字比较研究》,华东师范大学出版社,1988年。
王元鹿:《普通文字学概论》,贵州人民出版社,1996年。
王元鹿:《比较文字学》,广西教育出版社,2001年。
王元鹿等:《中国文字家族》,大象出版社,2007年。
〔日〕西田龙雄:《活着的象形文字·纳西文化》,日本中公新书,1966年。
邢福义、吴振国:《语言学概论》,华中师范大学出版社,2002年。
徐通锵:《历史语言学》,商务印书馆,1991年。
杨福泉:《多元文化与纳西社会》,云南人民出版社,1998年。
杨福泉:《纳西族文化史论》,云南大学出版社,2006年。
杨福泉:《纳西族与藏族历史关系研究》,民族出版社,2006年。
杨树达:《杨树达文集之九·中国文字学概要》,上海古籍出版社,1988年。
杨正文:《最后的原始崇拜——白地东巴文化》,云南人民出版社,1999年。
曾昭聪:《形声字声符示源功能述论》,黄山书社,2002年。
郑飞洲:《纳西东巴文字字素研究》,民族出版社,2005年。
周斌:《东巴文异体字研究》,华东师范大学出版社,2005年。
周有光:《世界文字发展史》,上海教育出版社,1997年。
周有光:《比较文字学初探》,语文出版社,1998年。

二、论文集

白庚胜、杨福泉编译:《国际东巴文化研究集粹》,云南人民出版社,1998年。
白庚胜、和自兴主编:《玉振金声探东巴——国际东巴文化艺术学术研讨会论文集》,社会科学文献出版社,2002年。
东巴文化研究所编著:《纳西东巴古籍译注全集》,云南人民出版社,1999年。
方国瑜:《方国瑜纳西学论集》,民族出版社,2008年。
郭大烈、杨世光主编:《东巴文化论》,云南人民出版社,1991年。

郭大烈、杨世光主编:《东巴文化论集》,云南人民出版社,1999年。
和志武:《和志武纳西学论集》,民族出版社,2008年。
黄天树:《黄天树古文字论集》,学苑出版社,2006年。
李国文:《李国文纳西学论集》,民族出版社,2008年。
李霖灿、张琨、和才:《么些经典译注九种》,台湾中华丛书编审委员会,1978年。
李孝定:《汉字的起源与演变论丛》,台北联经出版公司,1986年。
宋光淑主编:《纳西东巴文化研究总览》,云南大学出版社,2006年。
杨福泉:《杨福泉纳西学论集》,民族出版社,2009年。
杨正文:《杨正文纳西学论集》,民族出版社,2008年。
喻遂生:《纳西东巴文研究丛稿》(第一辑),巴蜀书社,2003年。
喻遂生:《纳西东巴文研究丛稿》(第二辑),巴蜀书社,2008年。
云南省少数民族古籍译丛(第7辑):《纳西东巴古籍译注》(一),云南民族出版社,1986年。

三、字典、词典类工具书

丁福保编著:《说文解字诂林》(第一册),中华书局,1988年。
方国瑜编撰,和志武参订:《纳西象形文字谱》,云南人民出版社,2005年。
和宝林:《纳西象形文字实用注解》,云南人民出版社,2007年。
李霖灿编著:《纳西族象形标音文字字典》,云南民族出版社,2001年。
〔美〕洛克编著,和匠宇译,郭大烈、和力民校:《纳西语英语汉语词汇》,云南教育出版社,2004年。
木琛:《纳西象形文字》,云南人民出版社,2003年。
《现代汉语词典》,商务印书馆,1983年。
许慎:《说文解字》,中华书局,1996年。
赵净修:《东巴象形文常用字词译注》,云南人民出版社,2001年。
赵净修:《纳西象形文实用字词注释》,云南民族出版社,2002年。

四、论文

蔡永贵:《论形声字的形成过程》,《宁夏大学学报》(人文社会科学版),2006(3)。
陈双新:《形声起源初探》,《河北大学学报》(哲学社会科学版),1995(3)。
邓章应、白小丽:《纳西东巴文语境异体字及其演变》,《中央民族大学学报》(哲学社会科学版),2009(4)。
杜恒联:《表达声符字本义的亦声字及声符字意义的分化》,《语言科学》,2007(2)。
范常喜:《从汉字看东巴文中的超前发展现象》,《中央民族大学学报》(哲学社会科学版),2006(5)。
方国瑜、和志武:《纳西族古文字的创始和构造》,《中央民族大学学报》(哲学社会科学版),1981(1)。
傅懋勣:《纳西图画文字和象形文字的区别》,载于《东巴文化论集》,云南人民出版社,1999年。

甘露:《东巴文抽象词汇及其表现形式》,《大理师专学报》,2001(1)。
甘露:《纳西东巴文假借字研究述评》,《中央民族大学学报》(哲学社会科学版),2005(4)。
郭常艳:《十年来〈说文解字〉形声研究述评》,《汉字文化》,2005(1)。
郭沫若:《古代文字之辩证的发展》,载于《奴隶制时代》,人民出版社,1973年。
和志武:《试论纳西象形文字的特点——兼论原始图画字、象形文字和表意文字的区别》,《云南社会科学》,1981(3)。
胡文华:《〈说文解字〉中的"亦声字"分析》,《兰州学刊》,2009(10)。
黄德宽:《形声起源之探索》,《安徽教育学院学报》(社会科学版),1986(3)。
黄天树:《殷墟甲骨文"有声字"的构造》,载于《黄天树古文字论集》,学苑出版社,2006年。
李海霞:《形声字造字类型的消长——从甲骨文到〈说文〉小篆》,《古汉语研究》,1999(1)。
李静:《纳西东巴文非单字结构研究》,华东师范大学博士学位论文,2009年。
李静生:《纳西东巴文与甲骨文的比较研究》,载于《东巴文化论集》,云南人民出版社,1999年。
李孝定:《从金文中的图画文字看汉字文字化过程》,载于《汉字的起源与演变论丛》,台北联经出版公司,1986年。
林向萧:《关于"东巴文是什么文字"的再探讨》,《云南民族学院学报》(哲学社会科学版),2002(5)。
刘又辛:《纳西文字、汉字的形声字比较》,《中央民族大学学报》(哲学社会科学版),1993(1)。
刘志基:《试论汉字表意字素的意义变异》,载于《铁砚斋学字杂缀》,中华书局,2006年。
刘志基:《甲骨文结构的特殊现象》,韩国《汉字研究》,2009(12)。
马克冬:《从产生时间、途径看形声字音符、意符的作用》,《和田师范专科学校学报》(汉文综合版),2006(4)。
马叙伦:《中国文字之源流与研究方法之新倾向》,载于《马叙伦学术论文集》,科学出版社,1958年。
裘锡圭:《汉字形成问题的初步探索》,《中国语文》,1978(3)。
裘锡圭:《从文字学角度看殷墟甲骨文的复杂性》,《中国学研究》第十辑(韩国淑明女子大学校中国学研究所),1996年。
沈兼士:《右文说在训诂学上之沿革及其推阐》,载于《沈兼士学术论文集》,中华书局,1986年。
师玉梅:《西周金文形声字的形成及构形特点考察》,《华夏考古》,2007(2)。
史燕君:《纳西东巴文形声字形成过程初论》,《湖州师范学院学报》,2001(1)。
万业馨:《形声化——汉字结构方式的简化》,《语文建设》,1996(11)。
王伯熙:《文字的分类和汉字的性质》,《中国语文》,1984(2)。
王元鹿:《纳西东巴文字与汉古文字假借现象的比较及其在文字史上的认识价值》,《徐州师范学院学报》(哲学社会科学版),1987(2)。

王元鹿：《纳西东巴文字与汉字不同源流说》，《云南民族大学学报》（哲学社会科学版），1987（1）。

王元鹿：《纳西东巴文与汉形声字比较研究》，《中央民族大学学报》（哲学社会科学版），1987（5）。

王元鹿：《由若喀字与鲁甸字看纳西东巴文字流播中的发展》，《华东师范大学学报》（哲学社会科学版），2001（9）。

王元鹿：《汉字发生研究材料论》，《柳州职业技术学院学报》，2004（12）。

王元鹿：《汉字发生研究方法论》，《黔南民族师范学院学报》，2005（2）。

王蕴智：《试论商代文字的造字方式》，载于《字学论集》，河南美术出版社，2004年。

王蕴智：《商代形声字探论》，《天津师范大学学报》（社会科学版），2004（6）。

于省吾：《释具有部分表音功能的独体象形字》，载于《甲骨文字释林》，中华书局，1979年。

于省吾：《释附化因声指事字的一例》，载于《甲骨文字释林》，中华书局，1979年。

喻遂生：《东巴形声字的类别和性质》，《中央民族大学学报》（哲学社会科学版），1992（4）。

喻遂生：《纳西东巴文单音节形声字研究》，载于《纳西东巴文研究丛稿》，巴蜀书社，2003年。

喻遂生：《纳西东巴字字和字组的划分及字数的统计》，载于《纳西东巴文研究丛稿》，巴蜀书社，2003年。

喻遂生：《纳西东巴文形声字研究纲要》，载于《纳西东巴文研究丛稿》，巴蜀书社，2003年。

喻遂生：《纳西东巴文单音节形声字研究》，载于《纳西东巴文研究丛稿》，巴蜀书社，2003年。

喻遂生：《纳西东巴文应用性文献的语言文字考察》，载于《纳西东巴文研究丛稿》，巴蜀书社，2003年。

张积家、和秀梅、陈曦：《纳西象形文字识别中的形、音、义激活》，《心理学报》，2007（5）。

张玉金：《论汉字的性质》，《辽宁师范大学学报》（社会科学版），2001（5）。

赵心愚：《纳西族先民的迁徙路线及特点》，《西南民族大学学报》（人文社会科学版），2004（2）。

周克庸：《"会意兼形声"是拥有大量字例的重要汉字结构类型》，《文史哲》，2009（1）。

周有光：《纳西文字中的"六书"——纪念语言学家傅懋勣》，《民族语文》，1994（6）。

朱建军：《文字类型学研究的意义、现状及设想》，《中国文字研究》）（第四辑），广西教育出版社，2003年。